KB119119

중국화론집성
주석본

품평편 · 감장 표구 공구 설색편

중국화론집성
주석본

품평편 · 감장 표구 공구 설색편

유검화(兪劍華) 編著
김대원(金大源) 註釋

學古房

『중국화론집성 中國畵論集成』
품평편·감장 표구 공구 설색편 주석본을 내면서

이 책은 중국역대 화론에서 품평론 및 감상과 소장·표구·채색과 공구 등에 관한 내용의 원전을 이해하는 데 도움을 주고자 상세하게 주석한 것이다. 품평은 진대의 고개지로부터 청대의 황월에 이르기까지 화가 및 문인들이 그림을 품평한 것들이다. 또한 동양의 회화는 제작에서부터 표구하는 과정까지 서양화와 구별되는 점이 많아서 해박한 문인들이 품평과 더불어 그림의 제작과정과 소장방법 및 재료까지도 체계적으로 이론화하였다.

중국화론이 우리의 것도 아닌데다가 진부한 점도 있지만, 고유한 문화와 예술사상이 전통의 현대화를 모색하는 화가들에게 유익한 것은 분명한 사실이다. 특히 우리나라 회화는 일찍부터 중국회화의 영향을 적지 않게 받아왔다. 따라서 그림의 소장방법에서부터 채색이나 공구에 이르기까지 이해를 넓히려면 중국화론을 탐독할 필요가 있다.

화가의 궁극적인 목표는 좋은 그림을 창작하는 것이다. 좋은 그림은 무엇이고 어떻게 그리며, 어떤 것이 좋은 그림인가? 등에 관한 해답이 선현들의 예술론에 내재해 있다. 따라서 중국화론을 통해 선현들의 예술론을 재인식하고, 이를 통해 새로운 창작의 길을 마련한다면, 한국회화의 품격과 가치는 더욱 높아질 것이다.

주석사가 국내에 번역된 화론들을 접하면서 느낀 점은, 한문의 소양이 없이는 이해할 수 없고, 또 실제 창작경험이 없는 자의 해석만으론 화론의 깊은 뜻을 정확하게 전달할 수 없다는 것이었다. 이 책 또한 비록 천근한 지식과 재주로 엮은 것이지만, 회화의 근원을 이해하고 우리다운 그림을 모색하는 후학들에게 일말의 도움이 되기를 바랄 뿐이다.

6

　어려운 여건에도 『중국화론집성』「품평편·감장 표구 공구 설색편」 주석본
을 출간해주신 학고방 하운근 사장님께 다시 한 번 감사드리며, 항상 가까운
곳에서 묵묵히 참고 견디어 준 아내와 가족들에게 고마움과 사랑을 전한다.

1014년 3월
광교산光敎山 호연재浩然齋에서
김대원金大源

目　錄

- 품평편·감장 표구 공구 설색편 -

품평편

8

감장 표구 공구 설색편

10

◎ 일 러 두 기 ◎

1. 『중국화론집성中國畫論集成』은 北京 人民美術出版社에서 출판한 『중국고대화론유편』修訂本 (2004년 제2판)에 근거하였다.

2. 종서縱書로 된 문장을 횡서橫書로 옮겨 기재하였다.

3. 문장마다 원문을 먼저 기재하고 아래에 주석하였으며, 문장이 방대한 것은 내용에 따라 단락을 나누어 원문과 주석의 대조에 용이하도록 하였다.

4. 인용문은 " "로 표시하고, 지명 및 인명은 밑줄로 표시하였다. 원문에는 책명이나 작품명 아래에 ~~~~~ 로 표시되어 있으나, 역자는 책명을 모두 『 』로 표시하고, 항목이나 편명은 「 」로, 작품명은 < >로 구분하여 표시하였다.

5. 주석번호는 문단마다 독립적으로 부여하였다. 주석에서의 한자어는 한글에 이어 괄호( ) 안에 표기하였고, 파생어 및 복합어는 " "로 표시하였으며, 교열한 문단도 " 』로 표시하였다. 주석에의 서적명과 제목은 모두 『 』로 표시하였고, 편명이나 항목은 「 」로, 작품명은 < >로 표시하였다. 독자들이 참고에 용이하도록 앞서 나온 주석이 중복되는 경우도 있다.

6. 책명과 작품명으로 구분하기가 애매한 비문이나 비각과 같은 경우에는, 내용상 서첩으로 설명하였으면 『 』로 표시하고, 작품으로 설명하였으면 < >로 표시하였다.

7. 제목이나 편명, 항목의 해석, 보충 설명한 문단, 익숙하지 않은 화법용어, 고사 및 화가인명은 주석으로 처리하였다. 하나의 주석에서 여러 가지가 설명될 경우에는 '*'로 표시하여 구분하였다. 주석자의 견해에도 '*'로 표시하였다.

품평편

魏晉勝流畫贊[1]

東晉 顧愷之 撰

凡畫: 人最難, 次山水, 次狗馬, 臺榭[2]一定器耳, 難成而易好, 不待[3] 遷想妙得[4]也. 此以巧歷[5]不能差其品也.

1) 『위진승류화찬魏晉勝流畫贊』은 약 380년 전후에 동진(東晉)의 고개지(顧愷之)가 위진(魏晉)의 유명한 작품을 평한 것이다. 이것은 한 편의 전문적인 글이며, 중국 회화비평사상 현존하는 가장 오래된 문헌이다. *고개지는 이 글에서 모두 21폭의 회화 작품을 평론하였다. 그 내용은 신화와 전설을 그린 인물화, 역사와 종교적 내용을 그린 인물화 및 산수화와 동물화 등이다. 고개지가 21폭의 작품에서 생기(生氣; 생동하는 기운)·자연(自然; 자연스러움)·골법(骨法; 필력과 법칙)·천골(天骨; 뛰어난 기골)·초활고웅(超豁高雄; 기상이 뛰어나고 도량이 넓으며 자태가 고상하고 씩씩함)·골취(骨趣; 기골)·치진포세(置陳布勢; 인물의 배치와 구성)·분등대세(奔騰大勢; 뛰어오르는 큰 기세)·격양지태(激揚之態; 격동하여 발분하는 자태)·준골천기(雋骨天奇; 빼어난 골격이 매우 기이함)·정세(情勢; 정신의 기세)·교밀정사(巧密精思; 생각을 매우 교묘하게 함)·천취(天趣; 자연스러운 뜻) 등이 잘 표현되었는가에 주안점을 두고 평론한 것이다.
2) 대사(臺榭)는 누대(樓臺)와 정자를 이른다.
3) 부대(不待)는 '…할 필요가 없다'는 뜻이다.
4) "천상묘득遷想妙得"은 생각을 옮겨서 묘를 얻는다는 것이다. 대상을 묘사할 때 형상으로써 정신을 그려야 하는 것이라면, 어떠한 과정을 거쳐야 대상의 정신을 관찰할 수 있는가? 고개지는 "상상하여 사물의 오묘한 본질을 얻는다."고 대답하였다. '천상묘득'이 내포하고 있는 의미는 화가와 묘사대상 사이의 주관과 객관의 관계를 제시한 것이다. 화가는 그림을 그리기 전에 먼저 묘사할 대상을 관찰하고 연구하여, 대상의 사상과 감정을 깊이 이해하고 체득해야 한다. 이것이 바로 '생각을 옮긴다는 천상遷想'이다. 그리고 화가는 대상의 정신적인 특징을 점차 이해하고 파악하는 가운데 이를 분석하고 정련(精練)하는 과정을 거쳐 예술적인 구상을 얻어야 한다. 이것이 바로 '묘를 얻는다는 묘득妙得'이다. '천상묘득'의 과정은 사유활동을 형상화하는 과정이다. 생활을 체험하는 이러한 방법은 인물을 관찰하는 데 적용될 뿐만 아니라, 자연풍경과 동물들을 관찰하는 데도 적용된다. 고개지는 천상묘득의 난이로 회화에서 소재표현의 난이를 구분하였다. 누각과 정자 등과 같은 건축물은 생활체험의 범위에서 제외하였다. 그것은 묘사 대상이 건축

의 규칙에 부합되어야 하기 때문에 그리기가 어렵지만 효과 좋게 그리기는 쉬우니, 천상묘득을 할 필요가 없다는 것이다.

*당시 고개지는 정자와 누각 등의 건축물이 인물의 생활환경으로서 그려진 것이지, 예술표현의 대상인 이상 생활체험의 필요성이 있다는 것을 아직 인식하지 못한 것으로, 고개지의 이런 이론은 후대의 계화가(界畵家)들에 의해 부정되었다. 고개지가 말한 전신(傳神)은 인물화에서부터 나온 것이지만 산수·개·말도 생명력을 가지고 스스로 운동변화를 하는 것이므로 난이도만 다를 뿐 같은 방법으로 구분해도 무방할 것이다. 특히 일정한 규격과 구조를 지닌 집이나 조형물은 생명력이 없는 것으로 여겼다. 고개지의 작품을 모사한 작품들 중 건축물의 표현은 확실히 볼 수 없지만, 〈낙신부도〉 중에 낙신의 여신이 탔던 배는 건축물의 선적인 구조를 포함하고 있다. 〈여사잠도〉에 보이는 모습들도 현대적인 투시도법에 부합되지 않는 점 등은 형체표현에 있어서 정확하지 못하다. 건축물의 표현도 생활의 진실한 분위기를 전달하고, 기운이 생동해야 하기 때문에 다른 것과 마찬가지로 '천상묘득'의 창조과정을 거쳐야 한다. 이러한 과정은 인물이나 산수·동물과 같이 뛰어날 필요는 없는 것이다. 이러한 의미에서 보면 고개지가 건축물을 경시하였으나, 완전히 배격한 것은 아니다. 인간과 사물을 비교할 때 사람에게 전신의 가치를 더 두는 것은 당연한 일이다.

5) 교력(巧歷)은 역산(曆算)을 잘하는 것이다. 계산에 능한 사람을 이르며, 재주가 능한 사람으로 번역할 수도 있지만, 여기선 기교의 우열을 말한다.

<小列女¹⁾>面如恨, 書畵譜作銀 畵苑誤作策²⁾ 刻削爲容儀, 不盡 兩本均作畵³⁾ 生氣⁴⁾, 又揷置丈夫支體, 不以 兩本均作似⁵⁾ 自然. 然服章與衆物旣甚奇, 作女子尤麗. 衣髻俯仰⁶⁾中, 一點一畵, 皆相與成其艶恣; 且尊卑貴賤 之形, 覺然易了, 難可遠過之也.

1) 〈소열녀小列女〉는 절조가 강한 여인을 그린 〈소열녀도小列女圖〉이다. '列'과 '烈' 은 통용된다.
2) "면여한面如恨"에서 '恨'자가 『서화보』에는 '銀'자로 되어 있고, 『화원본』엔 '策' 자로 잘못되어 있다.
3) "부진생기不盡生氣"에서 '盡'자가 『양본』에는 모두 '畵'자로 되어 있다.
4) "부진생기不盡生氣"는 생기를 그리지 못했다고 비평한 것이다. 원인이 얼굴은 한스러운 것 같고 자태가 각박함에 있다는 것이다.
5) "부이자연不以自然"에서 '以'자가 『양본』에는 모두 '似'자로 되어 있다.
6) 부앙(俯仰)은 고개를 숙이는 것과 드는 것이다.

<周本記¹⁾>重疊彌綸²⁾有骨法³⁾, 然人形不如<小列女>也.

1) 〈주본기周本記〉는 주나라 때의 사적을 그린 〈주본기도周本記圖〉이다. 이 그림은 사람과 내용이 어떤 것인지 분명하지 않다.
2) 미륜(彌綸)은 모두 거느리어 관할함, 두루 휩싸서 하나로 묶음, 잘 처리하여 다스림, 총괄함, 관통함이다.
3) 골법(骨法)은 서화의 필력과 법칙, 또는 시문의 풍골과 필법을 이른다. 서화에서 웅건하고 굳센 필력은 점과 획 그리고 형세를 구성하는 기초이며 정신과 성정을 표현하는 근거가 된다. '골법'은 서화에서 견실한 결구와 '기운생동'을 불러들인다. 골법에 대한 자세한 설명은 『역대명화기』「화육법」에 나와 있다.

<伏羲·神農¹⁾>雖不似今世人, 有奇骨而兼美好, 神屬冥芒²⁾, 居然³⁾有得一⁴⁾之想. 『書畫譜』刪此條

1) 〈복희신농伏羲神農〉은 복희와 신농을 그린 〈복희신농도伏羲神農圖〉이다. *복희(伏羲)는 중국 고대 전설상의 임금으로 최초로 백성에게 고기잡이, 사냥, 목축 등을 가르치고 팔괘(八卦)를 만들었다고 한다. *신농(神農)은 농사짓는 법을 처음 가르쳤으므로 '신농씨'라 하고, 화덕(火德)으로 다스렸으므로 '염제炎帝'라고 하며, 제약법(製藥法)과 역(易)의 64효(爻)를 만들었다고 한다.
2) "신속명망神屬冥芒"은 눈빛이 아득한 곳을 주시하는 것이다. *신(神)은 안신(眼神)으로 눈빛을 가리키며, 속(屬)은 주시(注視)하는 것이고, 명망(冥芒)은 깊숙하고 먼 곳을 가리킨다.
3) 거연(居然)은 확연히, 의외로 등의 뜻이 있다.
4) '득일得一'은 '득도得道'와 같으며, 『道德經』 39장에 "옛날에 하나를 얻었으니 하늘은 하나를 얻어 맑고, 땅은 하나를 얻어 편안하며, 신은 하나를 얻어 신령하고, 골짜기는 하나를 얻어 가득 채웠으며, 만물은 하나를 얻어 살아가고, 임금은 하나를 얻어 세상의 기준이 된다.… 昔之得一者, 天得一以淸, 地得一以寧, 神得一以靈, 谷得一以盈, 萬物得一以生, 侯王得一, 以爲天下貞.…"라는 구절이 있으며, 득도(得道)가 천하의 수령(首領)이라고 한다.

<漢本紀¹⁾>季 兩本均作李²⁾ 王首³⁾也, 有天骨⁴⁾而小細美. 至於<龍顏⁵⁾>一像, 超豁高雄⁶⁾, 覽之若面也.

1) 〈한본기漢本紀〉는 한고조(漢高祖)의 사적을 그린 〈한본기도漢本紀圖〉이다. *「한 본기漢本紀」는 『史記』에 『高祖本紀』가 있고, 『漢書』에 「高帝紀」가 있다. 모두 한 고조(漢高祖) 유방(劉邦)의 사적을 기록한 것인데, 어떤 내용을 그린 것인지 자세 히 알 수 없다.
2) "계왕季王"의 '季'자가 『兩本』에는 모두 '李'자로 되어 있다.
3) "계왕수야季王首也"에서 계왕(季王)은 한나라 고조 유방(劉邦)을 가리키는 데, 그 의 자가 '季'이다. 따라서 이 그림은 맨 앞에 고조 유방을 그리고 차례대로 역대 왕을 그린 것 같다. 또 계왕이 동진(東晉)의 화가 왕이(王廙)라는 견해로, 형제의 항렬이 뒤라서 계(季)라고 하는데, '首'가 '手'로 함께 사용되었다는 견해로 보면, 〈한본기도〉는 왕이의 작품이라는 것이다.
4) 천골(天骨)은 '천정다기골天庭多奇骨'로 걸출한 인물이나 뛰어난 기골을 가리킨다.
5) 용안(龍顏)은 한고조(漢高祖)를 가리키며, 『史記』「高祖本紀」에 "고조의 사람됨이 콧날이 높고 이미는 솟았고 용모양의 얼굴이다 高祖爲人 隆准而龍顏"라 하여, 후 에 황제(皇帝)의 면모(面貌)를 '용안'이라고 한다.
6) "초활고웅超豁高雄"은 기상이 뛰어나고 도량이 넓으며, 자태가 고상하고 씩씩한 모습을 형용하는 말이다.

<孫武¹⁾>大荀首也²⁾, 骨趣³⁾甚奇. 二婕⁴⁾以憐美之體, 有驚劇⁶⁾ 畫苑本作 攄, 書畵譜作據⁶⁾ 之則. 若 書畵譜作著⁷⁾ 以臨見妙裁⁸⁾, 書畵譜作絶⁹⁾ 尋其置陳 布勢¹⁰⁾, 是達畵之變也.

1) 〈손무孫武〉는 손무가 궁중의 미인들에게 무술을 가르치는 광경을 그린 〈손무도 孫武圖〉이다. *손무(孫武)는 『孫子兵法』 13편을 쓴 춘추시대(春秋時代) 제(齊)나 라 사람으로, 병법으로 오왕(吳王) 합려(闔廬)를 도와 서(西)로 초(楚)를 깨고 북 으로 제(齊)·진(晉)을 쳐서 오(吳)는 제후(諸侯)의 패자(覇者)가 되어 크게 이름 을 떨쳤다.
2) "대순수야大荀首也"에서 대순(大荀)을 위(魏)말 진(晉)초의 화가 순욱(荀勗)으로 보고, 수(首)는 수(手)와 같이 쓰였기 때문에 〈손무도〉는 순욱의 작품이라는 견해 가 있다. 또 대순을 손빈(孫臏)을 소순(小荀)이라 한 것처럼, 대순을 손무로 보아 서 손무가 맨 처음 그려졌다는 견해이다.
3) 골취(骨趣)는 기골(奇骨)을 이른다.
4) 이첩(二婕)은 오왕(吳王)의 애첩 두 사람을 가리킨다.
5) 경극(驚劇)은 몹시 놀라서 두려워하는 것이다. *『사기 손자전史記孫子傳』에 "손 자(孫子)가 병법(兵法)을 오왕(吳王) 합려(闔廬)에게 보였더니, 오왕이 궁중의 미

인 180인을 선출하여 무술을 가르쳐 싸움을 시켰다. 손자가 2대(二隊)로 나누어 왕의 애첩 둘을 대장(隊長)으로 삼아서, 모두 창을 잡게 하고 영을 내리고 격려하니, 여자들이 크게 웃었다. 되풀이하여 훈련을 내리니 여자들이 다시 크게 웃자, 두 대장을 목 베어 죽이고 다시 고무시키니, 여인들이 좌우전후로 무릎을 꿇고 일어나는 것이 모두 법도에 적중했다."라는 대목이 있는데, 대개 목을 베는 정황이기 때문에 몹시 두려워하는 것이다.

6) "경극驚劇"의 '劇'자가 『畵苑本』에는 '據'자로 되었고, 『書畵譜』에는 '據'자로 되어 있다.

7) "약이임견묘재若以臨見妙裁"에서 '若'자가 『書畵譜』에는 '著'자로 되어 있다.

8) 임견(臨見)은 높은 데서 내려다 봄. 현장에 가서 직접 보는 것이다. *묘재(妙裁)는 교묘한 재량(裁量; 고안)인데, 손무의 뛰어난 모습을 이른다.

9) "약이임견묘재若以臨見妙裁"에서 '裁'자가 『書畵譜』에는 '絶'자로 되어 있다.

10) "치진포세置陳布勢"는 인물이 배치된 구성으로 그림의 구도를 이른다.

＜醉客[1]＞ 書畵譜作容[2] 作人形骨成而制衣服慢 兩本均作, 幔較善[3] 之, 亦以助醉神 兩本均作神醉[4] 耳. 多有骨俱, 然＜藺生＞變趣佳作者矣.

1) ＜취객醉客＞은 술에 취한 인생(藺生)을 그린 ＜취객도醉客圖＞이다. *인생(藺生)은 전국시대 조(趙)나라 혜문왕(惠文王)의 명신(名臣)인 인상여(藺相如)이다. 진(秦)나라의 소양왕(昭襄王)이 조나라의 화씨벽(和氏璧)을 탐내어 15개의 성과 바꾸기를 청하였을 때, 사신으로 가서 진왕의 간계임을 간파하고 벽(璧)을 잘 보존해 귀국하여, 뒤에 상경(上卿)이 되어 용장(勇將)인 염파(廉頗)와 '문경지교刎頸之交'로서 사귀어 함께 조나라를 융성하게 했다.

2) "취객醉客"에서 '客'자가 『書畵譜』에는 '容'자로 되어 있다.

3) "의복만衣服慢"에서 '慢'자가 『兩本』에는 모두 '幔'자로 된 것이 비교적 잘된 것이다.

4) "취신醉神"이 『兩本』에는 모두 '神醉'로 되어 있다.

＜穰苴[1]＞類＜孫武＞而不如.

1) ＜양저穰苴＞는 양저를 그린 ＜양저도穰苴圖＞이다. *양저(穰苴)는 제(齊)나라 장수(將帥)인 사마양저(司馬穰苴)로, 본래 성은 전(田)인데 대사마가 되었기 때문에 '사마양저'라 한다. 저서로 『사마법司馬法』이 있다.

<壯士¹⁾>有奔勝 應從兩本作騰²⁾ 大勢³⁾, 恨不盡激揚之態⁴⁾.

1) 〈장사壯士〉는 용맹한 무사를 그린 〈장사도壯士圖〉이다
2) "분승대세奔勝大勢"에서 '勝'자는 당연히 '騰'자로 되어야 한다.
3) "분등대세奔騰大勢"는 달리며 뛰어 오르는 큰 기세이다.
4) "격양지태激揚之態"는 격동하여 발분하는 자태를 형용하는 것이다.

<列士¹⁾>有骨俱, 然藺生恨急烈 兩本均作意列²⁾ 不似英賢之慨³⁾, 書畵譜作 慨⁴⁾ 以求古人, 未之見也. 於 兩本均作然⁵⁾ 奏王之對荊卿⁶⁾及復 兩本均作覆⁷⁾ 大閑, 兩本均作蘭⁸⁾ 凡此類, 雖美而不盡善⁹⁾也. 按'及復大閑'疑爲'又復太閑'之誤.

1) 〈열사列士〉는 열사를 그린 〈열사도列士圖〉이다. *열사(列士)는 나라와 백성을 위하여 큰 공업을 세우거나 세우려고 뜻을 둔 사람이다. 이 그림의 열사는 형가(荊軻)를 이른다. *형가(荊軻)는 전국시대 사람으로 연(燕)나라의 태자(太子) 단(丹)을 위해서 진시황(秦始皇)을 죽이려 하다가 도리어 진시황에게 죽음을 당했다. 이 그림은 형가(荊軻)가 진왕(奏王; 嬴政)을 찌르는 장면을 그린 것이다. 그것을 보고 고개지가 평한 것이다. *열사는 골기가 있으나, 인생(藺生; 藺相如)은 총명하고 유능한 외교가이다. 그가 진의 소왕과 충돌했을 때 당연히 가슴 속에 의분이 가득 차기는 했겠지만, 그림이 너무 급하고 사납게 그려져 영특하고 현명한 기개를 잃고 말았다. 인물을 묘사할 때는 정신이 표현되어야 한다는 것이다. 진시황이 평소 유아독존적인 장엄한 모습을 하고는 있었지만, 생사가 관련된 경지에 처했음에도 불구하고 그를 한가한 모습으로 그린 것은 사리에 맞지 않는다는 것이다. 따라서 고개지는 마지막으로 "무릇 이러한 것들은 아름답기는 하나 매우 좋지는 않다."고 평하였다.
2) "급열急烈"이 『兩本』에는 모두 '意列'로 되어 있다.
3) "영현지개英賢之慨"는 영특하고 현명함이나 그런 사람의 기개이다.
4) "영현지개英賢之慨"에서 '慨'자가 『書畵譜』에는 '槪'자로 되어 있다.
5) "어진왕於奏王"에서 '於'자가 『兩本』에는 모두 '然'자로 되어 있다.
6) 형경(荊卿)은 전국시대의 자객(刺客)인 형가(荊軻)이다. 연(燕)나라의 태자(太子) 단(丹)을 위해서 진시황(秦始皇)을 죽이려 하다가 도리어 진시황에게 죽음을 당했다.
7) "급복及服"에서 '복復'자가 『兩本』에는 모두 '覆'자로 되어 있다.
8) "大閑"에서 '閑'자가 『兩本』에는 모두 '蘭'자로 되어 있다.
9) "진선盡善"은 더할 나위 없이 좋거나 훌륭함이다. 『論語』「八佾」편에 "謂韶盡美

矣, 又盡善也. 謂武盡美矣, 未盡善也."라는 문장을 인용한 것이다. 공자께서 소악 (韶樂; 舜임금의 음악)을 평하여 지극히 아름답고 매우 좋다고 하였으며, 무악(武樂; 武王의 음악)은 지극히 아름답지만 매우 좋지는 못하다고 평한 것이다. 주자 (朱子)가 주석에 "'미美'는 소리의 성대함이요, '선善'은 아름다움의 실제이다. 순 (舜)임금은 요(堯)임금을 이어 훌륭한 정치를 하였고, 무왕(武王)은 주왕(紂王)을 정벌하여 백성을 구제하였으니, 공은 같다. 따라서 음악이 모두 극진히 아름다운 것이다. 그러나 순(舜)임금의 덕은 천성대로 한 것으로 읍(揖)하고 사양함으로써 천하를 얻었으며, 무왕(武王)의 덕은 본성을 되찾은 것으로 정벌하고 살해함으로 써 천하를 얻었다. 때문에 실제는 같지 않다."고 하였다. 그런 의미로 해석한다면 "미이부진선야美而不盡善也"는 그림으로 그린 외형적인 모습은 갖추어서 그림으 로는 아름다울지 모르나, 급박한 상황의 신기가 결핍되었으니 더할 나위 없이 훌 륭하지 않다고 평한 것이다. 고개지가 그림은 인물의 감정을 더욱 두드러지게 해 야 한다는 점을 강조한 것이다.

<三馬[1]>雋骨天奇[2], 其騰罩[3]如躡虛空, 於馬勢盡善也. 罩疑爲躍字之誤.

1) 〈삼마三馬〉는 세 필의 말을 그린 〈삼마도三馬圖〉이다.
2) "준골천기雋骨天奇"는 빼어난 골격이 천연스럽고 기이한 것이다.
3) 등조(騰罩)는 도약(跳躍)하다, 뛰어오르는 것이다.

<東王公[1]>如小吳[2]神靈[3], 居然[4]爲神靈之器[5], 不似世中生人也.

1) 〈동왕공東王公〉은 신선(神仙)인 동왕공(東王公)을 그린 〈동왕공도東王公圖〉이 다. 한 편에는 동황공(東皇公)으로 되어 있다. *'동왕공'은 남자 신선의 명부(名簿)를 관장한다는 신선 이름이다. 서왕모(西王母)의 짝으로 일컫는다.
2) 소오(小吳)는 고개지(顧愷之)와 비교되는 남조송(南朝宋)의 화가 오간(吳暕)을 가 리키는 것 같다. *오간은 불상나한(佛像羅漢)과 인물을 잘 그렸다.
3) 신령(神靈)은 신기하고 영묘한 것을 이른다.
4) 거연(居然)은 '뜻밖에', '의외로', '확연이'라는 의미로 사용된다.
5) 기(器)는 기도(氣度)와 기개(氣槪)를 가리킨다.

<七佛[1]>及<夏殷與大列女>二皆衛協[2]手傳[3]而有情勢[4]. 與字疑爲衍文.

1) 〈칠불七佛〉은 일곱 부처를 그린 〈칠불도七佛圖〉이다. *칠불(七佛)은 전세(前世)

의 석가모니(釋迦牟尼)와 여섯 부처인 비바시(毘婆尸)·시기(尸棄)·비사부(毘舍
浮)·구류손(拘留孫)·구나함모니(俱那含牟尼)·가섭(迦葉) 등을 이른다.

2) 위협(衛協)은 진(晉)나라 화가로 출신지는 미상이나, 도석화(道釋畵)와 인물화를
   잘 그려, 당시 화성(畵聖)이라 일컬어졌다. 작품으로 〈七佛圖〉〈卞莊子刺虎圖〉
   〈醉客圖〉〈高士圖〉〈烈女圖〉 등이 있다.

3) 수전(手傳)의 전(傳)은 저작(著作)이니 손수그린 작품이다.

4) 정세(情勢)는 정황과 추세. 형세이다.

〈北風詩¹⁾〉亦衛手, 巧 _{兩本均作恐²⁾} 密於精思³⁾名作, 然未離南中⁴⁾, 南
中像興, 卽形佈施之象⁵⁾. 轉不可同年而語⁶⁾矣. 美麗之形, 尺寸之制,
陰陽之數, 纖妙之迹, 世所並貴. 神儀在心而 _{兩本均作面⁷⁾} 手稱其目者,
玄賞則不待喩. 不然, 眞絕夫人心之達, 不可或 _{兩本均作惑似善⁸⁾} 以衆論.
執偏見以擬通 _{兩本均作過⁹⁾} 者, 亦必貴觀於明識. 夫 _{兩本均作末¹⁰⁾} 學詳此,
思過半¹¹⁾矣. 按巧密於精思, 歷代名畵記在衛協傳下所引則爲巧密於情思, 恐以情思爲善.

1) 〈북풍시北風詩〉는 『시경詩經』「패풍邶風·북풍서北風序」의 내용을 그린 〈북풍시
   도北風詩圖〉이다.

2) "교밀巧密"에서 '巧'자가 『兩本』엔 모두 '恐'자로 되어 있다.

3) "교밀어정사巧密於精思"는 생각을 매우 치밀하게 하는 것이다.

4) 남중(南中)은 남부지방을 가리키며, 위협(衛協)이 삼국(三國) 오(吳) 오흥(吳興)
   사람인 조불흥(曹不興)에게 그림을 배웠기 때문에 그의 그림이 "남중을 떠나지
   못했다."고 말했다.

5) "형포시지상形布施之象"은 "인물의 모습을 그리고 구도를 잡아 먹으로 그린 형상
   이기 때문에 因人物形貌而進行布局施墨的形象"라는 뜻이다.

6) "동년이어同年而語"는 같은 부류로 취급해서 말하는 것이다.

7) "심이心而"에서 '而'자가 『兩本』에는 모두 '面'자로 되어 있다.

8) "불가혹이중론不可或以衆論"에서 '或'자가 『兩本』에는 '惑'자로 되었으나 '善'자일
   것 같다.

9) "의통자擬通者"에 '通'자가 『兩本』에는 모두 '過'자로 되어 있다. *의통(擬通)은
   통달하려고 하는 사람이다.

10) "부학상차夫學詳此"에서 '夫'자가 『兩本』에는 모두 '末'자로 되어 있다.

11) "사과반思過半"은 깨닫는 바가 이미 많다, 짐작할 수 있다, 거의 다 안다는 뜻이다.

<淸游池¹⁾>不見金 兩本均作京. 較善.²⁾ 鎬³⁾, 作山形勢者, 見龍虎雜獸, 雖
不極體, 以爲擧勢⁴⁾, 變動多方.

1) 〈청유지淸游池〉는 호경지의 풍경을 그린 〈청유지도淸游池圖〉이다. *청유지(淸
游池)는 서주(西周)의 도읍지인 호경(鎬京)에 있던 못인 호경지(鎬京池)를 가리킨
다. 못에서 흐르는 물이 호수(滈水)를 지나 북쪽으로 위수(渭水)에 유입되었다.
한무제(漢武帝)가 못의 남쪽에 곤명지(昆明池)를 팠고, 당(唐) 정관(貞觀; 859~
876)년간에는 풍수(豐水)와 호수(滈水)를 곤명지로 흘러들게 하였다. 당대(唐代)
이후에 메워졌다. 그 풍경을 그린 것이다. 이 그림은 진시황(秦始皇)의 잔폭상(殘
暴象)을 표현한 것이다.
2) "금호金鎬"에서 '金'자가 『兩本』에는 '京'자로 되어 있으니 비교적 옳다.
3) 금호(金鎬)는 장안부근의 호경(鎬景)을 이른다.
4) 거세(擧勢)는 전체적인 형세, 거동을 표현한 것을 이른다.

<七賢¹⁾>唯稽生一像欲佳, 其餘雖不妙合, 以比前竹林之畵, 莫有及者.

1) 〈칠현七賢〉은 죽림칠현(竹林七賢)들을 그린 〈죽림칠현도竹林七賢圖〉이다. *죽림
칠현은 진(晉)의 완적(阮籍)·혜강(嵇康)·산도(山濤)·상수(向秀)·유영(劉伶)·
왕융(王戎)·완함(阮咸) 등 일곱 사람이다. 노장(老莊)의 무위(無爲)사상을 숭상하
고 청담(淸談)으로 세월을 보내자 당시 사람들이 추앙하여 '죽림칠현'이라 하였다.

<嵇輕車詩¹⁾>作嘯人似人嘯, 然容悴不似中散²⁾. 處置意事³⁾旣佳, 又
林木雍容調暢⁴⁾, 亦有天趣⁵⁾.

1) 〈혜경거시嵇輕車詩〉는 진(晉)나라 혜강(嵇康; 224~263)의 〈경거시輕車詩〉의 내
용을 그린 〈혜경거시도嵇輕車詩圖〉이다. *고개지는 이 그림을 평가해 인물의 얼
굴 모습이 초췌하여 혜강의 풍채와는 다르지만 자연경치는 혜강의 사상, 감정과
잘 상응한다고 하였다. *여기에서 '경거輕車'는 혜강의 〈수재 형이 입대함에 올
리는 시 贈秀才入軍〉 중에 있는 것이다. 〈贈秀才入軍〉은 모두 18수인데, 아래에
12번째 수(首)만 소개한다.
輕車迅邁, 가벼운 수레는 빨리 달리어
息彼長林. 저 장림에서 쉬는구나.
春木載榮, 봄 나무에 꽃피니

布葉垂陽.	잎은 남쪽으로 드리워졌네.
羽羽谷風,	골자기에 바람이 산들산들 불어오니
吹我素琴.	내 작은 금을 타는 것 같구나.
咬咬黃鳥,	교교히 우는 꾀꼬리
顧疇弄音.	밭두둑 돌아보며 희롱하네.
感寤馳情,	마음이 쏠리어
思我所欽.	나의 흠모함을 생각하게 하네.
心之憂矣,	울적한 심정에
永嘯長吟.	길게 휘파람불며 시를 읊조린다.

2) 중산(中散)은 진(晉)나라 혜강을 이르며, 죽림칠현(竹林七賢)의 한 사람으로, 중산대부(中散大夫)를 지냈기 때문에 '중산'이라고 불린다. 자는 숙야(叔夜)이며 노장학(老莊學)을 좋아하여 『養生篇』을 지었다.

3) "처치의사處置意事"는 신경 써서 처리한 일인데, 칠현(七賢)들이 대숲에서 노니는 모습을 그린 것을 가리킨다.

4) 옹용(雍容)은 온화한 모습이다. *조창(調暢)은 조화시켜 통하게 함, 활달하고 명랑함을 이른다.

5) 천취(天趣)는 자연스런 정취이다.

<陳太丘・二方[1]>太丘夷素[2]似古賢, 二方爲爾耳.

1) 〈진태구・이방陳太丘・二方〉은 진식陳寔과 그의 아들 이방二方을 그린 〈진태구이방도陳太丘二方圖〉이다. *진태구(陳太丘)는 후한말(後漢末)의 지방관원을 지낸 진식(陳寔)을 이르며, 영천(潁川) 사람이고, 자는 중궁(仲弓)이다. 환제(桓帝) 때 태구현장(太丘縣長)이 되었는데, 송사(訟事)를 판정(判定)함에 지극히 공정하였고, 양상군자(梁上君子; 도둑)를 훈계한 고사(故事)로써 유명하다. *이방(二方)은 진식의 큰 아들이고, 원방(元方)은 넷째 아들이고, 막내아들 계방(季方)을 합하여 모두 현자로 칭송되었다.

2) 이소(夷素)는 평소의 청렴하고 공평한 모습, 세속에 동조하지 않고 경솔한 행동을 삼가는 모습이다.

<嵇興[1]>如其人.

1) 〈혜흥嵇興〉은 혜강嵇康의 흥취를 그린 〈혜흥도嵇興圖〉이다.

<臨深履薄[1]>兢戰[2]之形, 異佳有裁[3], 自<七賢>以來並戴[4]手也.

『歷代名畵記』

1) 〈임심리박臨深履薄〉은 삼가고 경계하는 모습을 그린 〈임심리박도臨深履薄圖〉이다. *"임심이박臨沈履薄"은 깊은 못에 임하고 얇은 얼음을 밟음, 삼가고 경계함을 비유하는 말이다. 『詩經』「小雅·小旻」에 "戰戰兢兢, 如臨深淵, 如履薄氷."이라고 나온다.
2) 긍전(兢戰)은 '전전긍긍戰戰兢兢'으로 매우 두려워하여 조심하는 모양이다.
3) "이가유재異佳有裁"는 특별히 아름답게 전재(剪裁)한 것이 있다. *전재(剪裁)는 대자연의 조화로운 배치를 비유한다.
4) 대규(戴逵; 320~395)는 진(晉)나라 초군(譙郡)사람으로 회계(會稽)의 섬현(剡縣)에 살았으며 자는 안도(安道)이다. 성품이 고결하고 학문이 해박하여 명성이 높았으며, 어려서부터 다재다능하여 문장에 능했고 글씨를 잘 썼으며 거문고도 잘 탔다. 10여세 때 와관사(瓦官寺)에서 그림을 그리다가 회계내사(會稽內史)로 있던, 왕희지(王羲之)의 눈에 띄어 그림으로 성공하리라는 칭찬을 들었다. 중년에 여기(餘技) 삼아 그림을 그렸는데 인물·고사·산수·짐승 등을 절묘하게 그렸다. 불상(佛像)의 조각(彫刻) 및 주조(鑄造)에도 능하여 만년에는 주로 이 일에 전념하였다. 그의 아들 발(勃)과 옹(顒)도 그림에 뛰어나 명성이 높았다.

述畫記¹⁾

北朝 魏 孫暢之 撰

劉褒[2]

劉褒 漢 桓帝時人. 曾畫<雲漢圖>, 人見之覺熱; 又畫<北風圖>,
人見之覺涼. 官至蜀郡太守[3]. 見孫暢之『述畫記』及張華『博物志』云

1) 『술화기述畫記』는 약 340년 전후 북조(北朝) 위(魏)의 그림에 관하여 기술한 책
   이다. 이 책은 오늘날 전하지 않고 『역대명화기歷代名畫記』나 『도화견문지圖畫
   見聞誌』 등에 부분적으로 수록되어 있을 뿐이다.
2) 『술화기述畫記』에서 유포(劉褒)에 대하여 설명한 항목이다.
3) 태수(太守)는 한대(漢代) 군(郡)의 장관(長官), 진대(秦代)에 천하를 36군으로 나
   누고 군에 군수(郡守)를 두었는데, 한 경제(漢景帝)가 이를 태수로 고쳤다.

蔡邕[1]

蔡邕字伯喈, 陳留圉人. 工書畫, 善鼓琴. 建寧中爲郎中[2], 校書東觀[3],
刊正『六經』[4]文字, 書於太學[5]石壁, 天下模學. 又創八分書體[6]. 爲左
中郎將[7], 封高陽鄕侯[8], 年六十一. 靈帝詔邕畫赤泉侯五代將相[9]於省,
兼命爲讚[10]及書. 邕書畫與讚, 皆擅名於代, 時稱三美. 見『東觀漢記』並孫
暢之『述畫』

1) 『술화기述畫記』에서 채옹(蔡邕)에 대하여 설명한 항목이다.
2) 낭중(郎中)은 상서(尚書)를 보좌하여 정무(政務)에 참여하는 벼슬, 본시는 상서
   랑(尚書郎)이라 하여 천자(天子) 근시의 벼슬이다.
3) "교서동관校書東觀"은 궁중의 서고에서 책을 교정하는 것이다. *교서(校書)는 책
   을 비교·대조하여 바르게 교정하는 것이다. 동관(東觀)은 한(漢)나라 궁중의 서
   고(書庫)이다.
4) "간정육경刊正六經"은 육경을 교정한 것이다. *『육경六經』은 여섯 가지 경서로
   『역경易經』·『서경書經』·『시경詩經』·『춘추春秋』·『예기禮記』·『악기樂記』이

다. 『악기』는 진(秦)나라 때 불에 타서 없어지고, 지금은 『오경五經』만 남아 있다.

5) 태학(太學)은 고대로부터 송대(宋代)까지 국도(國都)에 있던 최고 학부를 이른다.

6) 팔분서체(八分書體)는 예서(隷書)와 전자(篆字)를 절충하여 만들었다. 예서에서
이분(二分), 전자(篆字)에서 팔분을 땄기 때문이라고도 하고, 혹은 그 체가 팔자
(八字)를 분산한 것 같기 때문이라고도 한다.

7) 좌중랑장(左中郞將)은 진대(秦代)부터 당대(唐代)이전까지 전문(殿門)과 숙위(宿
衛)의 일을 맡은 마을의 장관(長官)을 이른다.

8) 고양향후(高陽鄕侯)는 '고양후高陽侯'로 채옹(蔡邕)의 봉호이다. *향후(鄕侯)는
한대(漢代) 열후(列侯)의 봉호(封號) 이름으로 현후(懸侯)보다 낮고 정후(亭侯)보
다 높다.

9) "적천후오대장상赤泉侯五代將相"은 오대 조정에 장군을 지낸 적천후(赤泉侯)의
상이다. *적천후(赤泉侯)는 전고가 없어서 누구를 가리키는지 정확하지 않다.

10) 찬(讚)은 문체의 하나로 사람의 공덕을 기리는 글로 찬술(讚述)이다.

楊修[1]

楊修與魏太祖畵扇, 誤點成蠅.

1) 『술화기述畵記』에서 양수(楊修)에 대하여 설명한 항목이다. *양수(楊修)는 후한
(後漢) 홍농(弘農) 화음(華陰) 사람으로 자는 덕조(德祖)이고, 표(彪)의 아들이다.
효렴(孝廉)으로 천거되어 낭중(郞中)이 되고, 이어 조조(曹操)의 주부(主簿)가 되
었다. 계륵(鷄肋)이라는 군호(軍號)를 내린 조조의 뜻을 알아차리는 등 재주와 지
략이 뛰어났으나, 조조에게 죽음을 당하였다.

衛協[1]

衛協, <上林苑圖>協之迹最妙, 又<七佛圖>人物不敢點眼晴.

1) 『술화기述畵記』에서 위협(衛協)에 대하여 설명한 항목이다.

王獻之¹⁾

王獻之少有盛名, 風流高邁, 草隷繼父之美, 丹青亦工. 桓溫嘗請畵
扇, 誤落筆, 因就成烏駮牸牛, 極妙絶. 又書<牸牛賦>於扇上. 此扇
義熙中猶在. 見孫暢之述畵記. 牸音字, 母牛也.

1) 『술화기述畵記』에서 왕헌지(王獻之)에 대하여 설명한 항목이다.

康昕

康昕字君明, 外國胡人. 書類子敬, 亦比羊欣¹⁾, 畵又爲紗絶, 勝楊惠.
<五獸圖>傳於代.

1) 『술화기述畵記』에서 강흔(康昕)에 대하여 설명한 항목이다. *강흔(康昕)은 진
(晉)나라 의흥(義興) 사람이고, 외국인이라고도 한다. 그림은 가축과 짐승을 잘
그렸는데 양혜보다 뛰어났다는 평을 들었다. *양흔(羊欣)은 남조송(南朝宋) 태산
(泰山) 남성(南城) 사람으로 자는 경원(敬元)이고, 경서를 두루 섭렵하고 예서를
잘 써서 왕헌지(王獻之)의 총애를 받았다. 진에서 보국참군(輔國參軍), 송에서 신
안태수(新安太守)를 지냈다. 황로(黃老)를 좋아하고 의술에 능했다.

顧愷之¹⁾

顧愷之畵冠冕²⁾而亡面貌³⁾, 勝於戴逵.

1) 『술화기述畵記』에서 고개지(顧愷之)에 대하여 설명한 항목이다.
2) 관면(冠冕)은 옛날 제왕이나 벼슬아치들이 쓰던 관으로 높은 벼슬아치를 이르는
말이다.
3) 면모(面貌)는 용모, 생김새, 얼굴이다.

史道碩[1]
史道碩兄弟四人並善畵. 道碩工人馬及鵝.

1) 『술화기述畵記』에서 사도석(史道碩)에 대하여 설명한 항목이다.

溫嶠[1]
溫嶠字太眞, 太原 祁人. 秀朗有才鑒, 善畵. 見孫暢之畵記

1) 『술화기述畵記』에서 온교(溫嶠)에 대하여 설명한 항목이다.

謝嚴 · 江思遠等[1]
謝嚴 曹龍 丁遠 楊惠 江思遠, 以上五人兼見孫暢之『畵記』. 思遠 陳
留 圉人. 有孝行高節. 征西將軍庾亮請爲儒林參軍. 其他辟召皆不
就, 年四十九.

1) 『술화기述畵記』에서 사암(謝嚴)·강사원(江思遠) 등에 대하여 설명한 항목이다.

戴勃[1]
戴勃山水勝顧.

1) 『술화기述畵記』에서 대발(戴勃)에 대하여 설명한 항목이다. *대발(戴勃)은 진
(晉)나라 대규(戴逵)의 아들. 아버지를 닮아 금(琴)을 잘 탔다. 의희(義熙; 405~
418) 초기에 산기상시(散騎常侍)에 발탁되었으나, 출사하지 않고 아우 대옹(戴
顒)과 함께 동려(桐廬)에 정착하여 살았다.

謝約[1]

<u>謝約</u> 綜弟也, 爲衛尉參軍[2], <u>范曄</u>[3]爲傳, 善山水. 自『歷代名畵記』輯錄

1) 『술화기述畵記』에서 사약(謝約)에 대하여 설명한 항목이다. *사약(謝約)은 남조 송(南朝宋) 진군(陳郡) 양하(陽夏) 사람으로 팽성왕(彭城王) 유의강(劉義康)의 사위이고, 벼슬은 위위참군(衛尉參軍)이었으며, 원가(元嘉; 424~453) 연간에 유의 강의 역모 사건에 연루되어 죽었다. 산수를 잘 그렸다.
2) 위위참군衛尉參軍"은 궁중의 호위를 담당하는 관직이다.
3) 범엽(范曄)은 남조송(南朝宋) 순양(順陽) 사람으로 자는 위종(蔚宗)이고, 태(泰)의 아들이다. 벼슬은 상서이부랑(尚書吏部郞), 좌위장군(左衛將軍), 태자첨사(太子詹事)였다. 공희선(孔熙先) 등과 의강(義康)을 옹립하려고 모의하였다가 주살(誅殺)되었다. 문장을 잘 짓고 예서(隸書)를 잘 썼으며 음률(音律)에도 밝았다. 뜻을 얻지 못한 데에 강개하여 『후한서後漢書』를 저술하였다.

古畫品綠[1]

南朝 齊 謝赫 撰

古畫品綠序 『說郛』本『百川學海』本有此五字, 餘本無.[2]

夫畫品者, 蓋 圖書集成本無此字[3] 衆畫之優劣也. 圖繪者, 莫不明勸戒[4], 著昇沉[5], 千載寂廖, 披圖可鑒. 說郛本作見[6] 雖畫有六法, 罕能盡該, 而自古及今, 各善一節. 六法者何? 一氣韻生動是也, 二骨法用筆是也, 三應物象形是也, 四隨類賦彩是也, 五經營位置是也, 六傳移模寫是也, 唯陸探微 衛協備該之矣. 然迹有巧拙, 藝無古今, 謹依遠近, 隨其品第[7], 裁成[8]序引. 故此所述, 不廣其源, 但傳出自神仙, 莫之聞見也. 南齊 謝赫撰. 說郛本·百川學海本有此五字, 餘本無.

1) 『고화품록古畫品綠』은 남조제(南朝齊)의 사혁(謝赫)이 지은 1권의 책으로 육탐미를 비롯한 화가 27인의 우열을 품평한 책이다. 대략 490년 전후에 찬술한 것이다.
2) 「고화품록서古畫品綠序」는 『고화품록』의 서문이다. *『說郛』본과 『百川學海』본에는 "고화품록서古畫品綠序"라는 다섯 자가 있지만 나머지 본에는 없다.
3) "개중화지우열야蓋衆畫之優劣也"에서 '蓋'자가 『圖書集成』본에는 없다.
4) 권계(勸戒)는 착한 일은 행하도록 권하고, 나쁜 일은 하지 못하도록 타이르는 것이다.
5) 승침(昇沉)은 승진과 강등, 벼슬길에 나아감과 물러남, 세상일의 '영고성쇠榮枯盛衰'를 이른다.
6) "피도가감披圖可鑒"에서 '鑒'자가 『說郛』본에는 '見'자로 되어 있다.
7) 품제(品第)는 품평하여 서열을 정함, 등급이다.
8) 재성(裁成)은 헤아려 일을 이루어냄, 편집하여 완성하는 것이다.

第一品 五人 以下人數『書畫譜』本均作大字, 餘倣此.[1]

陸探微 事五代宋 明帝 吳人 名下註語僅『王氏畫苑』本 『美術叢書』『津逮祕書』本有之,

餘本無, 不備擧.²⁾
窮理盡性³⁾, 事絶言象⁴⁾. 包前孕後⁵⁾, 古今獨立. 非復激揚⁶⁾所能稱讚, 但價重之極乎 書畫譜本作於⁷⁾ 上上品之外, 津逮祕書本作上⁸⁾ 無他寄言, 故 屈 津逮本作居⁹⁾ 標第一等.

1) 「제1품第一品」은 『고화품록古畵品綠』에서 제1등급 5인을 품평한 항목이다. 아래 여러 사람은 『서화보』본에는 모두 큰 글자로 되어서 나머지도 이것을 본받았다.
2) 육탐미(陸探微)는 오대 때 송나라의 명제明帝를 섬겼으니 오吳 사람이다. 이름 아래 주를 낸 것은 겨우 『왕씨화원』본과 『미술총서』와 『진체비서』본에는 이러한 주가 있고, 나머지 책에는 없으니 거론하지 않겠다. *여기의 오대(五代)는 오호 십육국(五胡十六國) 후기 중에 있었던 양(梁)·진(陳)·제(齊)·주(周)·수(隋)나라를 말하며, 이것을 '전오대前五代'라고 한다.
3) "궁리진성窮理盡性"은 사물의 이치와 특성을 다 표현했다는 것이다.
4) "사절언상事絶言象"은 그림 그리는 일이 말로 전하는 것보다 뛰어났다는 것이다. *언상(言象)은 말하고 남은 자취이다. '언전言筌'과 같은 것으로 말로 흔적을 남기는 것이다.
5) "포전후잉包前孕後"은 전인들의 화법을 자기화하고 후배들을 양성하는 것이다.
6) 격양(激揚)은 격동되어 분발함, 격려하고 선양함, 소리가 크고 높음을 이른다.
7) "가중지극호價重之極乎"에서 '乎'자가 『서화보』본에는 '於'자로 되어 있다.
8) "상품지외上品之外"에서 '外'자가 『진체비서』본에는 '上'자로 되어 있다.
9) "굴표제일등屈標第一等"에서 '屈'자가 『진체』본에는 '居'자로 되어 있다.

曹不興 五代 吳時事孫權, 吳興人. 按五代二字 應作三國.¹⁾
不興之迹, 迨莫復傳, 唯秘閣之內, 一龍而已. 觀其風骨, 名豈虛成?

1) 조불흥(曹不興)은 오대(五代) 오(吳)나라 손권(孫權)을 섬겼고 오흥(吳興) 사람이다. 내유검화兪劍華가 살펴보니 '오대五代'는 '삼국三國'이라고 해야 한다.

衛協 五代 晉時 按五代二字誤, 應爲西晉.¹⁾
古畫之 書畫譜本作皆²⁾ 略, 至協始精. 六法之中, 迨爲兼善³⁾. 雖不說 書畫譜本作賖⁴⁾ 備形妙, 書畫譜本作似⁵⁾ 頗得壯氣. 凌跨群雄⁶⁾, 曠代⁷⁾絶筆.

1) 위협(衛協)은 오대(五代) 진(晉) 때 사람이라고 되었는데, 내 유검화(兪劍華)가 살펴보니 '오대五代'는 잘못이고 '서진西晉'으로 해야 한다. *위협(衛協)은 조불흥(曹不興)에게 배워 장묵(張墨)과 함께 '화성畵聖'이라 일컬어졌다. 백묘(白描)의 세밀하기가 거미줄 같으면서도 필력이 있었으며, 인물화는 특히 눈을 잘 그려 고개지(顧愷之)로부터 칭찬을 들었다. 작품에 〈칠불도七佛圖〉〈변장자척호도卞莊子刺虎圖〉〈취객도醉客圖〉〈고사도高士圖〉〈열녀도烈女圖〉 등이 있다.

2) "고화지략古畵之略"에서 '之'자가 『書畵譜』본에는 '皆'자로 되어 있다.

3) 겸선(兼善)은 각 방면에 두루 뛰어난 것이다.

4) "불설不說"에서 '說'자가 『書畵譜』본에는 '賅'자로 되어 있다.

5) "형묘形妙"에서 '妙'자가 『書畵譜』본에는 '似'자로 되어 있다.

6) "능과군웅凌跨群雄"에서 능과(凌跨)는 남보다 뛰어남. 초월함이다. *군웅(群雄)은 같은 시대 여기저기에서 일어난 영웅들인데 동시대의 화가들을 이른다.

7) 광대(曠代)는 오랜 세대, '공전절후空前絶後'나 '전무후무前無後無' 비교할 자가 이전에도 없고 앞으로도 없을 것이라는 뜻이다.

張墨 · 荀勗[1]

風範氣候[2], 書畵譜本作韻[3] 極妙參神, 但取精靈[4], 遺其骨法[5]. 若拘以體物[6], 則未見精粹[7]; 若取之象 津逮本缺[8] 外, 方厭膏 津逮秘書本作高[9] 腴[10], 可謂微妙也.

1) 장묵(張墨)은 진(晉)나라 화가로 관적은 자세하지 않은데, 순욱(荀勗)과 함께 위협(衛協)에게 배워 '화성'이라 일컬어졌다.

2) 풍범(風範)은 풍모와 재능, 풍채와 도량이다. *기후(氣候)는 동향, 정세, 모양, 상황으로 결과나 성과를 비유한다.

3) "기후氣候"에서 '候'자가 『書畵譜』본에는 '韻'자로 되어 있다.

4) 정령(精靈)은 천지간의 만물을 생성하는 근원, 정기(정신과 기력), 혼, 정신, 신명, 영묘함 등을 이른다.

5) 골법(骨法)은 서화에서 생동하는 필력과 법칙인데, 그림에서 웅건하고 굳센 필력은 점과 획 그리고 형상을 구성하는 기초이며, 정신과 성정을 표현하는 근거가 된다. 작품에서 가장 중요시 하는 것은 골법용필로 곧 견실한 결구와 기운이 생동하고 유창한 것이다.

6) 체물(體物)은 사물을 묘사하는 것. '체물연정體物緣情'으로 작품에서 사물표현과 감정의 표현을 이른다.

7) 정수(精粹)는 순수함을 이른다.

8) “약취지상외若取之象外”에서 ‘象’자가 『津逮』본에는 빠졌다.
9) “고유膏腴”에서 ‘膏’자가 『津逮祕書』본에는 ‘高’자로 되어 있다.
10) 고유(膏腴)는 기름진 땅, 풍요함, 맛있는 음식 등으로 문사(文辭)가 화려함을 이른다.

第二品　　三人[1]

顧駿之[2]

神韻氣力[3], 不逮前賢; 精微謹細, 有過往哲[4]. 始變古則今, 賦彩製形, 皆創新意. 若包犧始更卦體, <u>史籒初改書</u> 津逮祕書, 美術叢書, 卦誤封, 書誤畫[5] 法. 嘗 津逮本作常[6] 結構層樓以爲畫所. 風雨炎奧 津逮本作燠[7] 之時, 故不操筆; 天和氣爽之日, 方乃染毫. 書畫譜本作豪[8] 登樓去梯, 妻子罕見. 畫蟬雀<u>駿之</u>始也. 宋 大明中, 天下莫敢競矣.

1) 「제이품第二品」은 『고화품록古畵品錄』에서 제2등급 3인을 품평한 항목이다.
2) 고준지(顧駿之)는 남조(南朝) 송(宋) 사람이다. 장묵(張墨)의 제자로 인물을 잘 그렸다.
3) 신운(神韻)은 정취와 운치이다. *기력(氣力)은 재주나 재기(才氣)이다. 용필의 기개와 역량이나 작품에 체현된 기세와 역량을 가리키며, 작가가 표현하려는 정신을 필력으로 나타낸 것이다.
4) 왕철(往哲)은 옛날의 선현(先賢)이다.
5) “포희시경괘체包犧始更卦體”에서 ‘封’자가 『津逮祕書』와 『美術叢書』에는 ‘封’자로 잘못되어 있다. “사주초개서법史籒初改書法”에서 ‘書’자가 『津逮祕書』와 『美術叢書』에는 ‘畫’자로 잘못되어 있다.
6) “상結構層樓”에서 ‘嘗’자가 『津逮』본에는 ‘常’자로 되어 있다.
7) “풍우염오風雨炎奧”에서 ‘奧’자가 『津逮』본에는 ‘燠’자로 되어 있다.
8) “염호染毫”에서 ‘毫’자가 『書畫譜』본에는 ‘豪’자로 되어 있다.

陸綏[1]

體韻遒擧[2]. 風采飄然[3]. 一點一拂[4], 動筆皆奇. 傳世蓋少, 所謂希見卷軸[5], 故爲寶也.

1) 육수(陸綏)는 남조송(南朝宋) 오군(吳郡)의 오(吳) 지역 사람으로 수홍(綏洪)으로도 썼다. 육탐미(陸探微)의 아들, 아버지에게 그림을 배워 불상과 인물을 잘 그려 화성(畵聖)으로 추앙받았다.
2) "체운주거體韻遒擧"는 운치가 빼어난 것이다. *체운(體韻)은 체태(體態)와 운치(韻致)이다. *주거(遒擧)는 '강경초일强勁超逸'로 강하면서 빼어난 것이다.
3) "풍채표연風采飄然"은 품격이 높고 심원한 것이다. *풍채(風采)는 드러나 보이는 사람의 겉모양, 풍신(風神), 풍모(風貌)를 이른다. *표연(飄然)은 빠른 모양, 정처 없이 떠도는 모양, 높고 심원한 모양이다.
4) "일점일불一點一拂"은 동양화의 기법으로 찍고 긋는 방법인데 그림 그리는 것을 이른다.
5) 권축(卷軸)은 화첩과 두루마리로 작품을 가리킨다.

袁蒨[1]

比 圖書集成本作北[2] 方陸氏, 最爲高逸[3]. 象人之妙, 亞美前賢. 但志守師法, 更無新意; 然和璧微玷, 豈貶十城之價[4]也!

1) 원천(袁蒨)은 남조송(南朝宋) 때의 화가로 육탐미(陸探微)의 화풍을 계승하여 인물화를 잘 그렸다.
2) "비방육씨比方陸氏"에서 '比'자가 『圖書集成』본에는 '北'자로 되어 있다.
3) 고일(高逸)은 고초(高超)로 고상하다, 고결하다, 우수하다, 출중한 것이다.
4) "화벽미점和璧微玷, 기폄십성지가야豈貶十城之價也"는 전국시대 조(趙)나라 혜문왕(惠文王)의 명신(名臣)인 인상여(藺相如)가 진(秦)나라의 소양왕(昭襄王)이 조나라의 화씨벽(和氏璧)을 탐내어 열다섯 성과 바꾸기를 청하였을 때, 사신으로 가서 진왕의 간계임을 간파하고 벽(璧)을 잘 보존하여 귀국하고, 뒤에 상경(上卿)이 되어 용장(勇將)인 염파(廉頗)와 문경지교(刎頸之交)로서 사귀어, 함께 조나라를 융성하게 했다는 고사의 내용을 비유하여 말한 것이다.

第三品 九人[1]

姚曇度[2]

畵有逸方, 巧變鋒出[3]. 魑魅神鬼, 皆能絶妙同 津逮秘書本作固[4] 流[5], 眞爲雅鄭[6]兼善, 莫不俊拔[7], 出人意表. 天挺生知[8], 非學所及, 雖纖微長短,往往失之, 而輿皁⁹⁾之中, 莫與爲匹. 豈直棟梁蕭艾¹⁰⁾, 可搪揬璵璠¹¹⁾
者哉!

1) 「제삼품第三品」은 『고화품록古畵品綠』에서 제3등급 9인을 품평한 항목이다.
2) 요담도(姚曇度)는 남조(南朝) 제(齊)의 화가로 귀신을 잘 그렸다.
3) 봉출(鋒出)은 분분하게 나오는 것으로 '鋒'은 '蜂'과 같다.
4) "절묘동류絶妙同流"에서 '同'자가 『津逮祕書』본에는 '固'자로 되어 있다.
5) 동류(同流)는 서로 비슷한 것을 이른다.
6) 아정(雅鄭)은 아악(雅樂)과 정성(鄭聲)으로 바른 음악과 음란한 음악을 비유하며,
   고상함과 저속함을 비유한다.
7) 준발(俊拔)은 걸출한 것을 이른다.
8) "천정생지天挺生知"는 하늘이 낳은 탁월함은 태어나면서부터 앎, 배우지 않아도
   아는 사람이라는 것이다.
9) 여조(輿皁)는 하인이나 일반인을 이른다.
10) 동량(棟梁)은 마룻대와 들보인데, 중대한 임무를 맡을 만한 사람을 비유한다.
    *소애(蕭艾)는 쑥으로 자질이 좋지 못한 사람을 비유하는 말이다.
11) 당돌(搪揬)은 맞부딪침, 저촉(抵觸), 거스르다, 무례하다는 뜻이다. *여번(璵璠)
    은 춘추시대 노나라의 보옥(寶玉) 이름이다.

顧愷之
五代 晉時晉陵 無錫人, 字長康, 小字虎頭. 按五代二字誤, 應爲東
晉.¹⁾

格 說郛本王氏畵苑本百川學海本均作格, 津逮祕書本作除, 藝苑卮言引作骨²⁾. 體³⁾精微,
筆無妄下; 但迹不逮意, 聲過其實.

1) 고개지(顧愷之)는 오대(五代) 진(晉)나라 때 진릉(晉陵) 무석(無錫) 사람이고, 자
   는 장강(長康)이며, 어릴 때 자는 호두(虎頭)라고 하였다. 내 유검화(兪劍華)가
   살펴보니 '五代'는 '東晉'이어야 한다.
2) "격체정미格體精微"에서 '格'자가 『說郛』본과 『王氏畵苑』과 『百川學海』본에는 모
   두 '格'자로 되어 있고, 『津逮祕書』본에는 '除'자로 되어 있고, 『藝苑卮言』에는
   '骨'자로 되어 있다.
3) 격체(格體)는 규모와 체제로 품격(品格)을 이른다.

毛惠袁[1]
畫體周瞻, 無敵弗該, 出入窮奇[2], 縱橫逸筆. 力遒韻雅, 超邁絶倫, 其
揮霍[3]必也極妙, 至於定質[4]塊 津逮本作愧[5] 然[6], 未盡其善. 神鬼及馬,
泥滯於體, 美術叢書津逮秘書本作射[7] 頗有拙也.

1) 모혜원(毛惠袁)은 남조(南朝) 제(齊)의 화가이며 특히 말을 잘 그렸다.
2) "출입궁기出入窮奇"는 신기한 것을 다 그린다는 것으로 보았다.
3) 휘곽(揮霍)은 빠른 모양, 아무런 구속 없는 자유분방함을 이른다.
4) 정질(定質)은 고정불변의 성질, 일정한 형태를 이른다.
5) "괴연塊然"에서 '塊'자가 『津逮』본에는 '愧'자로 되어 있다.
6) 괴연(塊然)은 혼자 있는 모양, 덩어리진 모양으로 변화가 없는 것을 이른다.
7) "이체어체泥滯於體"에서 '體'자가 『美術叢書』『津逮秘書』본에는 '射'자로 되어 있다.

夏瞻[1]
雖氣力不足, 而精彩[2]有餘. 擅美遠代, 事非虛美.

1) 하첨(夏瞻)은 진(晉) 때의 하후첨(夏侯瞻)을 이른다. 관적과 신상은 미상이다.
2) 정채(精彩)는 뛰어나다, 훌륭하다, 훌륭하여 눈길을 끌다, 아름답고 빛나는 색채,
   활발하고 생기가 넘치는 기상 등을 의미한다.

戴逵[1]
情韻連綿, 風趣巧拔. 善圖聖賢, 百工所範. 荀 衞已後, 實爲領袖[2].
及乎子顒, 能繼其美.

1) 대규(戴逵; 329~395)는 진(晉)나라 초국질(譙國銍; 지금의 安徽 宿縣) 사람이다.
   자가 안도(安道)이고, 박학하고 글에 능하였으며, 글 , 그림, 조각에도 능하였다.
   그는 성품이 세속을 좋아하지 아니하여 효무제(孝武帝)가 여러 번 징소(徵召)하
   였으나 나아가지 아니한 채 항상 금(琴)과 글씨로 스스로 즐겼다. 10여 세경부터
   그림에 뛰어난 능력을 보여 왕장사(王長史)는 일찍이 이름을 떨치리라 예견하였
   다고 한다. 특히 인물고사도, 산수, 축수(畜獸)에 뛰어났다. 그는 불상(佛像)을 주
   조하는 데 뛰어났고 조각도 잘하여, 한(漢)나라 때부터 불상이 있었지만 그 형제

(刑制)가 공교하지 못했는데, 대규에 이르러 형제가 크게 갖추어졌다고 평해졌다.
2) 영수(領袖)는 옷깃과 소매로 옷을 들 때 먼저 옷깃이나 소매를 잡는 데에서, 여러
사람의 모범이 되고 우두머리가 되는 사람을 이른다.

江僧寶[1]

斟酌袁 津逮祕書本袁誤作遠[2] 陸, 親漸朱藍[3]. 用筆骨梗, 甚有師法[4]. 像人
之外, 非其所長也.

1) 강승보(江僧寶)는 남조양(南朝梁) 때 사람이다.
2) "짐작원육斟酌袁陸"에서 '袁'자가 『津逮祕書』에는 '遠'자로 잘못되어 있다.
3) 주람(朱藍)은 단청(丹靑)으로 그림을 이른다.
4) 사법(師法)은 스승에게서 전수받은 학문이나 기술이다.

吳暕

津逮祕書本作暕[1]

體法[2]雅媚, 製置才巧; 擅美當年, 有聲京洛[3].

1) 오간(吳暕)은 남조송(南朝宋) 때 사람으로 인물화를 잘 그렸다. *"吳暕"에서 '暕'
자가 『津逮祕書』본에는 '暕'자로 되어 있다.
2) 체법(體法)은 작품의 짜임새와 법식(法式)을 이른다.
3) 경락(京洛)은 낙양(洛陽)의 다른 이름이다. 동주(東周)와 동한(東漢)이 이곳에서
도읍을 정하였기 때문에 이르는 말이다. 경도(京都)와 같다.

張則[1]

意思橫逸, 動筆新奇. 師心獨見, 鄙於綜採. 變巧不竭, 若環之無端.
景多觸目. 謝題徐落, 云此二人, 後不得預焉.[2]

1) 장칙(張則)은 남조(南朝) 송(宋) 때 사람으로 오간(吳暕)에게 배웠다.
2) "謝題徐落, 云此二人, 後不得預焉."이라는 13자는 매우 이해하기 어렵다. 빠지거
나 잘못된 글자가 있는 것 같다. 그래서 『패문재서화보』에는 "景多觸目"까지만

기록하였다.

陸杲[1]

體致[2]不凡, 跨邁流俗[3]. 時有合作[4], 往往出人[5]. 點畫之間, 動流恢服[6], 傳於後者, 迨不盈握. 桂枝一芳, 足懋[7]本性. 流液之素, 難効 書畫譜本 作効[8] 其功.

1) 육고(陸杲)는 남조양(南朝梁)의 오군(吳郡) 오(吳) 지역 사람이다. 자는 명하(明 霞)이고. 시호는 질자(質子)이다. 벼슬은 남조 제(齊)에서 중군법조행참군(中軍法 曹行參軍), 남조 양(梁)에서 어사중승(御史中丞)·의흥태수(義興太守)를 지냈다. 학문을 좋아하고 서화에 뛰어났으며, 불교의 계율을 엄정하게 지켰다.
2) 체치(體致)는 작품의 기세와 운치이다.
3) 과매(跨邁)는 훨씬 뛰어난 것이다. *유속(流俗)은 세상의 일반적 풍습이나, 여기 에선 일반 화가들이다.
4) 합작(合作)은 품격 등이 합당한 작품을 이른다.
5) 출인(出人)은 남보다 출중(出衆)한 것이다.
6) 회복(恢服)은 광대한 생각이다.
7) 부(懋)는 '慕'와 같이 생각하다, 기뻐하는 것이다.
8) "난효기공難効其功"에서 '効'자가 『書畫譜』본에는 '效'자로 되어 있다.

第四品 五人[1]

蘧道愍·章繼伯[2]

並善寺壁, 兼長畫扇. 人馬分數[3], 毫釐不失. 別體[4]之妙, 亦爲入神.

1) 「제사품第四品」은 『고화품록古畫品錄』에서 제사등급 다섯 사람을 품평한 항목이다.
2) 거도민(蘧道愍)과 장계백(章繼伯)은 모두 남조(南朝) 제(齊)나라 사람이다.
3) 분수(分數)는 사물을 분별하는 슬기, 어떤 사물을 비율로 나눔, 비례, 법도, 규 범, 가르는 수로 등분(等分), 등신(等身)을 이른다.
4) 별체(別體)는 글이나 그림에서 체를 달리하는 독특한 화풍을 이른다.

顧寶先[·] 『書畫譜』及『歷代名畫記』均作光[1]

全法陸家, 事事 美術叢書本·津逮祕書本作之[2]. 宗稟[3]. 方之袁蒨, 可謂小巫[4].

1) 고보선(顧寶先)은 남조(南朝) 송(宋)나라 오군(吳郡) 사람이고, 자가 언선(彦先)
   이다. 대명(大明; 457~464) 연간에 상서수부랑(尙書水部郞)이 되었고 글씨와 그
   림을 잘 하였다. 고보선(顧寶先)에서 '先'자가 『서화보』 및 『역대명화기』에는 똑
   같이 '光'자로 되어 있다.
2) "사사事事"가 『美術叢書』본과 『津逮祕書』본에는 '事之'로 되어 있다.
3) 종품(宗稟)은 품등이나 품위를 높이는 것을 이른다.
4) 소무(小巫)는 무당 중에 법술(法術)이 낮은 자나 나이가 적은 무당으로 학문이나
   기예가 미숙한 사람을 이른다.

王微·史道碩 五代 晉時, 按五代二字誤; 王微爲南朝宋, 史道碩爲東晉.[1]

並師荀·勗, 各體善能. 然王得其細, 史傳其 美術叢書·津逮祕書本作似.[2]

眞. 細而論之, 景玄爲劣.

1) 왕미(王微)와 사도석(史道碩)은 오대(五代) 진(晉) 때 사람이라고 하였는데, 내
   유검화(兪劍華)가 살펴보니, "五代"라는 두자는 잘못이다. 왕미(王微)는 남조(南
   朝) 송(宋) 사람이고, 사도석(史道碩)은 동진(東晉) 사람이다. *왕미(王微)는 낭
   야(琅邪) 임기(臨沂) 사람으로 자는 경현(景玄)이고 왕홍(王弘)의 조카이다. 문장
   과 서화에 능하고, 음률과 의술·음양 술수에도 조예가 있었다. 약을 잘못 써 아
   우를 죽게 하여 죄책감에 시달리다가 죽었다. 사도석(史道碩)은 형제 4인이 모두
   그림으로 유명하나, 사도석은 인물 고사화와 말 그림 등 동물 그림에 뛰어났다.
2) "사전기진史傳其眞"에서 '其'자가 『美術叢書』와 『津逮祕書』본에는 '似'자로 되어
   있다.

第五品 三人[1]

劉頊 『書畫譜』本作瑱, 『津逮』本『說郛』本均作頊. 『王氏畫苑』本『歷代名畫記』均作琪.[2]
用意綿密, 畫體纖 美術叢書本津逮祕書本作簡[3] 細, 而筆迹困弱, 形制[4]單省.
其於所長, 婦人爲最. 但纖細 美術叢書缺此字[5] 過度, 翻更失眞. 然觀察

詳審, 甚得姿態.

1) 「제오품第五品」은 『고화품록古畵品綠』에서 제5등급 3인을 품평한 항목이다.
2) 유욱劉頊은 '頊'자가 『서화보』에는 '瑣'자로 되어 있고, 『진체』본과 『설부』본에는 모두 '욱頊'자로 되어 있으며, 『왕씨화원』과 『역대명화기』에는 모두 '기琪'자로 되어 있다. *유진(劉瑱)은 남조(南朝) 제(齊)나라 때 자가 사온(士溫), 팽성(彭城; 지금의 江蘇 徐州) 안상리(安上里) 사람이다. 전서(篆書)와 예서(隷書)를 잘 썼고 그림과 문장에 능하였다.
3) "화체섬세畵體纖細"에서 '纖'자가 『美術叢書』본과 『津逮秘書』본에는 '簡'자로 되어 있다.
4) 형제(刑制)는 모양, 양식, 격식을 이른다.
5) "섬세과도纖細過度"에서 '細'자가 『美術叢書』에는 빠졌다.

晉明帝　諱紹. 元帝長子. 師王廙. 按廙『王氏畵苑』本『津逮秘書』本作誤作廙.[1]
雖略於形色[2], 頗得神氣. 筆迹超越, 亦有奇觀.

1) 진명제(晉明帝)의 휘는 소(紹)이고, 원제(元帝)의 맏아들이며, 왕이(王廙)에게 배웠다. "왕이王廙"에서 '廙'자가 『왕씨화원』본과 『진체비서』본에는 모두 잘못되어 '廙'자로 되어 있다. *진명제(晉明帝)는 진(晉)의 제3대 황제인 사마소(司馬紹)이다.
2) 형색(形色)은 형체(形體)와 용모(容貌), 양식(樣式), 색택(色澤), 형태(形態), 안색(顏色) 등을 가리킨다.

劉胤祖[1] 原闕
1) 유윤조(劉胤祖)에 관한 원문은 없다. *유윤조(劉胤祖)는 남조(南朝) 송(宋)나라 사람으로, 벼슬이 상서이사부랑(尙書吏部郞)이었다.

劉紹祖[1]
善於傳寫[2], 不閑[3]其思. 至於雀鼠, 筆跡歷落[4], 往往出羣, 時人爲 書畵譜本作謂[5] 之語, 號曰移畵. 然述 美術叢書本誤作迷[6] 而不作[7], 非畵所先.

1) 유소조(劉紹祖)는 남조(南朝) 송(宋)나라 사람으로 유윤조(劉胤祖)의 아우이다. 관직이 태강태수(太康太守)였다.
2) 전사(傳寫)는 '전이모사轉移模寫'이다.
3) 불한(不閑)은 겨를이 없음, 한가롭지 않음, 숙달되지 못함, 정통하지 않은 것을 이른다.
4) 역락(歷落)은 뇌락(磊落), 쇄탈불구(灑脫不拘), 준일(俊逸)함을 이른다.
5) "시인위지어時人爲之語"에서 '爲'자가 『書畵譜』본에는 '謂'자로 되어 있다.
6) "술이부작述而不作"에서 '述'자가 『美術叢書』본에는 '迷'자로 잘못되어 있다.
7) "술이부작述而不作"의 술(述)은 전술(傳述)로 있는 글을 그대로 쓰는 것이고, 작(作)은 창작(創作)하는 것이다. 자신이 배운 학술사상을 후세에 전수할 뿐 스스로 새로운 이론을 창작하지 않는다는 뜻이다. 『논어論語』「술이述而」편의 문장을 인용한 것이다.

第六品 二人[1]

宗炳 『王氏畵苑』本『美術叢書』本均誤作宋[2]

炳明於六法, 迄無適善, 而含毫 書畵譜本作豪[3] 命素, 必有損益[4], 迹非準的[5], 意足師放[6].

1) 「제육품第六品」은 『고화품록古畵品綠』에서 제육등급 두 사람을 논평한 것이다.
2) "종병宗炳"에서 '宗'자가 『왕씨화원』본과 『미술총서』본에는 모두 '宋'자로 잘못되어 있다. *종병(宗炳)은 남조(南朝) 송(宋) 남양(南陽) 사람, 자는 소문(少文), 금(琴)·서(書)·화(畵)에 뛰어났고, 노장학(老莊學)에 밝았으며 형산(衡山)에 은거하였다.
3) "함호명소含毫命素"에서 '毫'자가 『書畵譜』본에는 '豪'자로 되어 있다. "함호명소含毫命素"는 구상하여 화폭에 그리는 것이다. *함호(含毫)는 붓을 입에 묾, 그림을 구상하는 것이다. *명소(命素)는 종이에 그림을 그리는 것이다.
4) 손익(損益)은 덜거나 더함, 새로운 것을 일으키고 낡은 것을 개혁함의 뜻이다.
5) 준적(準的)은 준칙이나 표준으로 삼는 것이다.
6) 사방(師放)은 모방함, 본뜨는 것이다.

丁光[1]

雖擅名蟬雀, 而筆迹輕贏, 非不精謹²⁾, 乏於生氣.

1) 정광(丁光)은 남조(南朝) 제(齊)의 화가로 관적과 신상이 자세하지 않다.
2) 정근(精謹)은 정성을 다하여 힘쓰는 것이다.

續畫品並序[1]

南朝 陳 姚 最 撰

夫丹靑妙極[2], 未易言盡. 雖質沿古意, 而文變今情. 立萬象於胸懷, 傳千祀於毫翰. 故九樓[3]之上備表仙靈[4]; 四門[5]之墉, 廣圖賢聖[6]. 雲閣[7] 興拜伏之感, 掖庭[8]致聘遠[9]之別. 凡斯緬邈[10], 厥迹難詳. 今之存者, 或其人冥滅[11], 自非淵識博見, 熟究精麤; 擯落蹄筌[12], 方窮至理. 但事有否泰[13], 人經盛衰. 或弱齡而價重, 或壯齒而聲遒. 故前後相形[14], 優劣舛錯[15]. 至如長康之美, 擅高往策, 矯然獨步, 終始無雙. 有若神明, 非庸識之所能效; 如負日月, 豈末學[16]之所能窺? 荀 衛 曹 張, 方之篾[17]矣; 分庭抗禮[18], 未見其人. 謝 陸聲過於實, 良可於邑[19]. 列於下品, 尤所未安. 斯乃情所 津逮秘書本缺此字[20] 抑揚[21], 畫無善惡. 此下津逮 秘書本有始字[22] 曲高和寡[23], 非直名謳; 泣血謬題[24], 寧止良璞! 將恐疇訪[25]理絶, 永成淪喪[26]; 聊擧一隅, 庶同三益[27].

1) 『속화품병서續畫品並序』는 남조(南朝) 진(陳)의 요최(姚最)가 약 550년 전후에 사혁(謝赫)의 『古畫品錄』을 이어서 편찬한 화론서 1권, 남조 양(梁) 원제(元帝)에 서부터 해천(解蒨)에 이르기까지 20인을 시대별로 수록하였다. 그 책의 서문을 함께 쓴 것이다.

2) "단청묘극丹靑妙極"은 그림이 지극히 오묘하다는 것이다. *단청(丹靑)은 붉은 색과 푸른색의 물감 재료, 붉은 색과 푸른색, 화려한 색채, 그림이나 그림을 그리는 것을 이르고, 단청의 빛깔은 쉽게 지워지지 않으므로 영원히 변하지 않는 것을 비유하기도 한다. *묘극(妙極)은 정묘하고 오묘함이 지극한 것을 이른다.

3) 구루(九樓)는 많은 누각을 이른다.

4) 비표(備表)는 충분히 표현하거나 구비하여 그린 것이다. *선령(仙靈)은 신선을 이른다.

5) 사문(四門)은 명당(明堂; 궁전)에 둘러 싸여 있는 네 개의 문을 이른다.

6) 현성(賢聖)은 도덕과 재지(才智)가 고상한 자로 성현(聖賢)이다.

7) 운각(雲閣)은 운대(雲臺)이며, 공신(功臣)과 명장(名將)의 초상을 그려서, 그들의 공적을 표시하는 누각들이다.
8) 액정(掖庭)은 궁중의 관서(官署)인데, 후궁을 채택하는 일을 담당한다.
9) 빙원(聘遠)은 멀리서 비(妃) 빈(嬪)을 맞이하는 것이다.
10) 면막(緬邈)은 요원(遙遠)한 것이다.
11) 명멸(冥滅)은 민멸(泯滅)과 같은 뜻으로 사라지다, 소멸하다는 뜻이다.
12) "빈락제전擯落蹄筌"은 '득어망전得魚忘筌'과 같은 말이다. *빈락(擯落)은 빈기(擯棄)와 같은 뜻으로 버리는 것이다. *제전(蹄筌)은 토끼를 잡는 올무와 고기를 잡는 통발이다. 『장자莊子』「외물外物」에 전고가 있으며, 목적을 이루기 위한 수단과 방법·사물의 요점·본질 등을 비유한다.
13) 비태(否泰)는 『周易』의 두 괘(掛)의 이름, 천지가 어우러지고 모든 사물이 제 갈 길을 잘 가는 것이 '태泰'이고, 천지가 서로 막히고 사물이 뜻을 펴지 못하는 것이 '비否'이다. 세상의 성쇠(盛衰)나 운명의 순탄과 역경을 이른다. 태는 잘되는 것이고, 비는 순탄치 않는 것을 이른다.
14) 상형(相形)은 상형(相刑)으로도 쓰며, 서로 비교하여 대조하는 것이다.
15) 천착(舛錯)은 어그러지고 뒤섞여 어수선한 것을 이른다.
16) 말학(末學)은 지엽적인 학문, 후학, 학문이 미숙한 사람 등으로 학자가 자신을 낮추어 일컫는 말이다.
17) 멸(篾)은 대나 수수깡 속껍질 멸자이다. 멸(蔑)자와 같이 쓰며, 멸시하거나 깔본다는 의미이다.
18) "분정항례分庭抗禮"는 손님과 주인이 각기 뜰의 동서에 나누어 서서 서로 대등한 예로 상견(相見)하는 일로, 지위나 세력이 대등하여 겨루어볼 만한 것을 이른다.
19) 오읍(於邑)은 탄식하는 모양이다.
20) "정소억양情所抑揚"에서 '所'자가 『津逮秘書』본에는 빠져 있다.
21) 억양(抑揚)은 올라가고 내려가는 것으로 감정 따위에 치우치는 것을 이른다.
22) "곡고과화曲高寡和"앞에 『津逮秘書』에는 '始'자가 있어서 '始曲高寡和'로 되어 있다.
23) "곡고과화曲高寡和"는 곡조가 고아하여 따라 부를 수 있는 사람이 적다는 것으로, 어떤 주장이나 작품이 너무 고상하여 이해하는 사람이 적음, 또는 지음(知音)을 얻기가 어렵다는 것을 비유한 말이다.
24) "읍혈류제泣血謬題"는 잘못된 품제로써 피눈물을 흘린다는 뜻으로 '형산박옥荊刪璞玉'의 고사를 인용한 것이다. 초(楚)나라 사람 변화(卞和)가 초나라 산중에서 박옥을 얻어서 여왕(厲王)과 무왕(武王)에게 바쳤으나, 옥인이 옥을 감정하고 돌이라고 하여 양쪽 발뒤꿈치를 깎기는 형옥을 당하고, 변화가 옥을 안고서 산 아래에서 3일간 밤낮으로 울자, 문왕(文王)이 까닭을 물었다. 변화가 대답하길 "제가 발뒤꿈치를 깎인 것이 슬퍼서가 아니고 이 보옥을 돌로 취급하기 때문에 슬프다."고 하였다. 마침내 왕이 옥인을 시켜 옥을 갈아보니 과연 보옥이었다는 고사

로 '화벽和璧'이라고도 한다.
25) 주방(疇訪)은 찾아 구하는 것을 이른다.
26) 윤상(淪喪)은 잃어버려 없어지는 것이다.
27) 삼익(三益)은 좋은 친구를 가리키며, 『논어論語』「계씨季氏」에 "유익한 벗이 셋
이요, 손해 보는 벗이 셋이니, 곧은 이를 벗하고 성실한 이를 벗하며, 많이 들은
자를 벗하면, 유익할 것이다. 益者三友, 損者三友. 友直, 友諒, 友多聞 益矣."라
는 문장에서 인용된 말이다.

夫調墨染翰[1], 志存精謹; 課[2]茲有限, 應[3]彼無方[4]. 燧變墨回[5], 治點[6]
不息; 眼眩素縟, 意猶未盡. 輕重微異, 則妍鄙[7]革形; 絲髮不從, 則歡
慘殊觀[8]. 加以頃來[9]容服, 一月三改, 首尾未周, 俄成古拙, 欲臻其妙,
不亦難乎? 豈可曾未涉川, 遽云越海; 俄靚魚鱉, 謂察蛟龍. 凡厥等
曹, 未足與言畫矣. 陳思王[10]云: 傳出文士[11], 圖生巧夫. 性尙分流, 事
難兼善. 躡方趾[12]之迹易, 不知圓行之步難; 遇象谷[13]之鳳翔, 莫測呂
梁[14]之水蹈. 雖欲游刃[15], 理解終迷; 空慕落塵[16], 未全識曲. 若永尋[17]
<河書[18]>, 則圖在書前; 取譬『連山[19]』, 則言由象著[20]. 今莫不貴斯鳥
跡[21]而賤彼龍文[22]. 消長相傾[23], 有自來[24]矣. 故傿[25]斷 津逮秘書·美術叢書
本作傿齡[26] 其指, 巧不可爲. 杖策坐忘[27], 旣慚經國[28]; 據梧喪偶[29], 寧足
命家[30]! 若惡居下流[31], 自可焚筆; 若冥心用舍[32], 幸從所好. 戲陳鄙
見, 非謂毀譽; 十室[33]難誣, 忓聞多識. 今之所載, 竝謝赫所遺. 猶若
美術叢書本作苦[34] 文章止於兩爾, 其中道有可採, 使成一家之集. 且古今
書評, 高下必銓[35]; 解畫無多, 是故備取[36]. 人數旣少, 不復區別, 其優
劣可以意求[37]也.

1) "조묵염한調墨染翰"은 먹을 조절하고 붓에 먹을 찍는 것으로 그림을 그리는 것이다.
2) 과(課)는 깊이 탐구하는 것이다.
3) 응(應)은 응감(應感)이다. 마음으로 느끼는 것이다.
4) 무방(無方)은 변화가 무궁한 것을 이른다.

5) "수변묵회燧變墨回"는 횃불이 변하고 먹이 돌아오는 것으로, 불빛이 다하여 짧아지고 먹물이 변하여 마르는 것을 이른다.

6) 치점(治點)은 고치고 다듬어 윤색(潤色)하는 것이다.

7) 간비(奸鄙)는 간사하고 비루한 자를 이른다.

8) 수관(殊觀)은 개관(改觀)으로 변모하는 것이다.

9) 가이(加以)는 '게다가', '더군다나'라는 뜻이 있다. *경래(頃來)는 근대(近代)이다.

10) 진사왕(陳思王)은 중국 삼국시대 위(魏)의 문제(文帝) 조비(曹丕)의 아우인 조식(曹植; 192~232)을 이르며, 조조(曹操)의 아들이고, 자는 자건(字建)이며, 시문에 뛰어나 『조자건집曹字建集』 10권이 있다.

11) 문사(文士)는 글을 알고 시문에 뛰어난 사람으로 문인과 선비를 이른다.

12) 방지(方趾)는 '방지원로方趾圓顱'인 네모난 발과 둥근 머리란 뜻으로 사람(인류)을 가리킨다.

13) 상곡(象谷)은 산서성(山西省) 서구현(徐溝縣) 동북쪽에 있는 하천으로, 가을에 찬 이슬이 내려 추우며, 그 물이 맑고 깨끗하여 볼 만한 곳이다.

14) 여량(呂梁)은 하남성(河南省) 낙양시(洛陽市) 남쪽에 있는 산 이름이다. 하(夏)나라 우(禹)왕이 치수 공사 때 뚫어서 황하(黃河)로 통하게 했다는 용문(龍門)을 이른다. 수세가 빨라 사나운 짐승이 울부짖는 것 같아 깊고 얕음을 추측할 수가 없다고 한다.

15) 유인(游刃)은 칼날을 자유자재로 사용하는 것을 이르며, 『장자莊子』「양생주養生主」에 "…저 것(소)의 뼈마디에는 틈이 있지만 칼날에는 두께가 없습니다. 두께가 없는 것을 틈이 있는 곳에 넣기 때문에 널찍하여 칼날을 움직이는 데에 언제나 여유가 있습니다.… 彼節者有閒而, 刀刃者無厚, 以無厚入有閒, 恢恢乎其於遊刃, 必有餘地矣.…"라는 문장이 있는데, '유인유여游刃有餘'로 힘들이지 않고 여유 있게 일을 처리하는 것을 비유하는 고사이다.

16) 낙진(落塵)은 『서경잡기西京雜記』에 이르기를 "동방생(東方生)이 통소를 잘 불었는데, 언제나 소리를 길게 끌어서 불면 으레 티끌이 모자에 떨어졌다."라고 하였다. 후에 노래 소리가 미묘한 것을 형용하는 말이 되었다.

17) 영심(永尋)은 '심입탐색深入探索'하여 보는 것이다.

18) 하서(河書)는 〈하도河圖〉와 〈낙서洛書〉를 가리킨다. 『주역』「계사繫辭」에서 "河水에서 圖가 나오고 洛水에서 書가 나오자, 성인이 이를 본받았다."라고 하였다. 공안국(孔安國)이 이르길 "하도(河圖)는 복희씨(伏羲氏)가 천하에 왕 노릇 할 적에 용마(龍馬)가 황하(黃河)에서 나오자 마침내 그 무늬를 본받아 팔괘(八卦)를 그렸가. 〈낙서〉는 우왕(禹王)이 홍수를 다스릴 적에 등에 무늬가 있는 신귀(神龜)가 나왔는데, 등에 나열되어 있는 수(數)가 9까지 있었다. 우왕이 마침내 이것을 인하여 차례로 나열하여 구류(九類)를 이루었다."고 하고, 유흠(劉歆)이 이르길 "복희씨가 하늘을 이어 왕 노릇하여 하도를 받아 획을 그었으니 팔괘(八卦)가 이

것이며, 우왕이 홍수를 다스릴 적에 하늘이 낙서를 내려주었는데, 이것을 본받아 진열한 것이 '구주九疇'이다. 〈하도〉와 〈낙서〉는 서로 경위(經緯)가 되고, 팔괘(八卦)와 구주(九疇)는 서로 표리(表裏)관계가 된다."고 하였다. '구류九類'는 아홉 가지 종류로『서경書經』의 '홍범구주洪範九疇'를 가리킨다. 홍범은 나라를 다스리는 큰 법이란 뜻이다. 구주는 아홉 가지 무리란 뜻으로 옛날 우왕이 홍수를 다스릴 때에 낙수에서 거북이가 나왔는데, 거북이 등에 1에서 9까지의 점이 그려져 있었다 한다. 우왕은 이것을 보고 홍범구주를 만들었다 한다. 첫 번째는 金·木·水·火·土의 '오행五行'이고, 두 번째는 모(貌)·언(言)·시(視)·청(聽)·사(思)의 '오사五事'이며, 세 번째는 식(食)·화(貨)·사(祀)·사공(司空)·사도(司徒)·사구(司寇)·빈(賓)·사(師)의 '팔정八政'이고, 네 번째는 세(歲)·월(月)·일(日)·성신(星辰)·역수(曆數)인 '오기五紀'이며, 다섯 번째는 '황극皇極'이고, 여섯 번째는 정직(正直)·강극(剛克)·유극(柔克)의 '삼덕三德'이며, 일곱 번째는 우(雨)·제(霽)·몽(蒙)·역(驛)·극(克)·정(貞)·회(悔)의 '계의稽疑'이고, 여덟 번째는 우(雨)·양(暘)·욱(燠)·한(寒)·풍(風)·시(時)의 '서징庶徵'이며, 아홉 번째는 수(壽)·부(富)·강녕(康寧)·유호덕(攸好德)·고종명(考終命)의 '오복五福'과 흉단절(凶短折)·병(病)·우(憂)·빈(貧)·악(惡)·약(弱)의 '육극六極'을 말하는 것이다.

19) 『주역周易』을 하(夏)나라 때는 『연산連山』이라 하였고, 은(殷)나라 때는 『귀장歸藏』이라 하였으며, 주(周)나라 때는 『주역』이라 했다.

20) "언유상저言由象著"는 말로 다하지 못한 것을 형상으로 나타냈다는 뜻이다. 『주역周易』「계사繫辭」에 "글로는 말을 다 표현 하지 못하고 말로는 뜻을 다 표현하지 못하니, 그렇다면 성인의 뜻을 볼 수 없단 말인가? 선생이 스스로 답하여, 성인이 역의 팔괘 상을 만들어, 뜻을 다하여, 괘를 베풀어 정위를 다하며, 말을 달아 그 말을 다하고, 변통해서 이로움을 다하며, 고무하여 신묘함을 다하였다. 書不盡言, 言不盡意, 然則聖人之意, 其不可見乎? 子曰; 聖人立象以盡意, 設卦以盡情僞, 繫辭焉以盡其言, 變而通之以盡利鼓之舞之以盡神."을 인용한 것이다.

21) 조적(鳥跡)은 새 발자국으로 최초의 서체(書體)인 조서(鳥書)를 이른다.

22) 용문(龍文)은 복희씨(宓羲氏)가 보았다는 용마(龍馬)의 무늬로 그림을 가리킨다.

23) 상경(相傾)은 서로 대립하며 존재하거나 피차간에 경쟁하는 것을 말한다.

24) 자래(自來)는 '자고이래自古以來'로 예로부터이다.

25) 수(倕)는 황제(黃帝)때의 훌륭한 장인(匠人)인 공수(工倕)를 가리킨다.

26) "수단기지倕斷其指"에서 '倕斷'이 『津逮秘書』와 『美術叢書』본에는 '傜齡'으로 되어 있다.

27) 장책(杖策)은 주장(拄杖)으로 지팡이에 의지하여 버티는 것이다. *좌망(坐忘)은 무아의 경지를 이르는 것이다. 『장자莊子』「대종사大宗師」에 "손발이나 신체를 잊어버리고, 귀와 눈의 작용을 물리쳐 형체를 떠나서 지각을 버리고 대도(大道)

에 동화(同化)하는 것이 좌망이라고 합니다. 墮枝體黜聰明離形, 去知同於大通, 此謂坐忘."라는 문장이 있다.

28) 경국(經國)은 나라를 다스리는 것이다.

29) "거오상우據梧喪偶"는 짝을 잃고 금(琴)을 타거나 오동나무 안석에 기대어 담론하고 있는 모습이다. *거오(據梧)는 은궤(隱几)로 오동나무 안석에 의지하는 것, 금(琴)을 타는 것으로, 『莊子』「齊物論」에 "소문은 거문고를 뜯고, 사광은 북채를 세워 몸을 기대고 음악을 들었으며, 혜자는 오동나무 안석에 기대어 담론을 하였다. 이들 세 사람의 재지는 거의 모두 최고의 경지에 이르렀으므로, 후세에까지 이름이 기록으로 전하여지고 있다. 昭文之鼓琴也, 師曠之枝策也, 惠子之據梧也, 三子之知幾乎! 皆其盛者也, 故載之末年."라는 문장이 있다. *상우(喪偶)는 배우자가 죽은 것이다.

30) 명가(命家)는 진한(秦漢) 때 작위제도를 12등급으로 나누었다. 1급 공사(公士) 이상의 작위에 있는 사람을 모두 명가라고 일컫는데, 여기서는 '유명한 화가'를 지칭한다.

31) 하류(下流)는 하품(下品)인데, '하류의 작가'를 말한다.

32) "명심용사冥心用舍"는 고심하여 취할 것은 취하고 버릴 것은 버리는 것이다. *명심(冥心)은 잠심하여 고심하는 것이다. *용사(用舍)는 취사(取舍)와 같은 것이다.

33) "십실十室"은 '가가호호家家戶戶'로 많은 사람이나 대중들을 가리킨다.

34) "유약문장지어양권猶若文章止於兩券"에서 '若'자가 『美術叢書』본에는 '苦'자로 되어 있다.

35) 전(詮)은 '전銓'과 통용되며 형량(衡量)으로 평론(評論)하는 것이다.

36) 비취(備取)는 보결(補缺)로 보충하는 것이다.

37) 의구(意求)는 생각하여 터득하는 것이다.

湘東殿下 　梁元帝初封湘東王, 嘗畫<芙蓉湖><醮鼎圖>.[1]

右天挺命世[2], 幼稟生知, 學窮性表, 心師造化, 非復景行[3]所能希涉. 畫有六法, 眞仙[4]爲難, 王於象人, 特盡神妙, 心敏手運, 不加點治. 斯乃聽訟部領[5]之隙, 文談衆藝之餘, 時復遇物[6]援毫, 造次驚絕[7]. 足使 荀 衛閣筆, 袁 陸韜翰. 圖製雖寡, 聲聞於外, 非復討論木訥[8], 美術叢書缺此二字[9] 可得而稱焉.

1) 『속화품續畫品』에서 '상동전하湘東殿下'를 품평한 항목이다. *상동전하(湘東殿下)는 양(梁) 원제(元帝)이다. 초기에 '상동왕湘東王'에 봉해졌었고, 일찍이 〈부용

호芙蓉湖)와 〈초정도醮鼎圖〉를 그렸다.

2) 천정(天挺)은 하늘이 낳은 탁월함이다. 명세(命世)는 세상에 이름이 나는 것이다.
3) 경행(景行)은 훌륭한 덕행, 일설에는 '대도大道'라고 한다.
4) 진선(眞仙)은 신선을 이른다.
5) "청송부령聽訟部領"은 송사(訟事)를 주재하는 것이다.
6) 우물(遇物)은 남과 접촉하여 사귀거나 사람을 대하는 태도이다. 사람들 앞에서
   그림을 그리는 것을 이른다.
7) "조차경절造次驚絶"은 순식간에도 빼어나서 놀라게 한다는 것이다. *조차(造次)
   는 갑작스러운 것이다. *경절(驚絶)은 정교한 아름다움이 뛰어나 사람들이 놀라
   서 경복하는 것을 이른다.
8) 목눌(木訥)은 사람이 질박하여서 말을 잘 못하는 것, 말주변이 없는 것이다.
9) "토론목눌討論木訥"에서 '木訥'이 『美術叢書』에는 빠져 있다.

劉璞[1]

右胤祖之子, 小習門風[2], 至老筆法不渝前制[3]. 體韻精硏[4], 亞於其父.
信代有其人, 茲名不墮矣.

1) 『속화품續畫品』에서 '유박劉璞'을 품평한 항목이다. *유박(劉璞)은 남조(南朝) 송
   (宋)나라의 유윤조(劉胤祖)의 아들이다.
2) 문풍(門風)은 가문 대대로 내려오는 문풍이나 화풍을 이른다.
3) "불투전제不渝前制"는 선대의 제도를 바꾸지 않았다는 것이다.
4) "체운정심體韻精深"은 자태와 운치를 정심(精深)하여 연구하는 것이다.

沈標[1]

右雖無偏擅, 觸類皆涉. 性尙鉛筆[2], 甚能留意. 雖未臻全美, 殊有可觀.

1) 『속화품續畫品』에서 '심표沈標'를 품평한 항목이다. *심표(沈標)는 남조(南朝) 제
   (齊)의 사혁(謝赫)에게 그림을 배웠다.
2) 연필(鉛筆)은 채색화를 이른다. 원래 연필(鉛筆)은 연분(鉛粉)을 물에 담가서 잘
   못된 글자를 고치는 붓, 점토로 만든 붓으로 수정 붓이라 하며, 분필(粉筆)로 밑
   그림을 가리킨다.

謝赫[1]

右貌寫人物, 不俟對看. 所須一覽, 便工操筆. 點刷研精, 意在切似. 目想毫髮, 皆無遺失. 麗服靚粧, 隨時變改. 直眉曲鬢, 與世事新. 別體細微, 多自赫始. 遂使委巷逐末, <small>美術叢書本作末[2]</small> 皆類效顰. 至於氣韻 <small>津逮秘書本美術叢書本均作運[3]</small> 精靈[4], 未窮生動之致; 筆路纖弱, 不副壯雅之懷. 然中興[5]以後, 象人莫及.

1) 『속화품續畫品』에서 '사혁謝赫'을 품평한 항목이다.
2) "위항축말委巷逐末,"에서 '末'자가 『美術叢書』본에는 '未'자로 되어 있다.
3) "기운정령氣韻精靈"에서 '氣韻'이 『津逮秘書』본에는 모두 '氣運'으로 되어 있다.
4) 정령(精靈)은 육체를 떠난 죽은 사람의 혼백, 만물의 근원, '불가사의不可思議'한 기운, 정말로 영리함, 빼어나고 영묘한 기운으로 정혼(精魂)·정백(精魄)·정상(精爽) 등과 같은 뜻이다.
5) 중흥(中興)은 남제(南帝) 때 연호(501~502년)이나, 그림이 중흥한 때로 볼 수도 있다.

毛惠秀[1]

右其於繪事, 頗爲詳悉. 太自矜持, 審成贏鈍 <small>美術叢書本作純[2]</small> 遒勁不及惠遠, 委曲[3]有過於稜.

1) 『속화품續畫品』에서 남조(南朝) 제(齊)의 '모혜수毛惠秀'를 품평한 항목이다.
2) "심성리둔審成贏鈍"에서 '鈍'자가 『美術叢書』본에는 '純'자로 되어 있다.
3) 위곡(委曲)은 자세하고 상세함, 자세한 사정, 또는 그 곡절(曲折)이나 위상(委詳)을 가리킨다.

蕭賁¹⁾

右雅性精密, 後來難尙. 含毫命素, 動必依眞. 嘗畵團扇, 上爲山川,
咫尺之內, 而瞻萬里之遙; 方寸之中, 內辯千 美術叢書本作十²⁾ 尋之峻.
按書畵譜刪自嘗畵團扇一段³⁾ 學不爲人, 自娛而已. 雖有好事, 罕見其迹.

> 1) 『속화품속화품』에서 양(梁)나라 '소분蕭賁'을 품평한 항목이다. *소분(蕭賁)은 난
> 릉(蘭陵; 지금의 江蘇 常州 西北) 사람이다. 자는 문환(文奐)이고, 세도(世祖)의
> 현손(玄孫), 경릉왕(竟陵王) 자량(子良)의 손자이다. 어려서부터 학문을 좋아하고
> 문재(文才)가 있었으며, 글씨에 능하고 산수화도 잘 그렸다.
> 2) "내변천심內辯千尋"에서 '千'자가 『美術叢書』본에는 '十'자로 되어 있다.
> 3) 내俞劍華가 살펴보니 『書畵譜』에는 '嘗畵團扇一段'부터 한 단락이 없다.

沈粲¹⁾

右筆跡調媚²⁾, 專工綺羅³⁾. 屛障所圖, 頗有情趣⁴⁾.

> 1) 『속화품속화품』에서 남조(南朝) 제(齊)나라 '심찬沈粲'을 품평한 항목이다.
> 2) 조미(調媚)는 아름다운 모습을 조화시키는 것을 이른다.
> 3) 기라(綺羅)는 비단옷을 입은 사람으로 미녀나 여인을 가리킨다.
> 4) 정취(情趣)는 운치나 흥취를 이른다.

張僧繇 五代梁時 按五代誤, 應作南朝. 吳興人¹⁾

右善圖塔廟²⁾, 超越羣工. 朝衣野服, 今古不失. 奇形異貌, 殊方夷夏³⁾,
實參其妙. 俾晝作夜⁴⁾, 未嘗厭怠; 惟公及私, 手不停筆. 但數紀之內,
無須臾 美術叢書本誤更⁵⁾ 之閒. 然聖賢矔矚⁶⁾, 小乏神氣, 豈可求備於一
人. 雖云晩出, 殆亞前品.

> 1) 『속화품속화품』에서 남조(南朝) 양(梁)의 오흥(吳興) 사람인 '장승요(480~549)'
> 를 품평한 항목이다. 원문에는 오대(五代) 양(梁)나라 때 사람이라고 하였는데,
> 유검화(俞劍華)가 살펴보니 '오대'는 잘못이고 '남조'로 해야 한다고 하였다.
> 2) 탑묘(塔廟)는 탑이나 절을 두루 이르는 말이다.

3) 이하(夷夏)는 이적(夷狄)과 중국으로, 전하여 국내외를 이른다.
4) "비주작야俾晝作夜"는 '비야작주俾夜作晝'와 같은 말로 밤을 낮 삼아 공부하거나 일하는 것을 이른다.
5) "수유지한須臾之閒"에서 '臾'자가 『美術叢書』본에는 '更'자로 잘못되어 있다.
6) 이촉(睼矚)의 '睼'는 둘러볼 리, '矚'은 볼 촉 자로 펼쳐서 눈 여겨 보는 것을 이른다.

陸肅　一本作宏肅[1]

右綏之弟, 早藉趨庭之敎[2], 未盡敦閱[3]之勤; 雖復所得不多, 猶有名家之法. 方效輪扁[4], 甘苦難投[5].

1) 『續畫品續畫品』에서 남조(南朝) 송(宋)의 '육숙陸肅'을 품평한 항목이다. 어떤 책에는 '육숙陸肅'이 '굉숙宏肅'으로 되어 있다. 『역대명화기』에는 육홍숙(陸弘肅)으로 소개되었다.
2) "추정지교趨庭之敎"는 과정(過庭)인데, 아들이 아버지의 가르침을 계승하는 것으로 『論語』「季氏」에 나오는 고사이다.
3) 돈열(敦閱)은 정성을 들여 조사하는 것이고, 돈열(敦悅)과 같이 중시하고 좋아하는 뜻으로 사용된다.
4) 윤편(輪扁)은 춘추시대 제나라의 수레바퀴를 만드는 유명한 장인으로, 후에 훌륭한 솜씨의 대표로 일컫는다.
5) 난투(難投)의 투(投)는 투합(投合)으로 남의 기호를 만족시키기 어려운 것을 이른다.

毛稜　惠秀姪[1]

右惠遠之子, 便捷有餘, 眞巧不足, 善於佈置, 略不煩草[2]. 若比方諸父, 則牀上安牀[3]. 美術叢書本誤作狀[4]

1) 『續畫品續畫品』에서 남조(南朝) 제(齊)의 '모릉毛稜'을 품평한 항목이다. *모릉은 혜수惠秀의 조카이다.
2) 번초(煩草)는 번잡하고 거칠게 대강 그린 것이다.
3) "상상안상牀上安牀"은 '상상시상牀上施牀'과 같이 상 위에 또 상을 놓는 것이다. 무의미한 일을 거듭하거나 중복되어 새롭지 않음을 비유하는 말이다.
4) "상상안상牀上安牀"에서 '牀'자가 『美術叢書』본에는 '狀'자로 되어 있다.

秬寶鈞 · 聶松[1]

右二人無的師範[2], 而意兼眞俗[3]. 賦彩鮮麗, 觀者悅情. 若辯其優劣, 則僧繇之亞.

1) 『속화품속화품續畵品』에서 남조(南朝) 양(梁)의 '혜보균秬寶鈞'과 남조(南朝) 양(梁)의 '섭송聶松'을 품평한 항목이다.
2) 사범(師範)은 법 · 모범 또는 모범이 될 만한 사람 · 학문이나 기예를 가르치는 사람을 이른다.
3) 진속(眞俗)은 불교 용어로 불생불멸의 이치인 '진眞' 인연이 생기는 이치인 '속俗'인데, 승려와 일반 사람을 아울러 이르는 말이다. 또 진리를 깨친 경지와 속인의 경지를 가리킨다.

焦寶願[1]

右雖早游張 謝, 而靳固[2]不傳. 旁求造請[3], 事均盜道[4]之法; 殫極斲輪[5], 遂至兼採之勤. 衣文樹色, 時表新異; 點黛施朱, 重輕不失. 雖未窮秋駕[6], 而見賞春坊[7]. 輸奏[8]薄伎, 謬得其地. 今衣冠[9]緖裔, 未聞好學, 丹靑道湮, 良足爲慨.

1) 『속화품속화품續畵品』에서 남조(南朝) 양(梁)의 '초보원焦寶願'을 품평한 것이다.
2) 근고(靳固)는 아껴서 고수하다. 극비로 하는 것이다.
3) 조청(造請)은 찾아가서 뵙는 것이다.
4) 도도(盜道)는 도둑질하는 수단이나 방법이다. 『장자莊子』「거협胠篋」에 도척의 부하가 묻기를 도둑질에도 도가 있습니까? 하고 물으니, 도척이 말하길, "어디인들 도 없는 곳이 있겠느냐? 남의 방안에 감추어져 있는 것을 잘 알아맞히는 것이 '성聖'이요, 남보다 먼저 들어가는 것은 '용勇'이며, 남보다 뒤에 나오는 것은 '의義'이다. 도둑질을 해도 되는가 안 되는가를 아는 것은 '지知'이며, 분배를 공평히 하는 것은 '인仁'이다. 이 다섯 가지를 갖추지 않고서 큰 도둑이 된 자는 이 세상에 아직 없었다. 跖之徒─ 問於跖曰: 盜亦有道乎? 跖曰: 何適而無有道邪? 夫忘意室中之藏聖也. 入先勇也. 出後義也. 知可否知也. 分均仁也. 五者不備而能成大盜者天下未之有也." 라는 문장이 있다.
5) "탄극착륜殫極斲輪"은 풍부한 경험이나 뛰어난 기예를 다 발휘한 것이다. *착륜(斲輪)은 '윤편착륜輪扁斲輪'으로 나무를 깎아 수레바퀴를 만드는 것이다. 경험이

풍부하고 수준이 뛰어난 것이나 또는 그런 사람을 가리킨다.

6) 추가(秋駕)는 말 모는 기예이며, 배우기 어려운 도술(道術)을 이른다.

7) 춘방(春坊)은 태자(太子)를 이른다.

8) 수주(輸奏)는 헌납(獻納)하는 것을 이른다.

9) 의관(衣冠)은 옷과 갓으로, 전하여 예의를 갖춘 모습이나 사대부를 가리킨다.

袁質[1]

右蒨之子, 風神俊 美術叢書本誤俟 爽[2], 不墜家聲. 始逾志學之年[3], 便嬰瘠癇之病[4]. 曾見草<莊周木鴈[5]> <卞和抱璞[6]> 美術叢書本誤作卡[7] 兩圖, 筆勢遒正[8], 繼父之美. 若方之體物[9], 則伯仁[10]<龍馬[11]>之頌; 比之書翰[12], 則長胤[13]<狸骨之方[14]>. 美術叢書本誤作力[15] 雖復語迹異途, 而妙理同歸一致[16]. 苗而不實[17], 有足悲者. 無名之實, 津逮秘書・美術叢書本均作貴[18] 諒在斯人.

1) 『속화품續畫品』에서 남조(南朝) 제(齊)의 원질(袁質)을 품평한 항목이다.

2) "풍신준상風神俊爽"에서 '俊'자가 『미술총서』본에는 '俟'자로 잘못 되어 있다.

3) "지학지년志學之年"은 공자(孔子)께서 학문에 뜻을 둔 나이로 15세 전후를 이른다.

4) 영(嬰)은 '…에 걸리다'는 뜻이다. "소간지병瘠癇之病"은 간질병을 이른다.

5) "장주목안莊周木鴈"은 『장자』「산수」에 있는 쓸모 있음과 쓸모없음을 비유하는, 우화 내용을 그린 것으로 <장주목안도莊周木鴈圖>를 말한다.

6) "변화포박卞和抱璞"은 변화(卞和)가 박옥(璞玉)을 안고 있는 것을 그린 <변화포박도卞和抱璞圖>를 말한다.

7) "변화포박卞和抱璞"에서 '卞'자가 『美術叢書本』에는 '卡'자로 잘못되어 있다.

8) "필세주정筆勢遒正"은 필세가 아름답고 분명한 것이다. *필세(筆勢)는 필력(筆力)이다. *주정(遒正)은 '미호청정美好淸正'으로 아름답고 분명한 것을 가리킨다.

9) 체물(體物)은 사물을 묘사한 것이다.

10) 백인(伯仁)은 수(隋)나라 문제(文帝) 때 사람인 동전(董展)의 자이며, 산수·도석·인물·누각을 잘 그렸다.

11) 용마(龍馬)는 <수문제상구명마도隋文帝上廐名馬圖>를 가리키는 것 같다.

12) 서한(書翰)은 문서나 편지를 말하는데, 여기서는 글씨를 쓰는 것을 이른다.

13) 장윤(長胤)은 동진(東晋) 사람 순여(荀輿)의 자이다.

14) <이골치로방狸骨治勞方>은 순여가 너구리 뼈로 피로를 치료하는, 처방을 쓴 것을 왕희지가 임서한 것이다. *이골(狸骨)은 『狸骨帖』으로 당나라 이작(李綽)의 『상서

고실尙書故實』에 "순여(荀輿)가 글씨를 잘 써서 일찍이 〈狸骨治勞方〉을 썼다. 왕
희지가 그것을 임서하였으며, 지금에 그것을 『이골첩』이라 한다." 라는 구절이
있다.

15) "이골지방狸骨之方"에서 '方'자가 『미술총서』본에는 '力'자로 잘못되어 있다.
16) "동귀일치同歸一致"지향하는 바가 일치하는 것을 말한다.
17) "묘이부실苗而不實"은 '묘이불수苗而不秀'와 같이 사람의 자질은 좋으나, 뜻을 이
    루지 못하고 불행하게 일찍 죽는 것을 비유하는 말로『논어論語』「자한子罕」편에
    "싹이 나고도 피지 못할 자 있으며, 피고도 결실하지 못할 자 있을 것이다. 苗而
    不秀者 有矣夫, 秀而不實者 有矣夫."라는 문장을 인용한 것이다.
18) "무명지실無名之實"에서 '實'자가 『진체비서』와 『미술총서』본에는 모두 '貴'자로
    되어 있다.

釋僧珍 · 釋僧覺[1]

右珍, <u>釋道敏</u>之甥, 覺, <u>姚曇度</u>之子. 並弱年漸漬[2], 親承訓勖[3], 珍乃
易於酷似, <u>覺豈難負析薪[4]</u>. 染腹[5]之中, 有斯二道, 若品其工拙, 蓋<u>穉
蠶之流</u>.

1) 『속화품續畫品』에서 남조(南朝) 양(梁)의 승려화가인 진(珍)스님과 각(覺)스님을
   품평한 항목이다.
2) 점지(漸漬)는 침윤(浸潤)으로 전의되어, 염색하거나 물들이는 것을 이른다.
3) 훈욱(訓勖)은 가르치고 힘쓰게 하는 것이다.
4) 석신(析薪)은 『左傳』「昭公七年」에 "고인의 말에 아버지가 장작을 쪼갰는데 그의
   아들은 어찌 짐을 지지 않을 수가 있겠는가! 古人有言曰; 其父析薪, 其子弗克負
   荷."란 말로 인하여, 후에 부업(父業)을 계승하는 것으로 일컫게 되었다.
5) 염복(染腹)은 승려가 입는 승복이다.

釋迦佛陀 · 吉底俱 · 摩羅菩提[1]

右此數手, 並外國比丘, 旣華戎殊體[2], 無以定其差品[3]. <u>光宅 威公</u>雅
耽好[4]此法, 下筆之妙, 頗爲<u>京 洛[5]</u>所知聞.

1) 석(釋) 가불타(迦佛陀) · 길저구(吉底俱) · 마라보시(摩羅菩提)는 『속화품續畫品』
   에서 남조(南朝) 양(梁)의 외국인 승려화가인 '가불타' · '길저구' · '마라보시' 등

을 품평한 것이다.

2) "화융수체華戎殊體"는 중국과 소수민족은 문화가 다르다는 것이다. *화융(華戎)
   은 중국과 북쪽의 소수민족을 이른다. *수체(殊體)는 문화가 다르다는 뜻이다.

3) 차품(差品)은 작품의 등급(等級)을 나누는 것이다.

4) 탐호(耽好)는 특별히 좋아하는 것이다.

5) 경락(京洛)은 경성(京城)과 낙양(洛陽)이다.

解蒨¹⁾

右全法章 蕆, 筆力不逮, 通便巧捷²⁾, 寺壁最長.

1) 『속화품續畵品』에서 남조(南朝) 양(梁)의 화가 '해천解蒨'을 품평한 것이다.

2) "통변교첩通便巧捷"은 유창하게 뛰어난 솜씨이다. *통편(通便)은 통창(通暢)으로
   막힘이 없다, 유창하다, 원활한 것이다. *교첩(巧捷)은 '영교민첩靈巧敏捷'으로
   솜씨가 뛰어난 것이다.

後畵錄[1]

唐 沙門 彦悰 撰

彦悰爲『帝京寺錄[2]』, 因觀在京名跡, 其中優劣差降[3], 甚有不同. 若曹姚之徒, 已標前錄; 張 謝之伍, 題之續品. 沙門之內, 棄其數人, 但非釋氏所宜[4], 故闕而不錄. 都合二十七人, 名曰『後畵錄』. 如鄭法輪太常[5]成嵩尹伯[6]干長通[7]竺元標[8]等, 雖行於代, 未曰名家, 若玆之流, 以俟來哲. 時貞觀九年春三月十有一日序.

1) 『후화록後畵錄』은 635년에 당나라 승려 언종(彦悰)이 장안의 명화를 본 것을 이용하여, 화가 27인을 품제한 것이다. 대개 요최의 글을 이어서 쓴 것이다.
2) 『제경사록帝京寺錄』은 언종(彦悰)이 제왕이 거주하는 수도에 있는, 사찰에 대하여 기록한 책이다.
3) 차강(差降)은 차등을 두는 것을 이른다.
4) "단비석씨소의但非釋氏所宜"는 단지 불가(佛家)에서는 마땅히 여기나, 그것으로 논평할 것은 못 된다는 뜻이다.
5) 정법륜(鄭法輪)은 수대(隋代)의 화가인 정법사(鄭法士)의 동생으로, 형에 비교하면 못하나 관직이 태상(太常)에 이르렀다. *태상(太常)은 구경(九卿)의 하나로 종묘의 의례(儀禮)와 관리의 선발 시험을 관장하던 벼슬이다.
6) 성숭(成嵩)은 당시의 화가인데, 자세하게 기록된 것을 찾지 못했다. *윤백(尹伯)은 유사(有司)의 우두머리이다.
7) 간장통(干長通)은 당시의 화가인데, 자세하게 기록된 것을 찾지 못했다.
8) 축원표(竺元標)는 장언원(張彦遠)의 『歷代名畵記』「敍歷代能畵人名」에서 당(唐)나라 206인 가운데, 주포일(朱抱一)의 뒤 채금강(蔡金剛)의 앞에 있다.

周中大夫鄭法士[1]
取法張公, 備賅萬物[2]. 後來冠冕[3], 獲擅[4]名家.

1) 『후화록後畵錄』에서 북주(北周)에 중산대부(中散大夫)를 지낸 '정법사鄭法士'를 논평한 항목이다. *중산대부(中散大夫)는 한(漢) 왕망(王莽) 때 설치되어, 당(唐)

이후에 산관(散官)으로 하였다가 원나라 때 폐지된 벼슬 이름이다.

2) "비해만물備賅萬物"은 만물을 빠짐없이 갖춘 것으로 만물을 다 잘 그린 것이다.

3) 관면(冠冕)은 옛날 제왕이나 벼슬아치들이 쓰던 관인데, 윗자리를 차지하거나 가장 뛰어남을 이른다.

4) "획천명가獲擅名家"는 명가 중에서 독보적인 존재가 되었다는 것이다. *획천(獲擅)은 '획득천장獲得擅場'으로 혼자서 판을 치는 것인데, 기예가 단연히 뛰어남을 이르는 말이다.

隋孫尙子 美術叢書本作孜[1]

師模顧 陸, 骨氣有餘[2]. 至於鬼神, 性多偏擅[3], 婦人亦有風態[4].

1) 『후화록後畵錄』에서 수(隋)나라 '손상자孫尙子'를 논평한 항목이다. "孫尙子"에서 '子'자가 『美術叢書』본에는 '자孜'자로 되어 있다. *『미술총서』는 중국미술논저(中國美術論著)로 등실(鄧實)과 황빈홍(黃賓虹)이 편찬하였고, 모두 4집이다. 10집으로 나누어서 전부 1백20권이다. 1913년에 완성된 책이다.

2) "골기유여骨氣有餘"는 골법(骨法)과 기운(氣韻)이 넉넉하다는 것이다. *골기(骨氣)는 '골법신기骨法神氣'이다. '骨法'으로 통한다. 골법은 동양화 전용술어로 맨 먼저 고개지의 『魏晉勝流畵贊』에서 "重疊彌綸有骨法"이라고 하였다. 그 뜻은 그림에서 골간을 형성하는 필력과 화면전체에 표현된, 강경하고 힘 있는 풍격을 가리킨다.

3) 편천(偏擅)은 특별한 장점이나 장기를 이른다.

4) 풍태(風態)는 풍치(風致)와 자태(姿態)를 이른다.

北齊楊子華[1]

北齊之最, 唯公有圖. 善寫龍獸, 能致風雲.

1) 『후화록後畵錄』에서 북제(北齊)의 '양자화楊子華'를 논평한 항목이다.

周常侍田僧亮[1]

自恃生知, 不由師授. 田家一藝, 今古殊絶.

1) 『후화록後畫錄』에서 주나라에 상시 벼슬을 지낸 '전승량田僧亮'을 품평한 항목이
   다. *상시(常侍)는 황제를 가까이서 모시는 벼슬 이름이다.

北齊朝散大夫曹仲達[1]

師依周硏[2], 竹樹山水, 外國佛像, 無競於時.

1) 『후화록後畫錄』에서 북제(北齊) 때 조산대부(朝散大夫)를 지낸 '조중달曹仲達'을
   품평한 항목이다. *조산대부(朝散大夫)는 산관(散官)의 하나이다. 수대(隋代)에
   비롯되어 문무(文武)의 관리 가운데 덕망이 있는 사람에게 주는 벼슬이다.
2) 주연(周硏)은 남제(南齊) 때의 화가 주담연(周曇硏)을 가리킨다.

唐司平太常伯閻立本[1]

學宗張 鄭, 奇態不窮. 變古象今, 天下取則.

1) 『후화록後畫錄』에서 당나라 공부(工部)에 태상벼슬을 지낸 '염립본閻立本'을 논
   평한 것이다. *"사평태상백司平太常伯"의 사평(司平)은 당대(唐代)에 공부(工部)
   를 고친 이름이다. 태상(太常)은 구경(九卿)의 하나로 종묘의 의례와 관리의 선발
   시험을 관장하던 벼슬이다. 진대(秦代)의 봉상(奉常)을 한대(漢代)에 고친 이름이
   고, 북제(北齊)에서는 태상시경(太常寺卿), 북주(北周)에서는 대종백(大宗伯), 수
   대(隋代)에서 청대(淸代)까지는 모두 '태상시경'이라 하였다.

隋參軍楊契丹[1]

六法頗賅, 殊豐骨氣. 山東體制, 允屬伊人. 在閻立本下.

1) 『후화록後畫錄』에서 수(隋)나라 참군을 지낸 '양계단楊契丹'을 품평한 항목이다.
   *참군(參軍)은 후한(後漢) 말에 처음 두어 '參某某軍事' 등으로 쓰며 군무(軍務)
   를 참모(參謀)하였고, 진(晉) 이후에는 군부(軍府)와 왕국(王國)의 관직으로 두었
   으며, 수당(隋唐) 때는 군관(郡官)을 겸하였던 관직이다.

隋陳善見[1]
準的鄭公, 觸途成擅. 筆媚溫潤, 斯人所長.

1) 『후화록後畵錄』에서 수(隋)나라 진선견(陳善見)을 품평한 항목이다.

南齊殿中將軍董伯仁[1]
綜涉多端, 尤精位置. 屏障一種, 無愧前賢.

1) 『후화록後畵錄』에서 남제(南齊) 때 궁전 안의 장군이었던 '동백인董伯仁'을 품평
   한 항목이다.

隋江志[1]
筆力勁健, 風神頓爽[2]. 模山擬水, 得其眞體.

1) 『후화록後畵錄』에서 수(隋)나라 때의 '강지江志'를 품평한 항목이다.
2) 돈상(頓爽)은 변화가 풍부하며 상쾌한 것이다. '頓'은 '돈좌頓挫'로 변화가 풍부함
   을 이른다.

隋李雅[1]
神氣抑揚, 獨高倫伍[2]. 聖僧形制[3], 是所尤攻.

1) 『후화록後畵錄』에서 수(隋)나라 때의 '이아李雅'를 품평한 항목이다.
2) 윤오(倫伍)는 윤당(倫黨)으로 동류(同類)·동배(同輩)이다.
3) 형제(刑制)는 모양·양식·격식이다.

齊周曇硏[1]
師塞北勒, 法曹仲達. 方韓則有餘, 比曹則不足. 亦若文 武[2]創撥亂[3]
之功, 成王[4]安太平之業. 按韓恐係塞之誤. 王氏畵苑本誤爲塞壯勒, 而註中又誤作塞
比勒.

1) 『후화록後畵錄』에서 남제(南齊) 때 '주담연周曇硏'을 품평한 항목이다.
2) 발란(撥亂)은 화란(禍亂)을 평정함. 어지러운 정사를 다스리는 것이다.
3) "문무文武"는 주(周)나라의 문왕(文王)과 무왕(武王)을 가리키는데, 부자(父子) 2
   인이 상(商)의 주(紂)왕조를 멸망시키고, 서주(西周) 왕조를 건립하였다.
4) 성왕(成王)은 무왕(武王)의 아들로, 무왕이 죽었을 때 성왕의 나이가 어려서 성왕의
   숙부(叔父) 주공 단(周公旦)에게 부탁하였다. 주공이 동주를 정복하여 승리하고, 서
   주 왕조를 통치하여 태평성세를 이루었고, 결국 성왕에게 정권을 반환하였다.

宋展子虔 一本作隋[1]

觸物爲情, 備賅絶妙. 尤善樓閣人馬, 亦長遠近山川, 咫尺千里.

1) 『후화록後畵錄』에서 송(宋)나라의 '전자건展子虔'을 평한 항목이다. 어떤 데는
   '宋'이 '隋'로 되어 있다.

隋王仲舒[1]

北面孫公, 風骨不逮. 精熟婉潤, 名輩[2]所推.

1) 『후화록後畵錄』에서 수(隋)나라 '왕중서王仲舒'를 품평한 항목이다.
2) 명배(名輩)는 명류(名流)·명사(名士)를 가리킨다.

周袁子昂 一本作梁中書袁昂[1]

稟訓鄭公[2], 殆無失墜. 婦人一絶, 超彼常倫.

1) 『후화록後畵錄』에서 주(周)나라 '원자앙袁子昂'을 품평한 항목이다. 어떤 책에는
   양(梁)나라 때의 중서를 지낸 원앙(袁昂)이라고 되어 있다.
2) "품훈정공稟訓鄭公"은 정법사의 훈시(訓示)를 받은 것이다.

唐劉褒 按應從『歷代名畵記』作劉孝師[1]

點畫不多, 殆及樞要. 鳥雀其變, 誠爲酷似.

1) 『후화록後畵錄』에서 당(唐)나라 '유포劉褒'를 품평한 항목이다. 살펴보면 『역대

명화기』에 '劉孝師'라고 한 것을 따라야 할 것이다.

唐靳智翼 效曹不興 按應從『歷代名畵記』作師曹仲達, 因同係外國人.[1]
祖述曹公, 改張琴瑟[2]. 變夷爲夏, 初是斯人.

1) 『후화록後畵錄』에서 당(唐)나라 '근지익靳智翼'을 품평한 것이다. *근지익(靳智翼)은 조불흥(曹不興)의 그림을 본받았다. 내유검화劍華가 살펴보니, 『역대명화기』에 조중달(曹仲達)을 스승으로 삼았다고 하는 것을 따르면 모두 외국인이다.
2) "개장금슬改張琴瑟"은 금슬(琴瑟)의 현(弦)을 갈아매는 것으로, 법도를 변경시키는 것을 비유한다.

唐武騎尉范長壽 『津逮秘書』本『美術叢書』本均無長字, 據『名畵記』補.[1]
博贍繁多[2], 有所推尙[3]. 至於位置, 無待經略[4].

1) 『후화록後畵錄』에서 당(唐)나라 무기상시(武騎常侍)를 지낸 '범장수范長壽'를 품평한 항목이다. *무기위(武騎尉)는 무기상시(武騎常侍)를 이르는 말인데, 위(尉)는 무관에 대한 호칭이다. 한대(漢代)에 둔 벼슬이름이다. "범장수范長壽"에서 『진체비서』본과 『미술총서』본엔 모두 똑같이 '長'자가 없으니 『역대명화기』에 근거하여 보충해 넣는다.
2) "박첨번다博贍繁多"는 번다한 것을 널리 보는 것이다. 여기에서 '博'자가
3) 추상(推尙)은 추숭(推崇)으로 존중하는 것이다.
4) "무대경략無待經略"은 계획을 하거나 기다리지 않고서, 곧바로 잘 그렸다는 뜻이다.

唐朝散大夫王定[1]
骨氣不足, 遒媚有餘. 菩薩聖僧, 往往警絶[2].

1) 『후화록後畵錄』에서 당(唐)나라 조산대부를 지낸 '왕정王定'을 품평한 항목이다. *조산대부(朝散大夫)는 조관(朝官)으로서 실직(實職)이 없는 대부(大夫)를 이른다.
2) 경절(警絶)은 '경책절윤警策絶倫'이다. *경책(警策)은 채찍으로 말을 모는 것이다. 문구가 정련하고 중요하여서 내포한 뜻이 사람을 깊이 감동시키고 뛰어남을 형용하는 말이다.

唐驃騎尉張孝師¹⁾
象制²⁾有功, 云爲盡善. 鬼神之狀, 羣彦推雄³⁾.

1) 『후화록後畵錄』에서 당(唐)나라 표기위(驃騎尉) 장군을 지낸 '장효사張孝師'를 품
   평한 항목이다. *표기위(驃騎尉)는 장군의 명호(名號)이다. 한무제(漢武帝)가 곽
   거병(霍去病)을 '표기장군'으로 삼은 데서 시작됐으며, 녹봉(祿俸)은 대장군(大將
   軍)과 같다.
2) 상제(象制)는 그림이나 상형문자 등을 이르는 말이다.
3) 추웅(推雄)은 영웅으로 추대하는 것이다.

唐殷王府法曹王知愼¹⁾
受業閻家, 寫生殆庶²⁾. 用筆爽利, 風采不凡.

1) 『후화록後畵錄』에서 당(唐)나라 은허(殷墟) 지역에 왕부법조(王府法曹)를 지낸
   '왕지신王知愼'을 품평한 것이다. *왕부법조는 왕의 창고나 저택의 우체(郵遞)와
   역마(驛馬)를 관리하던 관리를 이른다. *'殷'은 지명인 은허(殷墟)인데, 하남성
   안양(安陽) 소둔촌(小屯村)을 가리킨다.
2) 사생(寫生)은 실물이나 실경을 있는 그대로 본떠 그리는 것, 살아있는 것처럼 묘
   사하는 것이다. *태서(殆庶)는 거의 가까움, 근사함이다.

唐吳智敏¹⁾
宗匠²⁾梁寬, 神襟³⁾更逸⁴⁾. 終於是門, 損益⁵⁾可知.

1) 『후화록後畵錄』에서 당(唐)나라 '오지민吳智敏'을 품평한 항목이다.
2) 종장(宗匠)은 기예가 뛰어난 공장(工匠), 정치나 학문에 큰 업적이 있어서 여러
   사람에게 존경받는 사람을 비유하는 말이다.
3) 신금(神襟)은 풍신(風神)이나 마음 속에 품고 있는 생각을 이른다.
4) 일(逸)은 본래 도가(道家)에서 자연을 터득하여, 세속적인 생활태도와 정신경계
   를 벗어나는 것을 말한다. *일(逸)을 그림에 사용하면 자연을 따라서 필치가 간
   단하며 형상이 갖춰진 풍격을 가리킨다. 명나라 당지계(唐志契)가 『繪事微言』에
   서 "오직 일(逸)이라는 한 글자는 이해하기 가장 어렵다. 대개 일에는 청일淸逸·
   아일雅逸·준일俊逸·은일隱逸·침일沈逸 등이 있어 '일逸'이 같지 않다. 빼어남
   이 없는 데서 탁해지고, 빼어났으나 속되고, 빼어났으나 애매모호하고 비루한 것

들을 생각해보면 일일(逸)이 변화한 형태를 다하는 것이다. 빼어난 것은 기이한 것에 가까우나, 사실 뜻에 기이함이 있는 것은 아니다. 운치와 달리하는 것은 아니나, 운치보다 더욱 초월함이 있다. 필묵이 바르게 가다가 갑자기 정지하면 구학(산수)이 일상적인 것 보다 조금 다른 것 같다. 보는 자로 하여금 느닷없이 다르게 마음으로 이해하는 것이 있어, 유연하게 저절로 기쁜 마음으로 칭찬하게 된다. 이런 점을 여태껏 작가들 모두가 사모한 것은 사실이지만, 착수할 수 없었으니 진실로 어려운 말이다."라고 하였다.

5) 손익(損益)은 덜거나 더하는 것인데, 새롭게 하여 낡은 것을 개조하는 것이다.

唐振威校尉檀知敏　『美術叢書』本於威下多一武字[1]
棟宇樓臺, 陰陽向背, 歷觀前古, 獨有斯人.

1) 『후화록後畵錄』에서 당(唐)나라 때 교위(校尉)를 지낸 '단지민檀知敏'을 논평한
   항목이다. *진위(振威)는 위세를 떨치는 것이다. *교위(校尉)는 군직(軍職)의 이
   름으로 진(秦) 말부터 기의군(起義軍) 중에 이미 이러한 직책이 있었다. 직위는
   장군의 아래로서 직무에 따라 각종 명칭이 덧붙었으며, 변방의 종족을 담당하는
   책임자에게 쓰이기도 한다. 수당대(隋唐代) 이후 무산관(武散官)의 칭호로 쓰였
   다. 『미술총서』본에는 모두 "振威"아래에 하나의 '武'자가 있다.

唐吐火羅國胡尉遲乙僧[1]
善攻鬼神, 當時之美也. 有兄甲僧在其本國矣. ○外國鬼神, 奇形異
貌, 筆跡灑落, 有似中華. 攻改[2]四時花木. 按此條體例特殊, 恐有竄亂[3]之處.

1) 『후화록後畵錄』에서 당(唐)나라 때 토화라국(吐火羅國)의 호족(胡族)인 '위지을
   승尉遲乙僧'을 품평한 항목이다. *위지을승(尉遲乙僧)의 '尉'자는 성으로 쓸 때는
   '울'로 읽는다는 설도 있다. *토화라국(吐火羅國)은 Tokhara, Tukara, Tukharistan
   의 음역(音譯)으로, 서역(西域)의 나라 이름인데, 중앙아시아의 아무다리아(Amu
   Daria) 유역에 있던 나라로 진(晉)・수(隋) 때에는 매우 큰 나라를 형성하였으나,
   당대(唐代)에는 소국으로 분열되어 서부돌궐(西部突厥)에 예속되었다가 8세기경
   아랍국가에 멸망되었다.
2) 공개(攻改)는 잘 고친 것으로 공교롭게 변화시킨 것이다.
3) 찬란(竄亂)은 고쳐서 어지럽게 된 것을 이른다.

唐振威校尉康薩陀　康津逮秘書・美術叢書均作唐, 據『名畵記』改.[1]
無聞伏膺[2], 靈心[3]自悟. 如初花晚葉, 變態多端, 異獸奇禽, 千形萬品[4].

1) 『후화록後畵錄』에서 당(唐)나라 때 교위를 지낸 '강살타康薩陀'를 품평한 것이다.
   "강살타康薩陀"에서 '康'자가 『진체비서』와 『미술총서』에는 모두 '唐'자로 되어
   있으나 『명화기』에 근거하여 고친다.
2) 복응(伏膺)은 복응(服膺)과 같으며, '경심흠모傾心欽慕'하여 '종학사사從學師事'
   하는 것이다.
3) 영심(靈心)은 신령한 마음, 대자연의 의지, 총명하고 지혜로운 마음을 이른다.

4) "천형만품千形萬品"은 '천태만상千態萬象'으로 여러 가지 모양이나 모습을 이른다.

唐廣陵曹參軍李湊[1]

揮毫造化[2], 動筆合眞. 子女衣服, 萬品千門[3]. 筋脈[4]連帶, 形狀奇絶[5].
<u>天寶</u>年中, 過之古人.

1) 『후화록後畫錄』에서 당나라 때 광릉(廣陵)지역에 관직이 참군(參軍)이었던 '이주李湊'를 품평한 항목이다. *참군(參軍)은 수당(隋唐) 때 군관(郡官)을 겸직하던 군무(軍務)의 관직을 이른다.
2) "휘호조화揮毫造化"는 자연을 그리는 것이다. *휘호(揮毫)는 그림을 그리거나 글씨를 그리는 것이다. *조화(造化)는 우주만물을 만들고 다스리는 신이나 만물을 만들고 기르는 대자연의 이치, 만물을 만들어 기르는 것이다.
3) "만품천문萬品千門"은 '천문만호天門萬戶'로 보아서, 많이 그린 것으로 볼 수도 있다.
4) 근맥(筋脈)은 정맥(靜脈)으로 그림이나 서예의 필세(筆勢)를 이르는 말이다.
5) 기절(奇絶)은 매우 기묘함을 이른다.

鄭法輪[1]

缺

1) 『후화록後畫錄』에서 '정법륜鄭法輪'을 논평한 항목이다.

劉烏[1]

缺

1) 『후화록』에서 '유오'를 논평한 항목이다.

畵拾遺綠

輯綠[1]

唐 竇 蒙 撰

田僧亮[2]

非獨田家[3], 衆藝皆妙. 楊 孫之次, 董 展其流[4]. 按此係對僧彦悰: "田家一種, 古今獨絶[5]" 而言.

1) 『화습유록畵拾遺錄』은 약 670년 전후에 당나라 두몽(竇蒙)이 언종彦悰의 『후화록後畵錄』에서 누락된 것을 찾아 보충하여 기록한 것이다. *집록(輯綠)은 모아서 기록하는 것이다.
2) 『화습유록畵拾遺綠』에서 북조(北朝)의 '전승량田僧亮'을 품평한 항목이다.
3) 전가(田家)는 전승량(田僧亮) 집안의 빼어난 기예를 이른다.
4) 유(流)는 유품(流品)으로 사람의 학문이나 도덕이 사회적으로 차지하고 있는 지위나 인품을 가리킨다.
5) 독절(獨絶)은 유독 뛰어나 견줄 것이 없는 것이다.

馮提伽[1]

寺壁皆有合作[2], 風格精密, 動若神契[3].

1) 『화습유록畵拾遺綠』에서 오대(五代) 후주(後周)의 '풍제가馮提伽'를 품평한 항목이다.
2) 합작(合作)은 법도에 합치되는 작품을 이른다.
3) 신계(神契)는 신령과 서로 합치되는 것으로 신령의 뜻과 꼭 맞는 것을 이른다.

孫尙子[1]

鞍馬[2]樹石, 法士不如. 與顧 陸異迹, 豈獨鬼神而已. 按此係對僧彦悰"鬼神特所偏善" 而言.

1) 『화습유록畵拾遺綠』에서 수(隋)나라 '손상자孫尙子'를 품평한 항목이다.
2) 안마(鞍馬)는 안장을 맨 말이나 말에 안장을 지우는 것을 이른다.

董伯仁[1]

樓臺人物, 曠絶[2]古今. 雜畵巧贍[3], 高視[4]孫 田. 乃變化萬殊[5], 何止屛
風一種? 按此係對僧彥悰" 屛障一種, 亡愧前賢" 而言.

1) 『화습유록畵拾遺綠』에서 수(隋)나라 '동백인董伯仁'을 품평한 항목이다.
2) 광절(曠絶)은 비어서 단절된 것으로 여태껏 없다는 뜻이다.
3) 교섬(巧贍)은 공교하고 풍부한 것이다.
4) 고시(高視)는 오시(傲視)로 깔보고 경시하는 것이다.
5) 만수(萬殊)는 모든 것이 여러 가지로 다름, 또는 여러 가지로 다른 현상이나 사물
   이다.

李雅[1]

佛像鬼神, 法士以下, 僧繇之亞. 契丹 善見, 未可比之.

1) 『화습유록畵拾遺綠』에서 수(隋)나라의 '이아李雅'를 품평한 대목이다.

閻立本[1]

直自師心, 依存功外[2], 與夫張 鄭, 了不相干. 按此係對僧彥悰"閻師於鄭", 裵
孝源"閻師張, 靑出於藍" 而言.

1) 『화습유록畵拾遺綠』에서 당(唐)나라의 '염립본閻立本'을 품평한 대목이다.
2) "의존공외依存功外"는 세운 뜻이 겉모습을 잘 그리는 데 있다는 것이다.

張孝師[1]

迹簡而粗, 物情[2]皆備. 除謝 顧 陸 張 楊 田 董 展外, 難可比儔也.

1) 『화습유록畵拾遺綠』에서 당(唐)나라의 '장효사張孝師'를 품평한 항목이다.

2) 물정(物情)은 사물의 이치와 사람의 정을 이른다.

范長壽[1]

掣打捉筆, 落紙如飛. 雖乏窈窕[2], 終是好手.

1) 『화습유록畵拾遺錄』에서 당(唐)나라의 '범장수范長壽'를 품평한 항목이다.
2) 요조(窈窕)는 얌전하고 정숙한 모양, 또는 아름답거나 요염한 모양을 이른다.

尉遲乙僧[1]

澄思[2]用筆, 雖與中華道殊, 然氣正迹高, 可與顧 陸爲友.

1) 『화습유록畵拾遺錄』에서 당(唐)나라의 '위지을승尉遲乙僧'을 품평한 항목이다.
2) 징사(澄思)는 생각을 가다듬는 정사(靜思)를 이른다.

康薩陀[1]

曾見畵人馬, 措意非高, 悰公之評過當也. 按此係對僧彦悰 "亡所服膺, 虛心 自悟, 初花晚葉[2], 變態多端, 異獸奇禽, 千形萬狀" 而言.

1) 『화습유록畵拾遺錄』에서 당(唐)나라의 '강살타康薩陀'를 품평한 항목이다.
2) 초화(初花)는 봄에 처음 피는 꽃이다. *만엽(萬葉)은 시든 잎이다.

王韶應[1]

善山水人馬.

1) 『화습유록畵拾遺錄』에서 당(唐)나라의 '왕소응王韶應'을 품평한 항목이다.

檀智敏[1]
師於<u>董伯仁</u>.

1) 『화습유록畵拾遺綠』에서 당(唐)나라의 '단지민檀智敏'을 품평한 항목이다.

錢國養[1]
衣裳凡鄙, 未離賤工. 格律自高, 足爲出衆. 彦遠云: "旣云凡鄙賤工, 安得格律
出衆. 竇君兩句之評, 自相矛盾." 按<u>竇</u>氏之言, 並不矛盾, 衣裳凡鄙, 未離賤工, 是錢氏之職業,
工賤, 衣裳自然凡鄙. 格律自高, 足爲出衆, 是錢氏之藝術. 凡鄙賤工之人, 未必無格律出衆之
藝術. 是正<u>竇</u>氏眼光之正大, 不以階級限人. 至<u>張</u>氏論畵每推崇軒冕才賢, 鄙視凡鄙賤工, 以爲
凡鄙賤工, 必不能格律出衆, 全是封建時代之階級觀點.

1) 『화습유록畵拾遺綠』에서 당(唐)나라의 '전국양錢國養'을 품평한 항목이다.

王陀子[1]
山水獨運, 別是一家. 絶迹幽居, 古今無比. 時有<u>生昭</u>, 亦善山水.
自『歷代名畵記』輯綠

1) 『화습유록畵拾遺綠』에서 당(唐)나라의 '왕타자王陀子'를 품평한 대목이다.

續畫品錄[1]

唐 李嗣眞 撰

曹不興[2]

不興以一蠅輒擅重價, 列於上品, 恐爲未當. 況拂蠅之事, 一說是楊修. 謝赫黜衛進曹, 是涉貴耳之論. 彦遠按: 楊修與魏太祖畫扇, 誤點成蠅, 遂有二事. 孫暢之述畫記亦云, 而李大夫之論, 不亦迂闊. 況不興畫名, 冠絶當時, 非止於拂蠅得名, 但今代無其迹. 若以品第在衛之上, 則未敢知.

1) 『속화품록續畫品錄』은 약 690년 전후 당나라 이사진(李嗣眞)이 진(陳)나라 요최(姚最)의 『續畫品』에 이어서, 화가들의 품평을 기록한 것이다. 삼국시대 조불흥(曹不興)에서부터 당나라 염립본(閻立本)까지의 화가 19명에 관한 것이다.
2) 『속화품록續畫品錄』에서 삼국(三國) 오(吳)나라의 '조불흥曹不興'을 품평한 항목이다.

衛 協[1]

衛之迹雖有神氣, 觀其骨節[2], 无[3] 王氏畫苑本作元[4] 累多矣. 顧生天才傑出, 何區區[5] 荀 衛敢居其上? 彦遠以衛協品在顧生之上, 初恐未安. 及覽顧生集有論畫一篇, 歎服衛畫北風列女圖, 自以爲不及, 則不妨顧在衛之下. 荀又居衛之上, 則未敢知.

1) 『속화품록續畫品錄』에서 진(晉)나라의 '위협衛協'을 품평한 조항이다.
2) 골절(骨節)은 뼈와 마디로, 사람의 품성과 기질을 가리키고, 시문이나 그림의 골력과 기세를 비유하는 말이다.
3) 무(无)는 발어사로 문장의 첫머리에 의미 없이 쓰인 것이다.
4) "무루다의无累多矣"에서 '无'자가 『王氏畫苑』본에는 '元'자로 되어 있다.
5) 구구(區區)는 보잘 것 없다, 시시하다, 사소하다, 용렬하거나 구애되어 융통성 없는 모양을 이른다.

顧愷之[1]

顧生天才傑出, 獨立亡偶, 何區區苟 衛而可濫[2]居篇首? 不興又處顧
上, 謝評甚不當也. 顧生思侔造化, 得妙悟於神會[3]. 足使陸生失步[4],
苟侯絶倒[5]. 以顧之才流[6], 豈合甄[7]於品彙[8]? 列於下品, 尤所未安! 今
顧 陸請同居上品. 彥遠以本評繪畫, 豈問才流? 李大夫之言失矣.

1) 『속화품록續畫品錄』에서 진(晉)나라 '고개지顧愷之'를 품평한 항목이다.
2) 람(濫)은 함부로 …하는 것이다.
3) 신회(神會)는 마음으로 깨닫는 것이다.
4) 실보(失步)는 놀라서 갈 수 없는 것을 이르며, '실기고보失其故步'로 특별한 사람
   을 모방하나 이루지 못하고, 도리어 고유의 기능을 상실하는 것을 비유한다. 『莊
   子』「秋水」에 "그대는 수릉 땅의 젊은이가 초나라 서울 한단에 가서 걸음걸이를
   배웠다는 말을 듣지 못 했는가? 젊은이는 한단에서 걸음걸이를 제대로 배우지도
   못하고, 옛날의 걸음걸이마저 잊어버려 엉금엉금 기어서 돌아갔노라. 且子 獨不
   聞壽陵餘子之學行於邯鄲與? 未得國能 又失其故行矣. 直匍匐而歸耳."는 말을 인
   용한 것이다.
5) 절도(絶倒)는 지극히 감복하는 것이다.
6) 재류(才流)는 재사(才士)나 재주를 이른다.
7) 합견(合甄)은 합당하게 밝히는 것을 이른다.
8) 품휘(品彙)는 물품을 종류에 따라 나누는 것이다.

陸探微[1]

"亡地寄言[2], 故居標第一." 此言過當. 但顧長康之迹, 可使陸君失步,
苟勖絶倒. 然則稱萬代著龜衡鏡[3]者, 顧 陸同居 王氏畵苑本失此一段[4] 上
品第一.

1) 『속화품록續畫品錄』에서 남조(南朝) 송(宋)의 '육탐미陸探微'를 품평한 항목이다.
2) "무지기언亡地寄言"은 말을 붙일 자리가 없다는 말인데, 그림의 품계를 더 높은
   자리에 놓을 수 없다는 것으로 가장 높은 것을 이른다.
3) "만대시귀형경萬代著龜衡鏡"은 영원한 본보기로 기준을 삼는 것이다. *만대(萬
   代)는 영원한 것이다. *시귀(著龜)는 점을 칠 때 사용하는 시초(著草)와 귀갑(龜
   甲)인데, 점을 치는 것으로 덕망이 높은 사람을 비유하는 말이나 본보기로 삼아

경계하는 것이다. *형경(衡鏡)은 저울과 거울로 시비와 선악을 가리는 기준을 비유한다.
4) '失步, 苟勖絶倒. 然則稱萬代著龜衡鏡者, 顧ㆍ陸同居'라는 한 단락의 문장이 『왕씨화원』본에는 빠졌다.

張僧繇[1]

顧 陸已往, 鬱爲冠冕[2], 盛稱後葉[3], 獨有僧繇. 今之學者, 望其塵躅[4], 如周 孔[5]焉, 何寺塔之云乎? 且顧 陸人物衣冠, 信稱絶作, 未覩其餘. 至於張公骨氣奇偉, 師模宏遠[6], 豈唯六法精備, 實亦萬類皆妙. 千變萬化, 詭狀殊形[7], 經諸目, 運諸掌, 得之心, 應之手[8]. 意者天降聖人, 爲後生[9]則. 何以製作之妙, 擬於陰陽[10]者乎? 請與顧 陸同居上品.

1) 『속화품록續畵品錄』에서 남조(南朝) 양(梁)의 '장승요張僧繇'를 품평한 항목이다.
2) 관면(冠冕)은 고대 제왕이나 관리가 쓰던 모자인데, 우두머리ㆍ당당하거나 제일 훌륭한 것을 형용한다.
3) 후엽(後葉)은 후대(後代)를 이른다.
4) 진촉(塵躅)은 종적(蹤迹)이나 자취를 이른다.
5) "주공周孔"은 주나라의 초창기를 이끈 주공(周公) 단(旦)과 공자(孔子)를 이른다.
6) "사모굉원師模宏遠"은 원대하고 심오하게 남들의 모범이 되는 것이다. *사표(師表)로 학식과 인품이 높아 세상 사람들의 모범이 되는 일이나, 그런 사람을 이른다. *굉원(宏遠)은 원대하고 심오함이다.
7) "궤상수형詭狀殊形"은 괴이한 형상이 특별히 다른 모습을 이른다.
8) "득심응수得心應手"는 일이 뜻대로 순조롭게 진행되다, 익숙하여 자유자재하다는 것을 형용한다.
9) 후생(後生)은 뒤에 태어난 사람을 이른다.
10) 음양가(陰陽家)는 전국시대에 음양오행설(陰陽五行說)을 제창한 학파로 추연(鄒衍)이 대표적인 학자이다. 천문ㆍ지리ㆍ역수ㆍ풍수지리 등을 연구하여, 길흉이나 화복을 예언하는 사람이다.

楊子華[1]

在上品張下, 鄭上.

1) 『속화품록續畵品錄』에서 북조(北朝) 제(齊)의 '양자화楊子華'를 품평한 항목이다.

鄭法士[1]

伏道[2]張門, 爲之高足[3]. 隣幾[4]覩奧, 具體而微. 氣韻標擧[5], 風格遒俊. 麗組長纓[6], 得威儀之樽節[7]; 柔姿綽約[8], 盡幽閒[9]之雅容. 至乃百年時景[10], 南隣北里之娛; 十月車徒[11], 流水浮雲[12]之勢; 則金 張意氣[13], 玉石豪華. 飛觀層樓, 間以喬林嘉樹; 碧潭素瀨, 糅以雜英芳草[14]; 必曖曖然[15]有春臺之思, 此其絶倫也. 江左[16]自僧繇已降[17], 鄭君是稱獨步. 在上品楊子華下, 孫尙子上. 彦遠以李大夫所評鄭在楊下, 此非允當. 鄭合在楊上.

1) 『속화품록續畵品錄』에서 수(隋)나라의 '정법사鄭法士'를 품평한 항목이다.
2) 복도(伏道)의 '道'는 사상체계나 진리의 방법 등을 의미하며, '伏'은 '服'과 통하며 승수(承受)의 의미가 있으니, '…… 를 스승으로 삼았다.'는 뜻이다.
3) 고족(高足)은 가장 뛰어난 수제자를 이른다.
4) 인기(隣幾)는 가까이 접근하는 것을 이른다.
5) 표거(標擧)는 표명(標明)·게시(揭示)로 들어 보이는 것이다.
6) "여조장영麗組長纓"은 화려한 명주 끈과 늘어진 갓끈으로, 신분이 높고 귀한 사람을 이른다.
7) "위의지준절威儀之樽節"은 위엄 있는 거동이 절도가 있는 것이다. *위의(威儀)는 위엄 있는 거동이다. *준절(樽節)은 '撙節'인 듯하며, 절제하여 생략하다, 겸양하다, 절도가 있다는 뜻이고, 준절(樽節)은 세련된 것이다.
8) 작약(綽約)은 단아하고 아름다운 것, 얌전하고 아름다운 모양으로 미녀를 이르는 말이다.
9) 유한(幽閒)은 유수하고 조용한 것으로, 주로 여인을 형용하는 말이다.
10) "백년시경百年時景"은 일생(평생)동안 당시의 형편이나 상황을 이른다.
11) "시월거도十月車徒"는 풍요로운 10월에 수레타고 교외로 들놀이 가는 사람들의 모습을 그린 그림을 이른다.
12) "유수부운流水浮雲"은 '行雲流水'와 같이 막힘이 없이 표현되었다는 의미이다.
13) "김장金張"은 한(漢) 나라 때의 김일제(金日磾)와 장안세(張安世) 두 사람을 지칭하며, 두 사람은 자손이 서로 계승해서 7대까지 입신출세하였다. 후에 '金張'이 고위관리의 대명사로 사용된다. *의기(意氣)는 득의한 마음이나 기개, 패기, 기분을 이른다.
14) "잡영방초雜英芳草"는 여러 가지 꽃과 향기로운 풀이다.

15) "애애연曖曖然"은 어슴푸레한 모양, 흐릿한 모양이다.
16) 강좌(江左)는 양자강 하류 남쪽지역을 이른다.
17) 이강(已降)은 이래(以來)와 같은 뜻이다.

孫尙子[1]

孫 鄭共師於張. 鄭則人物樓臺, 當霸雄伯[2]. 孫則魑魅魍魎[3], 參靈[4]酌
妙. 善爲戰筆之體, 甚有氣力. 衣服手足, 木葉川流, 莫不戰動[5]. 唯鬚
髮獨爾調利, 他人效之, 終莫能得, 此其異態也. 在上品鄭下, 董 殿上.

1) 『속화품록續畫品錄』에서 수(隋)나라의 '손상자孫尙子'를 품평한 항목이다.
2) "당패웅·백當霸雄伯"은 화단에서 으뜸이라는 것을 비유한 것이다. *웅백(雄伯)은
    잡귀(雜鬼)를 잡아먹는 신으로, 뛰어난 패자(霸者)를 이른다.
3) "이매망양魑魅魍魎"은 산의 요괴, 도깨비, 두억시니(모질고 악한 귀신의 하나)를
    가리킨다.
4) 참영(參靈)은 신령(神靈)과 교감(交感)하는 것인데, 주로 기예가 신의 경지에 이
    른 것을 형용한다.
5) 전동(戰動)은 흔들림, 떨림이다.

董伯仁・展子虔[1]

董與展皆天生縱任[2], 亡所祖述[3], 動筆形似, 化外有情, 足使先輩名流[4],
動容變色. 但地處[5]平原, 厥江山之助; 跡參戎馬[6], 少簪裾[7]之儀. 此是
所未習, 非其所不至. 若考其優劣; 則欣戚笑言, 皆窮生動之意, 馳騁
弋獵, 各有奔飛之狀. 必也三休侖奐[8], 董氏造其微; 六轡沃若[9], 展生
居其駿. 董有展之車馬, 展無董之臺閣. 汝南今多畫迹, 是其絶思[10]. 石泉公
王方慶觀之而歎曰: "向使展 董二人, 與江東諸子易地而地而處, 張侯已降, 咸應病之." 鑒者以
爲知言. 初董與展同召入隋室, 一自河北, 一自江南, 初則見輕[11]. 後乃頗采其意, 古來詞人, 亦
有此累?

1) 『속화품록續畫品錄』에서 수(隋)나라의 '동백인董伯仁'과 '전자건展子虔'을 품평한
    항목이다.

2) 종임(縱任)은 마음대로 함, 또는 내버려 두는 것이다.

3) 조술(祖述)은 스승의 도를 본받아 서술하여 밝히는 것인데, 선생에게 배우는 것을 이른다.

4) 명류(名流)는 이름난 화가를 이른다.

5) 지처(地處)는 사는 곳을 이른다.

6) "적참융마跡參戎馬"는 필적이 수레를 끄는 말을 참관한 것이다. '跡'은 '迹'과 같다.

7) 잠거(簪裾)는 비녀와 옷섶으로, 귀인이나 관리의 복장을 비유한다.

8) 삼휴(三休)는 『가의신서賈誼新書』「퇴양退讓」에 "적왕(翟王)이 초(楚)나라에 사신(使臣)을 보냈는데 초왕(楚王)이 사신에게 자랑하려고 장화(章華)의 대(臺)위에서 음식을 대접하니, 올라오는 자가 세 번 쉬어서 누대 위에 이르렀다."고 기록되어 있다. 후에 '삼휴'가 높은데 올라갔다는 전례(典例)가 되었다. *윤환(侖奐)은 '輪奐'으로 옥우(屋宇)가 고대(高大)한 것을 형용하는 것이다.

9) 육비(六轡)는 여섯 개의 고삐로, 네 필의 말이 한 수레를 끄는데, 한 필당 고삐가 2개이고, 양 쪽 참마(驂馬)의 안쪽 고삐는 가로나무에 걸기 때문에 마부는 여섯 줄을 잡는다. 수레와 말, 또는 수레 모는 일이다. *옥약(沃若)은 윤택한 모양, 유순한 모양, 잘 길들여진 모양이다.

10) 절사(絶思)는 절묘한 구사로 보았다.

11) 견경(見輕)은 무시당하는 것을 이른다.

田僧亮[1]

田 楊聲實與董 展相侔, 備通形似. 田氏野服柴車, 名爲絶筆. 與楊契丹同在上品董 展之下.

1) 『속화품록續畵品錄』에서 북주(北周)의 '전승량田僧亮'을 품평한 항목이다.

楊契丹[1]

田 楊聲侔董 展. 昔田 楊與鄭法士同於京師光明寺畵小塔: 鄭圖東壁北壁, 田圖西壁南壁, 楊畵外邊四面 ——是稱三絶. 楊以簟蔽畵處, 鄭竊觀之, 謂楊曰: "卿畵終不可學, 何勞鄣蔽?" 楊特託以婚姻, 有對門之好. 又求楊畵本. 楊引鄭至朝堂[2], 指宮闕衣冠車馬曰: "此是吾畵本也." 由是鄭深歎服. 又寶刹寺一壁 <佛涅槃變> <維摩詰>等, 亦爲妙作. 與田同品.

1) 『續畵品錄續畵品錄』에서 수(隋)나라 '양계단楊契丹'을 품평한 조항이다.
2) 조당(朝堂)은 황제(皇帝)가 정무를 보는 집이다.

張善果¹⁾

既漸過庭²⁾之訓, 猶是名家之駒. 標置點拂³⁾, 殊多佳致⁴⁾. 時有合作, 亂眞⁵⁾於父. 若長轡遠途, 迹不迨意, 一篇之中, 自有玉石. 在田 楊之下, 鄭法輪之上.

1) 『續畵品錄續畵品錄』에서 남조(南朝) 양(梁)의 장승요(張僧繇) 아들인 '장선과張善果'를 품평한 항목이다.
2) 과정(過庭)은 『論語』「季氏」에 나오는 말로, 아버지의 가르침을 가리킨다.
3) 표치(標置)는 높이 평가함, 또는 자부하는 것이다. *점불(點拂)은 점염(點染)하고 불식(拂拭)하는 것으로 그림 그리는 것이다.
4) 가치(佳致)는 우미(優美)한 풍치나 운치를 이른다.
5) 난진(亂眞)은 모방한 것이 똑 같아서 진본과 서로 혼돈되는 것을 이른다.

鄭法輪¹⁾

屬意溫雅²⁾, 用筆調潤³⁾, 精密有餘, 高奇未足. 輿馬之際, 難與比肩, 比其兄爲劣. 及其鬪臺苑, 恣登臨⁴⁾, 羅綺⁵⁾如春, 芳菲似雪, 亦爲絶塵也.

1) 『續畵品錄續畵品錄』에서 수(隋)나라 정법사(鄭法士)의 동생인 '정법륜鄭法輪'을 품평한 항목이다.
2) "속의온아屬意溫雅"는 우아하고 온화하게 그리는 데 신경 쓰는 것이다. *속의(屬意)는 착의(着意)로 신경 쓰는 것이다. *온아(溫雅)는 온화하고 우아한 모양이다.
3) 조윤(調潤)은 화리를 따져 잘 처리하는 것으로 마무리하거나 다듬는 것을 이른다.
4) "자등임恣登臨"에서 '恣'자가 교정본에는 '姿'자로 되었으니, 등임(登臨)하는 모습으로 번역할 수도 있다. *등임(登臨)은 산을 오르고 강을 찾는 것으로 명승지를 유람하는 것을 이른다.
5) 나기(羅綺)는 아름다운 옷을 입은 사람을 가리키는 것으로, 귀부인과 미녀의 대명사이다.

鄭德文[1]

筆迹纖懦[2], 英靈銷歇[3]. 與法輪 劉烏同.

1) 『속화품록續畵品錄』에서 수(隋)나라 '정덕문鄭德文'을 품평한 항목이다.
2) 섬나(纖懦)는 섬세하며 나약한 것이다.
3) "영령소헐英靈銷歇"은 신령함이 없다는 것이다. *영령(英靈)은 신령(神靈)함, 재능이 출중한 사람을 가리킨다. *소헐(銷歇)은 없어지거나 사라지는 것이다.

劉烏[1]

學於鄭, 不少風格, 但未遒耳.

1) 『속화품록續畵品錄』에서 수(隋)나라 '유오劉烏'를 품평한 항목이다.

漢王元昌[1]

天人之姿[2], 博綜技藝, 頗得風韻, 自然超擧[3]. 碣館深崇[4], 遺跡罕見.
在上品二閻上.

1) 『속화품록續畵品錄』에서 당(唐)나라 한왕(漢王)인 '원창元昌'을 품평한 항목이다.
2) "천인지자天人之姿"는 신선의 모습으로, '姿'는 '資'와 통용되므로, 천부적인 자질을 갖추었다는 뜻이다.
3) 초거(超擧)는 높게 칭송하는 것이다.
4) "갈관심숭碣館深崇"은 갈석궁이 세속과 격리되었다는 것이다. *갈관(碣館)은 돌로 쌓아올린 궁전 건물로 갈석궁(碣石宮)으로, 전국시대 연(燕)나라 소왕(昭王)이 제(齊)나라 추연(鄒衍)을 위해 지은 궁전을 말한다. 갈석(碣石) 근처에 있어서 붙여진 이름이다. *심숭(深崇)은 세속과 격리되어 있다는 뜻이다.

閻立德·閻立本[1]

博陵 大安, 難兄難弟[2]. 自江左陸 謝云亡, 北朝子華長逝[3], 象人之妙,
號爲中興. 至若萬國來庭, 奉塗山之玉帛[4]; 百蠻朝貢, 接應門[5]之位
序. 折旋矩度[6], 端簪奉笏[7]之儀; 魁詭譎怪[8], 鼻飲頭飛之俗[9]. 盡眩毫

末, 備得人情. 二<u>閻</u>同在上品. 自歷代名畵記輯錄

1) 『속화품록續畵品錄』에서 당(唐)나라 '염립덕閻立德'과 '염립본閻立本'을 품평한
조항이다.
2) "난형난제難兄難弟"는 우열을 가리기 어렵다. '막상막하莫上莫下'와 같은 뜻이다.
3) 장서(長逝)는 멀리 가는 것으로 죽음을 이른다.
4) "봉도산지옥백奉塗山之玉帛"은 도산의 옥과 백을 바치는 것으로, 우(禹) 임금이
여러 나라에서 온 손님을 접객하는 그림을 이른다. *도산(塗山)은 옛날 나라 이
름이다.
5) 응문(應門)은 고대왕궁의 정문을 이른다.
6) "절선구도折旋矩度"는 허리를 굽이고 예를 행하는 법도를 이른다.
7) 홀(笏)은 천자(天子)이하 공경 사대부(公卿士大夫)가 조복(朝服)을 입었을 때, 끼
고 다니는 것으로 군명(君命)을 받았을 때는 이것에 기록해 둔다.
8) "괴궤흉괴魁詭譎怪"는 괴이하고 이상한 것이다. *괴궤(魁詭)는 괴탄(怪誕; 괴이
하고 헛된 소리)과 같다. *흉괴(譎怪)는 '기이괴탄奇異愧誕'으로 기괴하고 이상하
여 신빙성이 없는 것이다.
9) "비음두비지속鼻飲頭飛之俗"은 코로 물을 마시고 머리가 날아다녔다는, 전설에
있는 중국 남방의 풍속이다. 후에는 남방의 미개한 민족을 이르는 말로 쓰인다.

畵斷

輯錄[1]

唐 張懷瓘 撰

顧愷之[2]

顧公運思精微, 襟靈[3]莫測. 雖寄迹[4]翰墨, 其神氣飄然[5]在煙霄之上, 不可以圖畵間求. 象人之美: 張得其肉[6], 陸得其骨[7], 顧得其神[8]. 神妙亡方, 以顧爲最. 喻之書: 則顧 陸比之鍾 張, 僧繇比之逸少. 俱爲古今之獨絶, 豈可以品第拘? 謝氏黜顧, 未爲定鑒.

---

1) 『화단畵斷』은 약 725년 전후 당나라 장회관(張懷瓘)이 지은 책으로, 장언원의 『역대명화기』에 분산된 것을 집록한 것이다.
2) 『畵斷』에서 고개지(顧愷之)를 품평한 항목이다.
3) 금령(襟靈)은 마음에 품은 회포, 생각이나 정신, 가슴에 간직한 총명한 지혜이다.
4) 기적(寄迹)은 잠시 몸을 의탁하는 것인데, 종사하는 것이다.
5) 표연(飄然)은 바람에 나부껴 팔랑거리는 모양, 홀쩍 떠나는 모습이 홀가분하고 거침이 없는 것이다.
6) 육(肉)은 근골 위에 붙어 근골의 밖을 싸고 있는 것이다. 밖으로 나타난 살결의 시각적 미감에 치중하는 것을 말한다. '육肉'은 살찌고 윤택하면서 풍만한 생명형식의 의미를 나타낸다.
7) 골(骨)은 '골근혈육骨筋血肉'의 생명 형식 의미에서 '골골'은 첫 번째의 근본적인 요소이다. 이것은 작품에서 필획이 강경하고 힘이 있으며, 필획 구조의 결구가 견실하고 든든한 것을 말한다.
8) 신(神)은 신기(神氣)나 정신(精神)을 가리킨다. '신기'는 사람의 정신과 생기로 대체로 작품에서 작가의 정신, 성정, 기세를 체현하며, 운치와 신채가 풍부한 것은 주체인 생명력에 치중한 표현이다. 이는 그림의 신채와 기운을 가리키기도 한다. '정신'도 작품의 신채와 기운을 가리킨다.

陸探微¹⁾

顧 陸及張僧繇, 評者各重其一, 皆爲當矣. 陸公參靈酌妙²⁾, 動與神會³⁾. 筆跡勁利, 如錐刀焉, 秀骨淸像, 似覺生動, 令人懍懍若對神明⁴⁾. 雖 妙極象中, 而思不融乎墨外⁵⁾. 夫象人風骨⁶⁾, 張亞於顧 陸也.

1) 『畵斷』에서 육탐미(陸探微)를 품평한 항목이다.
2) "참령작묘參靈酌妙"는 기예가 신의 경지에 이르러 미묘함을 취하는 것이다. *참령(參靈)은 신령과 교감함. 주로 기예가 신의 경지에 이른 것을 이른다.
3) 신회(神會)는 마음으로 깨달아 아는 것이다.
4) 신명(神明)은 천지 사이의 신령, 사람의 정신이나 심사(心思)를 이른다.
5) "사불융호묵외思不融乎墨外"는 먹과 조화시키려는 생각을 벗어나지 않았다는 것이다.
6) 풍골(風骨)은 인품, 성격, 작품의 풍격을 이른다.

張僧繇¹⁾

姚最稱: "雖云後生, 殆亞前品." 未爲知音之言. 且張公思若湧泉, 取資天造²⁾. 筆纔一二, 而像已應焉. 周材取³⁾之, 今古獨立.

1) 『畵斷』에서 장승요(張僧繇)를 품평한 항목이다.
2) "취자천조取資天造"는 자연의 도움을 취하는 것이다. *취자(取資)는 빙자하거나 도움을 얻는 것이다. *천조(天造)는 하늘이 처음 생겨남, 천연적으로 이루어지는 것이다.
3) "주재취周材取"는 두루 제재(題材)를 골라잡는 것으로, 다양한 소재를 그리는 것이다.

吳道玄¹⁾

吳生之畵, 下筆有神, 是張僧繇後身也. 自歷代名畵記輯錄

1) 『화단畵斷』에서 오도현(吳道玄)을 품평한 항목이다.

四格[1]

宋 黃休復 撰

逸格[2]

畵之逸格, 最難其儔[3]. 拙規矩[4]於方圓, 鄙精硏於彩繪[5], 筆簡形具, 得之自然, 莫可楷模[6], 出於意表, 故目之曰逸格[7]爾.

1) 『사격四格』은 1006년에 송나라 황휴복(黃休復)이 『益州名畵錄』에서, 회화의 비평기준을 일격(逸格), 신격(神格), 묘격(妙格), 능격(能格)의 사격으로 나누어 구분한 것이다. *사격(四格)은 육법보다 늦은 시기인, 성당(盛唐; 713~765)경에 비로소 나타났다. 회화 비평의 새로운 기준으로 사격이 한 번 제시되자 영향은 매우 컸다. *황휴복(黃休復)은 『益州名畵錄』에서 사격의 순서를 새롭게 배열하여, 당대 사격의 맨 끝에 놓였던 일격을 맨 위에 올려놓았는데, 이로 인해 송대에는 "상법에 구애받지 않는" 일격이 중시되기 시작하였다.
2) 「일격逸格」은 회화비평기준 사격 중에서 '일격逸格'을 설명한 항목이다.
3) 주(儔)는 짝이나 동류가 되는 것을 이른다.
4) 규구(規矩)는 컴퍼스와 곡척인데 규범이나 법칙을 이른다.
5) 정연(精硏)은 깊이 연구하는 것이다. 채회(彩繪)는 채색으로 그리는 것이다.
6) 해모(楷模)는 모범으로 생각하거나 본받는 것이다.
7) 일격(逸格)은 작품에 내재된 초탈, 심원, 표일, 고한 정신기질이 작품에 나타나는 것처럼, 법도에 구속되지 않으면서 표일하고 소쇄한 정신풍모를 지닌 작품이나 인격이다.

神格[1]

大凡畵藝, 應物象形, 其天機[2]迥 王氏畵苑本誤作逈[3] 高, 思與神合. 創意立體[4], 妙合化權[5], 非謂開廚已走[6], 拔壁而飛[7], 故目之曰神格[8]爾.

1) 「신격神格」은 회화비평기준 사격 중에서 '신격神格'을 설명한 항목이다.

2) 천기(天機)는 『장자莊子』「대종사大宗師」에 나오는 말로 영성(靈性)과 같으며, 천부적인 영기(靈機)로 타고난 재주를 이른다.
3) "천기형고天機迥高"에서 '迥'자가 『王氏畵苑』에는 '迴'자로 잘못되어 있다.
4) 입체(立體)는 체재(體裁)를 확립시키는 것이다.
5) 화권(化權)은 하늘이 화육하는 권능(權能)으로, 자연을 이른다.
6) "개주이주開廚已走"는 『진서晋書』「문원전文苑傳·고개지顧愷之」에, 고개지가 맡긴 그림을 환현(桓玄)이 슬쩍 가져간 후에 그림이 없다고 말하자, 고개지가 말하기를 "묘한 그림은 신과 통하여 변화해 열지 않아도 나갔다."고 한 것에서 비롯된 고사이다. 인하여 후에 정묘한 그림을 형용하는 말이 되었다.
7) "발벽이비拔壁而飛"는 '화룡점정畵龍點睛'으로 남조 양(南朝梁)의 장승요(張僧繇)가 네 마리의 용을 그린 뒤, 두 마리에 눈동자를 찍자 용들이 하늘로 올라갔다는 고사를 말한다.
8) 신격(神格)은 신기(神氣)가 있는 모습과 품격으로, 작품에서 작가의 정신, 성정, 기세를 체현한 풍부한 운치와 신채를 갖춘 그림의 격조를 이른다.

妙格[1]

畵之於人, 各有本性, 筆精墨妙, 不知所然. 若投刃於解牛[2], 類運斤於斫鼻[3]. 自 王氏畵苑本作目[4] 心付手, 曲盡玄微, 故目之曰妙格[5]爾.

1) 「묘격妙格」은 회화비평기준 사격 중에서 '묘격妙格'을 설명한 항목이다.
2) "투인어해우投刃於解牛"는 『장자』「양생주」의 고사로 포정(庖丁)이 칼을 쓰는 데, 아주 능수능란한 것을 이른다.
3) "운근어작비運斤於斫鼻"는 영(郢) 사람이 코끝의 진흙을 감쪽같이 떼어 내는 것으로, 예술의 아주 숙달된 경지를 형용하는 말이다.
4) "자심부수自心付手"에서 '自'자가 『王氏畵苑』에는 '目'자로 되어 있다.
5) 묘격(妙格)은 서툰 자취가 없고, 강한 예술 개성과 독특한 풍격을 갖춘 그림의 모습과 품격을 이른다.

能格[1]

畵有性周動植, 學侔天功[2], 乃至結嶽融川[3], 潛鱗翔羽[4], 形象生功[5]者,故目之曰能格⁶⁾爾. 『益州名畵錄』

1) 「능격能格」은 회화비평기준 사격 중에서 '능격能格'을 설명한 것이다.
2) 천공(天功)은 하늘의 공적(功績) 또는 제왕(帝王)의 공업, 자연으로 이루어진 훌륭한 솜씨, 자연의 조화(造化)를 이른다.
3) "결악융천結嶽融川"은 산천(山川)을 이른다.
4) "잠린상우潛鱗翔羽"는 물고기와 나는 새를 이른다.
5) 생공(生功)은 공을 세우는 것으로 잘 그려지는 것이다. 다른 본에는 "생공生功"이 '생동生動'으로 된 곳도 있다.
6) 능격(能格)은 인위적으로 뛰어난 아름다움을 갖추는 것이다. 천부적인 재능과 자유로운 정취는 모자라나, 심후한 공력과 숙련된 기교를 겸비한 그림의 모습과 품격이다.

宋朝名畵評

原名『聖朝名畵評』[1]

宋 劉道醇 撰

夫識畵之訣, 在乎明六要而審六長也. 所謂六要者: 氣韻兼力[2]一也, 格制俱老[3]二也, 變異合理[4]三也, 彩繪有澤四也, 去來自然[5]五也, 師學捨短六也. 所謂六長者: 麤鹵求筆[6]一也, 僻澀求才[7]二也, 細巧求力[8]三也, 狂怪求理[9]四也, 無墨求染[10]五也, 平畵求長[11]六也. 旣明彼六要, 是審彼六長, 雖卷帙溢箱, 壁版周廡, 自然至於識別矣. 大凡觀畵抑有所忌. 且天氣晦冥, 風勢飄迅, 屋宇向陰, 暮夜執燭, 皆不可觀. 何哉? 謂其悉不能極其奇妙而難約以六要・六長也. 必在平爽霽淸, 虛室面南, 依正壁而張之. 要當澄思靜慮[12], 縱目以觀之. 且觀之之法, 先觀其氣象[13], 後定其去就, 次根其意, 終求其理. 此乃定畵之鈐鍵[14]也. 是故見短勿詆, 返求其長; 見工勿譽, 返求其拙. 夫善觀畵者, 必於短長工拙之間, 執六要憑六長, 而又揣摩硏味[15], 要歸三品. 三品者, 神・妙・能也. 品第旣得, 是非長短, 毁譽工拙, 自昭然[16]矣. 大抵觀釋敎[17]者, 尙莊嚴慈覺[18], 觀羅漢[19]者尙四象歸依[20], 觀道流者尙孤閑淸古, 觀人物者尙精神體態, 觀畜獸者尙馴擾獷厲[21], 觀花竹者尙豔麗閑冶[22], 觀禽鳥者尙毛羽翔擧, 觀山水者尙平遠曠蕩[23], 觀鬼神者尙筋力變異[24], 觀屋木者尙壯麗深遠. 今之人或捨六要棄六長而能致此者, 何異緣木求魚[25], 汲泉得火, 未之有也.

1)『송조명화평宋朝名畵評』은 약 1080년 전후 송나라 유도순(劉道醇)이 그림을 품평한 것으로, 원래 제목은『성조명화평聖朝名畵評』이다.
2) "기운겸력氣韻兼力"은 그림의 풍격은 예술을 감응시키는 매력을 겸비해야 한다는

것이다.

3) "격제구로格制俱老"는 작품에는 노련한 품격을 갖추어야 한다는 뜻으로, 사혁(謝赫)의 육법 중의 '골법용필骨法用筆'과 가까운 의미이다. *격제(格制)는 규모와 체제로 시문이나 작품의 품격이다.

4) "변이합리變異合理"는 특이하게 변화시키더라도 이치에 합당하여야 한다는 뜻으로, 사혁의 육법 중의 '응물상형應物象形'과 가까운 의미이다.

5) "거래자연去來自然"은 사혁(謝赫)의 육법 중의 '경영위치經營位置'와 가까운 의미이다.

6) "추로구필麤鹵求筆"은 그림에서 필묵의 표현이 자유롭더라도, 필력을 잃지 않아야 한다는 것이다.

7) "벽삽구재僻澀求才"는 화가가 개척한 새로운 화풍에도, 재기를 찾아야 한다는 것이다.

8) "세교구력細巧求力"은 화풍이 섬세하고 공교하더라도, 약하지 않아야 한다는 것이다.

9) "광괴구리狂怪求理"는 화법이 자유롭고 특이하더라도, 인정과 물리를 갖추어야 한다는 것이다.

10) "무묵구염無墨求染"은 화면의 공간에 먹빛의 효과를 구해야 한다는 것이다. *청나라 포안도(布顏圖)의 『화학심법문답』에 "산수화에 관한 학문이 신묘한 경지에 들어설 수 있는 것은 이 방법만이 가장 좋은 것이라고 여긴다. 먹색이 없다고 하는 것은 전혀 먹색이 없는 것이 아니고 마르게 쓴 결과이다. 마르고 옅은 것은 실한 먹이고, 먹색이 없다는 것은 허한 먹이다."고 개념을 설명하였다.

11) "평화구장平畵求長"은 평담한 화면에서 의미심장함을 찾는 것이다. 청나라 장화(蔣和)의 『화학잡론』에 "그림을 보는 데도, 반드시 전재법(剪裁法)을 터득해야 하는 것이 '평화구장平畵求長'이다."라고 했다.

12) "징사정려澄思靜慮"는 조용하게 깊이 생각하는 것을 이른다.

13) 기상(氣象)은 화면에 표현된 객관적 경상(景象)이나 광경(光景)을 가리킨다.

14) 검건(鈐鍵)은 자물쇠와 열쇠로 사물의 가장 중요한 곳인 관건(關鍵)을 이른다.

15) "췌마연미揣摩研味"는 뜻을 헤아려 연구하여, 자세하게 완미하는 것이다. *췌마(揣摩)는 상대방의 뜻을 헤아려 그 뜻에 맞게 영합하는 일로 전국시대(戰國時代) 유세(遊說)하는 방법의 하나인데, 추측함, 짐작하는 것이다.

16) 소연(昭然)은 명백한 모양이다.

17) 석교(釋敎)는 불교의 별칭이다.

18) 자각(慈覺)은 자비로움을 깨닫는 것을 이른다.

19) 나한(羅漢)은 아라한(阿羅漢)의 준말로 소승불교(小乘佛敎)의 수행자가 '오료도달悟了到達' 하는 최고의 지위나 그렇게 깨달은 자, 진인(眞人), 여래십호(如來十號)의 하나를 가리킨다.

20) 사상(四象)은 천체의 일(日)·월(月)·성(星)·신(辰)의 네 가지 요소를 이르는 말이고, 괘상(卦上)의 본체인 노양(老陽)·소양(少陽)·노음(老陰)·소음(少陰), 또는 사시(四時; 봄. 여름. 가을. 겨울)를 가리킨다. *귀의(歸依)는 종교적 진리나 절대자를 믿고 의지하는 일이다.

21) 광려(獷厲)는 호방하고 맹렬함이다.

22) 한야(閑冶)는 그윽한 아름다움이다.

23) 광탕(曠蕩)은 드넓음, 활달하여 얽매이지 않는 것이다.

24) 근력(筋力)은 근육의 힘으로 지속성, 체력, 기력(氣力)이다. *변이(變異)는 괴이한 것이다.

25) "연목구어緣木求魚"는 나무에 올라가서 물고기를 구한다는 것으로, 행동과 목적이 상반되어 수고롭기만 하고 소득이 없음을 비유하는 말이다. 『孟子』「梁惠王上」에 "이와 같은 소행으로 이와 같은 소원을 구하신다면 나무에 올라가서 물고기를 구하는 것과 같다. 以若所爲求若所欲, 猶緣木而求魚也."라고 나온다.

人物門第一[1]

神品六人[2]

王瓘 評曰: 本朝以丹靑名者不可勝計, 惟瓘爲第一. 何哉? 觀其意思縱橫, 往來不滯, 廢古人之短, 成後世之長. 不拘一守, 奮筆[3]皆妙, 誠所謂前無吳生矣. 故列神品上.

1) 「인물문제일人物門第一」은 『宋朝名畵評』「인물부문」이다.

2) 「신품육인」은 『宋朝名畵評』「인물부문」의 항목으로 '신품'에 속하는 여섯 사람을 품평한 것이다.

3) 분필(奮筆)은 붓을 잡아 사실대로 기록하거나 문장을 단숨에 써 내려가는 것이다.

王靄, 評曰: 靄之爲畵也, 可謂至矣. 意思婉約[1], 筆法豪邁, 皆不下王瓘, 惟氣燄稍劣耳. 夫寫人形狀者, 在全其氣宇[2]. 靄能停分取像, 側背分衣, 周旋變通, 不失其妙, 可列神品中.

1) 완약(婉約)은 온순하고 겸손함, 완곡하고 함축적임, 아름답고 간략함, 은은하고

　구성진 것이다.
2) 기우(氣宇)는 기개(氣槪)와 도량(度量)이다.

孫夢卿, 評曰: 張懷瓘以吳生爲僧繇後身, 予謂夢卿亦吳生之後身,
而列於瓘 靁之下何哉? 吳生畵天女及樹石, 有未到處, 瓘 靁能變法
取工, 夢卿則拘於模範. 雖得吳法, 往往襲其所短, 不能自發新意, 謂
之脫壁[1]者, 豈誣哉? 可列神品中. 按夢卿學吳道子壁畵, 盡得其法, 故號孫脫壁,
一日孫吳生.

1) 탈벽(脫壁)은 손몽경(孫夢卿; 10세기경)을 가리킨다. 그의 자는 보지(輔之)이고
　수창(須昌; 지금의 山東) 동평(東平) 사람이다. 세력가(勢力家)에서 태어났으나
　그림에 뜻을 두었는데, 오도자(吳道子)만을 좋아하고 나머지는 취할 만하지 못하
　다고 하면서 오도자 화법의 묘처를 완전히 얻었다고 한다. 그러나 오도자를 조금
　도 변화시킬 줄 몰라 사람들이 '손탈벽孫脫壁' 또는 '손오생孫吳生'이라 불렀다.

趙光輔 評曰: 光輔之畵也, 放而逸, 約而正, 形氣[1]淸楚, 骨格厚重[2],
可列神品下.

1) 형기(形氣)는 형(形)과 기(氣)로 형은 구체적인 물상(物象)이고, 기는 우주 만물
　을 구성하는 근본 물질을 말한다. 생김새와 기질 또는 표정과 말투이다.
2) 골격(骨格)은 그림의 기본이 되는 틀로 필력과 격조이다. *후중(厚重)은 너그럽
　고 듬직함, 알참, 풍성함이다.

高益 評曰: 觀益之畵, 色輕而墨重, 變動應手, 不拘一態. 其丹靑之
工 王氏畵苑本作功[1] 者歟? 可列神品下.

1) "단청지공자丹靑之工者"에서 '工'자가 『王氏畵苑』본에는 '功'자로 되어 있다.

武宗元 評曰: 武員外學吳生筆, 得其閑麗之態, 可謂覩其奧矣. 而品

第不至於高益, 得無意乎? 夫若千乘萬騎1), 出彼入此, 氣貌風韻, 不有相類, 則益得之矣. 武雖可以齊眉接跡2), 無甚媿之色, 必求定論, 故有優劣; 然氣格不羣, 優入畫域, 亦列神品下.

1) "천승만기千乘萬騎"는 거마(車馬)의 성대한 행렬을 이른다.
2) "제미접적齊眉接跡"은 공경이 끊어지지 않는다는 뜻이다. *제미(齊眉)는 '거안제미擧案齊眉'로 밥상을 눈썹과 가지런하도록 공손히 들어 남편 앞에 가지고 간다는 것과 같은 뜻으로 공경하는 것이고, *접적(接跡)은 발자국이 앞뒤로 서로 이어져 사람이 많은 것을 형용하는 것이다.

妙品十五人1)

1) 「묘품십오인妙品十五人」은 『宋朝名畫評』「인물부문」의 항목으로 '묘품'에 속하는 15인을 품평한 것이다.

王齊翰 王士元 侯翌 評曰: 齊翰不曹不吳, 自成一家. 記形勢超逸, 近世無有. 士元通於微妙, 物物稱絶, 見抑於高文進, 勢使然也. 侯翌墨路謹細, 筆力剛健, 富於氣燄. 與齊翰 士元並列妙品上.

蒲師訓 黃筌 黃居宷 孫知微 孟顯 周文矩 評曰: 蒲師訓筆法雖細, 其勢極壯. 黃筌凡欲揮灑, 必澄思慮, 故其彩繪精緻, 形物偉廓1). 居宷有 _{王氏畫苑本誤作數壁2)} 父之風, 可謂善繼矣. 孟顯能作猛風之勢, 瘦形圓面, 識者猶以爲疵. 周文矩用意深遠, 於繁富則尤工. 並列妙品中.

1) "형물위곽形物偉廓"은 사물의 형체가 크고 넓은 것이다.
2) "거채유부지풍居宷有父之風"에서 '宷有'가 『王氏畫苑』본에는 '數壁'으로 잘못되어 있다.

張昉 王端 勾龍爽 陳用志 厲昭慶 王兼濟 評曰: 張昉用意敏速, 變態皆善. 王端寫人形表, 尤見所長. 勾龍爽筆力飄逸, 多從質野. 陳用志所爲, 雖至小僻, 曲盡其妙. 廣昭慶居必幽靜, 故其澄慮設色, 久而愈精. 王兼濟嘗與武宗元分畫大像[1], 然不能及, 亦可以接其步武矣. 並列妙 王氏畫苑本誤作神[2] 品下.

1) "왕겸제상여무종원분화대상王兼濟嘗與武宗元分畫大像"은 경사(京師)의 남쪽 삼성전(三聖殿) 벽에 태을신(太乙神)을 그렸는데, 왕겸제(王兼濟)가 동벽에 그리고 황제가 들어오는 대열을 무종원(武宗元)이 서벽에 그린 것을 말한다.
2) "병렬묘품하並列妙品下"에서 '妙'자가 『王氏畫苑』본에는 '神'자로 잘못되어 있다.

能品十九人[1]

1) 「능품십구인」은 『宋朝名畫評』 「인물부문」의 항목으로 '능품'에 속하는 19인을 품평한 것이다.

楊斐 高文進 趙元長 高元亨 評曰: 楊斐深有才思, 用亦宏博, 於大像求其全功, 則非吾所知也. 高文進筆力快健, 施色鮮潤, 皆其所長. 趙元長妙於形似, 高元亨盡事物之情. 並列能品上.

孫懷悅 王氏畫苑本作說, 下同.[1] 南簡 王道眞 牟谷 沙門元靄 尹質 評曰: 孫懷悅氣格淸峭, 理致深遠. 南簡意不在近, 格亦至僻. 王道眞淳重寧妥, 可謂能矣. 言院體者, 無出其右. 牟谷 元靄 尹質長於寫貌, 筆能奪眞, 其優劣如次第云. 並列能品中.

1) "손회열孫懷悅"에서 '悅'자가 『왕씨화원王氏畫苑』엔 '說'자로 되어 있다. 아래도 같다.

石恪 陳士元 王拙 王居正 葉進成 燕文貴 葉仁遇 郝澄 毛文昌 評曰: 石恪筆法頗勁, 長於詭怪[1]. 陳士元師王士元不爲不近, 求其器岸體骨[2]則難. 王拙善爲佛道[3], 於大像尤備. 雖放縱矜逸, 往往失於卑懦[4].

<u>王居正士女</u>⁵⁾盡其閑冶之態⁶⁾, 蓋慮精意密, 動切形似. <u>葉進成江左</u>⁷⁾敏手, 設色淸潤. <u>燕文</u>貴於人物自有佳處. <u>仁遇</u>好寫流俗, 能剽眞意⁸⁾.
<u>毛文昌</u>得其村野之趣, 甚有可 _{王氏畵苑本誤作所}⁹⁾ 觀, 皆列能品下.

1) 궤괴(詭怪)는 괴상하고 이상야릇한 것이다.
2) 기안(器岸)은 체백(體魄)으로, 체격(體格)과 정력(精力), 신체(身體)와 정신(精神)이다. *체골(體骨)은 시문(詩文) 혹은 서법(書法)의 골력(骨力)을 가리킨다.
3) 불도(佛道)는 불교(佛敎)와 도교(道敎)를 가리킨다.
4) 비나(卑懦)는 천하고 나약한 것이다.
5) 사녀(士女)는 젊은 남녀, 인민(人民)과 백성(百姓)을 가리킨다.
6) "한야지태閑冶之態"는 염려(艶麗)한 모습이다.
7) 강좌(江左)는 양자강 하류로 동남쪽을 이른다.
8) 진의(眞意)는 자연현상의 이면에 깃들어 있는 진정한 의취(意趣), 참된 흥취(興趣), 참뜻, 본뜻을 이른다.
9) "심유가관甚有可觀"에서 '可'자가 『王氏畵苑』본에는 '所'자로 잘못되어 있다.

山水林木門第二¹⁾

神品二人²⁾
<u>李成</u> 評曰: 成之命筆³⁾, 惟意所到, 宗師造化, 自創景物, 皆合其妙.
耽於山水者觀 _{王氏畵苑本作說}⁴⁾ <u>成</u>所畵, 然後知咫尺之間, 奪千里之趣,
非神而何? 故列神品.

1) 「산수림목문제이山水林木門第二」는 『宋朝名畵評』「산수임목부문」이다.
2) 「신품이인」은 『宋朝名畵評』「산림임목부문」의 항목으로 '신품'에 속하는 두 사람을 품평한 것이다.
3) 명필(命筆)은 글씨를 쓰거나 그림을 그림, 또는 글을 짓는 것이다.
4) "산수자관성소화山水者觀成所畵"에서 '觀'자가 『王氏畵苑』본에는 '說'자로 되어 있다.

<u>范寬</u> 評曰: <u>范寬</u>以山水知名, 爲天下所重. 眞石老樹, 挺生筆下. 求

其氣韻, 出於物表¹⁾, 而不資華飾. 在古無法, 創意自我, 功期造化. 而
樹根浮淺, 平遠多峻, 此皆小瑕, 不害精緻, 亦列神品.

1) 표물(物表)은 물상의 밖이나 속세(世俗)의 밖을 이른다.

妙品六人¹⁾
<u>高克明</u> <u>王士元</u> <u>王端</u> <u>商訓</u> <u>燕文貴</u> <u>許道寧</u> 評曰: 山有體水流意 _{疑有}
_{脫誤}²⁾ 而自近至遠, 景有增易, 求其妙手, 豈易也哉? <u>高克明</u>鋪陳物象,
自成一家, 當代少有. <u>士元</u>之寫景, <u>王端</u>之老格, 同出<u>關氏</u>, 各有所
得. <u>商訓</u>又其次也. <u>燕文貴</u>尤善其景, 隨目可愛. <u>許道寧</u>旣有師法, 又
能變通, 皆列於妙品.

1) 「묘품육인」은 『宋朝名畫評』「산림·임목부문」항목으로 '묘품'에 속하는 6인을 품
   평한 것이다.
2) "水流意"에는 탈자나 오자가 있는 듯하다.

能品十人¹⁾
<u>陳用志</u> <u>黃懷玉</u> <u>黃筌</u> <u>翟院深</u> <u>劉永</u> <u>沙門巨然</u> <u>趙幹</u> <u>李隱</u> <u>龐崇穆</u> <u>曹仁
希</u> 評曰: 山水天下之勝, 於繪事中, 尤可尚也. <u>陳用志</u>筆雖曠放, 得
自然之意. <u>黃懷玉</u>老於所學, 勢多剛峭²⁾. <u>黃筌</u>失於麤暴, 猶爲蜀中之
最. <u>翟院深</u>尤得風韻, 蓋有師法. <u>劉永</u>亦學<u>關氏</u>, 遠有所到. <u>巨然</u>好寫
景趣, 殊爲精絶. <u>趙幹</u>窮江行之思, 觀者如涉. <u>李隱</u>狀千里之山, 不出
所顧. 才富意逸, <u>崇穆</u>有焉. 如<u>仁希</u>之畫水, 淺深怒帖 _{王氏畫苑本作帖}³⁾
一筆而已. 信所謂敏而不失其眞者也. 並列能品.

1) 「능품십인」은 『宋朝名畫評』「산림임목부문」의 항목으로 '능품'에 속하는 10인을
   품평한 것이다.
2) 강초(剛峭)는 강하고 곧으며 위엄이 있는 것이다.

3) "천심노첩淺深怒怗"에서 '怗'자가 『왕씨화원』본에는 '怗'자로 되어 있다.

畜獸門第三[1]

神品一人[2]

趙光輔 評曰: 善觀畵馬者, 必求其精神筋力. 精神完則意出, 筋力勁則勢在. 必以眼鼻蹄跣爲本. 神哉光輔之爲也, 雖鬉 『王氏畵苑』本作鬃[3] 尾一毛, 不可得而議. 故列神品.

1) 「축수문제삼畜獸門第三」은 『宋朝名畵評』「축수부문」이다.
2) 「신품일인」은 『宋朝名畵評』「축수부문」항목으로 '신품'에 속하는 한 사람을 품평한 것이다.
3) "수종미일모雖鬉尾一毛"에서 '종鬉'자가 『王氏畵苑』본에는 '鬃'자로 되어 있다.

妙品六人[1]

趙邈卓 裴文睍 楊輝 袁嶬 龍章 何尊師 評曰: 邈卓之虎, 非世俗常見, 往往有不知名者, 猶天下珍玩, 豈易辨哉? 裴文睍之水牛, 渾奪生意. 楊袁二生之魚, 不拘末節, 自得眞體. 龍章亦善虎兎, 豈常人可及? 何尊師所得不爲不多. 並列妙品.

1) 「묘품육인」은 『宋朝名畵評』「축수부문」항목으로 '묘품'에 속하는 6인을 품평한 것이다.

能品十二人[1]

陳用志 馮淸 王士元 高益 荀信 吳懷 董羽 王道眞 李用及 張銓 辛成 馮進成 評曰: 馬之氣骨, 非精筆不能周備. 陳用志 王士元 高益 李用及 張銓之徒, 各從師法, 更生己意, 皆稱一時之妙. 果求其眞鑒, 故有次第. 馮駝辛虎, 皆與眞逼. 如荀信 吳懷 董羽, 可謂爲能於其事矣. <u>馮進成</u>爲犬兎, 深造於妙, 猶以氣韻孤薄, 或有譏者. 皆列能品.

1) 「능품십이인」은 『宋朝名畵評』「축수부문」항목으로 '능품'에 속하는 12인을 품평
한 것이다.

花竹翎毛門第四[1]

神品四人[2]

<u>徐熙</u> 評曰: 士大夫議爲花果者, 往往宗尙<u>黃筌</u> <u>趙昌</u>之筆, 蓋其寫生
設色, 迥出人意. 以<u>熙</u>視之, 彼有慚德[3]. <u>筌</u>神而不妙, <u>昌</u>妙而不神, 神
妙俱完, 捨<u>熙</u>無矣. 夫精於畵者, 不過薄其彩繪以取形似, 於骨氣, 能
全之乎? <u>熙</u>獨不然, 必先以墨定其枝葉蕊萼等而後傅之以色, 故其氣
格前就, 態度彌茂, 與造化之巧 『王氏畵苑』本作功[4] 不甚遠, 宜乎爲天下
冠也. 故列神品.

1) 「화죽영모문제사花竹翎毛門第四」는 『宋朝名畵評』「화죽영모부문」이다.
2) 「신품사인」은 『宋朝名畵評』「화죽영모부문」항목으로 '신품'에 속하는 4인을 품평
한 것이다.
3) 참덕(慚德)은 말과 행동에 잘못이 있어서 마음속으로 부끄러워하는 것, 덕이 없
음을 부끄러워하는 것, 착한 사람이 뜻밖에 나쁜 일을 하는 것, 덕화가 널리 미치
지 못함을 부끄러워하는 것이다.
4) "조화지교불심원造化之巧不甚遠"에서 '巧'자가 『왕씨화원』본에는 '功'으로 되어
있다.

<u>唐希雅</u> 評曰: <u>江南</u>絶筆, <u>徐熙</u> <u>唐希雅</u>二人而已. 極乎神而盡乎微, 資
於假而迫於眞. 象生意端, 形造筆下. <u>希雅</u>終不逮<u>熙</u>者, 吾以翎毛較
之耳. 求其竹樹, 殆難優劣, 故列神品.

<u>黃筌</u> 評曰: <u>黃筌</u>老於丹靑之學, 命筆皆妙, 誠<u>西州</u>之能士. 可列神品.

黃居寀 評曰: 居寀之畵鶴, 多得筌骨, 其有佳處, 亦不能決其高下,
至於花竹禽雀皆不失筌法, 父子俱入神品者, 唯居寀一家云.

妙品九人[1]
趙昌 陶裔 徐崇嗣 徐崇勳 梅行思 解處中 王曉 毋咸之 傳文用 評
曰: 陶裔之寫生, 趙昌之設色, 二徐所爲於形似無媿矣. 行思精爭鬥
之勢, 處中長苦寒之景. 王曉 毋咸之 傳文用皆有翎毛之癖, 傳之來
世, 愈見珍賞耳. 並列妙品.

1) 「묘품구인」은 『宋朝名畵評』「화죽영모부문」항목으로 '묘품'에 속하는 9인을 품평
   한 것이다.

能品九人[1]
唐宿 唐忠祚 夏侯延祐 『書畵譜』本作佑[2] 劉文惠 王友 道士牛戩 閣士安
王端 劉夢松 評曰: 二唐花竹皆得情狀, 所以善繼其祖矣. 夏侯之於
黃筌, 王友之於趙昌, 皆親切於師, 自致能譽. 文惠精於寫生, 牛戩妙
於破毛, 亦一時之佳筆也. 寫墨竹千古無傳, 自沙門元靄及唐希雅,
董羽輩始爲之倡. 閣士安下筆淸勁, 造形圓備. 最爲長也. 王端僅與
之敵. 識者謂士安得其竿, 王端得其葉, 而夢松又次焉. 皆列能品.

1) 「능품구인」은 『宋朝名畵評』「화죽영모부문」항목으로 '능품'에 속하는 9인을 품평
   한 것이다.
2) "하후연우夏侯延祐"에서 '祐'자가 『書畵譜』본에는 '佑'자로 되어 있다.

鬼神門第五[1]

神品一人[2]
<u>李雄</u> 評曰: 畫鬼神者, 多形狀怪異爲能, 於吾何取? 必求諸筋力[3]焉, 以考其精神, 究其威怒[4], 三者能備, 獨<u>雄</u>而已. 筆勢高邁, 生於自然. 故列神品.

1) 「귀신문제오鬼神門第五」는 『宋朝名畫評』「귀신부문」이다.
2) 「신품일인」은 『宋朝名畫評』「귀신부문」에서 '신품'에 속하는 1인을 품평한 것이다.
3) 근력(筋力)은 근육의 힘으로 일을 감당해낼 수 있는 능력이나 기력이다.
4) 위노(威怒)는 진노(震怒), 성노(盛怒)와 같이 성내며 노여워하는 것이다.

妙品一人[1]
<u>高益</u> 評曰: <u>高益</u>意思, 千形萬態, 卒不相類, 其功可較. 故列妙品.

1) 「묘품일인」은 『宋朝名畫評』「귀신부문」항목으로 '묘품'에 속하는 1인을 품평한 것이다.

能品二人[1]
<u>李用及</u> <u>石恪</u> 評曰: 鬼神之狀, 雖不可窮, 大約不遠於人, 故<u>用及</u>宗<u>吳道子</u>之畫, 密有所至. <u>石恪</u>多用己意, 喜作詭怪, 而自擅逸筆, 於筋力能備, 不可易得. 並列能品.

1) 「능품이인」은 『宋朝名畫評』「귀신부문」항목으로 '능품'에 속하는 2인을 품평한 것이다.

屋木門第六¹⁾

神品二人²⁾

<u>郭忠恕</u> 評曰: 畵之爲屋木, 猶書之有篆籀³⁾, 蓋一定之體, 必在端謹⁴⁾ 詳備, 然後爲最. <u>忠恕</u>俱爲當時第一, 豈其二者之法相近而然邪? 可 列神品.

> 1) 「옥목문제육屋木門第六」은 『宋朝名畵評』「옥목부문」이다.
> 2) 「신품이인」은 『宋朝名畵評』「옥목부문」 항목으로 '신품'에 속하는 2인을 품평한 것
>   이다.
> 3) 전주(篆籀)는 소전(小篆)과 대전(大篆)을 이른다.
> 4) 단근(端謹)은 행동이 정확하며 조심성 있고 올바른 것이다.

<u>王士元</u> 評曰: 宮殿臺閣, 亭榭軒砌, 雖無搏動之勢, 而求其疵病, 比 諸畵爲多. <u>士元</u>命筆造微, 事物皆備, 雖片瓦莖木, 亦取於象, 此所以 過人無限. 故列神品.

妙品二人¹⁾

<u>燕文貴</u> <u>蔡潤</u> 評曰: 如<u>文貴</u> <u>潤</u>二人皆江海微賤, 一旦以畵爲天子所 知, 蓋其藝能遠過流輩. 列於妙品.

> 1) 「묘품이인」은 『宋朝名畵評』「옥목부문」 항목으로 '묘품'에 속하는 2인을 품평한 것
>   이다.

能品三人¹⁾

<u>呂拙</u> <u>劉文通</u> <u>王道眞</u> 評曰: <u>呂拙</u> <u>劉文通</u>於宮殿屋木, 最所留意, 雖 匠氏亦宗其法度焉, 可謂至矣. <u>祥符</u>中, 營<u>昭應宮</u>, 詔天下名手至京 師者, 餘三千人, 中其選者, <u>武宗元</u>而下, 亦不減百人. 當時擧天下爲

畵者, 不知幾何多人物, 而見於此書, 無十數輩. 如<u>王道眞</u>之水, 入能品, 人物畜獸屋木, 其藝固不後人矣.

1) 「능품삼인」은 『宋朝名畵評』「옥목부문」항목으로 '능품'에 속하는 3인을 품평한 것이다.

中麓畫品[1]

明 李開先 撰

序[2]

物無巨細, 各具妙理, 是皆出乎玄化之自然, 而非由矯揉造作[3]焉者. 萬物之多, 一物一理耳, 惟夫繪事, 雖一物而萬理具焉. 非筆端有造化而胸中備萬物者, 莫之擅場名家也. 國朝[4]名畫比之宋 元, 極少賞識, 立論者亦難其人. 豈非理妙義殊, 未可以一言蔽之耶? 予於斯藝, 究心致力, 爲日已久, 非敢謂充然有得也. 常山 葉子[5]則云: "流觀當代, 未見上於予者, 且請譔次品格, 爲藝林補缺[6]焉." 於是乃作『畫品』五篇. 其一篇論諸家梗概; 二篇設六要, 括諸家所長, 分四病指摘所短; 三篇搜羅尺寸之長, 俾令無遺; 四篇類次其比肩鴈行無甚高下, 渾爲一途可也; 五篇述各家所從來之原. 此據其所見者如此. 其中遺逸者, 借曰有之, 亦不多矣. 嘉靖辛丑十一月中麓山人 李開先撰.

1) 『중록화품中麓畫品』은 1541년에 명나라 이개선(李開先)이 명나라 화가들의 그림을 논평한 것이다. *중록(中麓)은 이개선(李開先)의 호이다.
2) 서(序)는 『중록화품』의 서문이다.
3) "교유조작矯揉造作"은 일부러 너무 꾸며서 몹시 부자연스럽거나 어색한 것을 이른다.
4) 국조(國朝)는 당대(當代)의 조정(朝廷)인데, 여기선 이개선(李開先)이 말한 것이니 명나라를 이른다.
5) "상산常山 섭자葉子"는 『중록화품후서』에 나오는 섭상산(葉常山; 葉澄)을 가리킨다. *섭징(葉澄)은 명나라 소주(蘇州) 오현(吳縣) 사람으로 자는 원정(源靜)·원정(元靜)이고, 호가 상산(常山)이다. 대진(戴進)의 스승으로 산수화를 잘 그렸다. 상산(常山)은 지명(地名)으로 절강(浙江)에 있는 상산현을 가리킨다.
6) 보결(補缺)은 흠이 있거나 빠진 것을 수리하고 보완하는 것이다.

畵品一¹⁾

戴文進之畵, 如玉斗²⁾, 精理佳妙, 復爲巨器³⁾. 吳小僊如楚人之戰鉅鹿⁴⁾,
猛氣橫發, 加乎一時. 陶雲湖⁵⁾如富春先生⁶⁾雲白山靑, 悠然野逸⁷⁾. 杜
古狂⁸⁾如羅浮⁹⁾早梅, 巫山¹⁰⁾朝雲, 僊姿靚潔¹¹⁾, 不比凡品. 莊麟¹²⁾如山色
早秋, 微雨初歇, 娛逸人之心, 來詞客¹³⁾之興. 倪雲林如几上石蒲¹⁴⁾,
其物雖微, 以玉盤盛之可也. 呂紀如五色琉璃, 或者則以爲和氏之璧¹⁵⁾,
不知何以取之過也. 夏仲昭如野寺之僧, 面壁而坐, 欲冀得仙. 周臣
如瑊玏¹⁶⁾, 望之如玉, 就之石也, 原無寶色故耳. 蔣子成如天竺¹⁷⁾之僧,
一身服飾皆是珍貴之物, 但有腥膻¹⁸⁾之氣. 金潤夫大似子成而腥氣較
少. 唐寅如賈浪仙¹⁹⁾, 身則詩人, 猶有僧骨²⁰⁾, 宛在黃葉長廊²¹⁾之下. 胡
大年如待兎²²⁾之翁, 不復知變. 李在如白首窮經不偶於世之士, 蹇滯
寒陋²³⁾, 進退皆拙. 沈石田如山林之僧, 枯淡²⁴⁾之外, 別無所有. 林良
如樵背荊薪, 澗底古木, 匠氏不顧. 邊景昭²⁵⁾如糞土之牆, 汚以粉墨²⁶⁾,
麻查²⁷⁾剝落, 略無光瑩堅實之處. 王若水²⁸⁾如長蒲高葦, 豈不勝於萊蕪²⁹⁾,
終亦委靡³⁰⁾. 王舜耕³¹⁾如十丈之柳, 百圍之檉, 氣魄不小, 然體質疎弱³²⁾,
殊非明堂³³⁾之材. 謝廷詢如千人之石³⁴⁾, 碔砆³⁵⁾之材則是, 珪璋³⁶⁾之璞則
非. 丁玉川如十金之家³⁷⁾, 門扉器物, 不得精好³⁸⁾. 郭淸狂³⁹⁾如儒翁學
稼, 筋力旣劣於同儕, 稂莠⁴⁰⁾必多於嘉穀. 商喜如神廟塑像, 四體矩
度, 一一肖似, 然顔色旣乏生氣, 胚胎⁴¹⁾復是墐泥⁴²⁾. 石銳比之商喜,
益出其下. 張輝如鄕塾少年之人, 動有鄙陋之態. 汪質如拙匠造器,
斧鑿⁴³⁾不得其宜, 樣緻復無佳處. 鍾欽禮如僧道齋榜, 字大墨濃, 惟見
墨蠢. 王世昌如釋子衲衣. 頗有綺數寸. 然實拙工耳. 王謹 王諤如五
代之官, 帽則烏紗, 身則屠販⁴⁴⁾.

1) 「화품일畵品一」은 『中麓畵品』의 항목으로 제1품에 속하는 화가 29인을 논한 것이다. *유검화편의 원문에는 작가마다 문단이 나누어져 있는데, 역자가 편집상 원문은 이어서 기재하였다.
2) 옥두(玉斗)는 옥으로 만든 술그릇인데 보배로운 기물을 비유한다.
3) 거기(巨器)는 큰 그릇으로 뛰어난 인재를 비유한다.
4) "초인전거록楚人戰鉅鹿"은 항우(項羽)가 거록(鉅鹿; 縣名)에서 진(秦)나라 군을 대파한 것을 가리킨다.
5) 도운호(陶雲湖)는 명나라 보응(寶應) 사람인 도성(陶成)의 호이다.
6) 부춘선생(富春先生)은 후한(後漢)의 엄광(嚴光; 字가 子陵)이 부춘산(富春山)에 은거하였으나, 여기선 부춘산을 그린 황공망(黃公望)을 가리키는 듯하다.
7) 유연(悠然)은 담박한 모양이다. 야일(野逸)은 순박하고 한적함을 이른다.
8) 두고광(杜古狂)은 두근(杜菫)의 호이며, 자는 구남(懼男)이고 본성은 육(陸)씨이다.
9) 나부(羅浮)는 나부산(羅浮山)을 가리키며, 광동성(廣東省) 동강(東江) 북쪽 기슭에 있는 산이다. 전설에 나부산에는 매화선녀(梅花仙女)가 있다고 한다.
10) 무산(巫山)은 사천성(四川省)과 호북성(湖北省) 변경에 있는 산으로, 모습이 '巫'자 같아서 무산이라고 부른다. 양자강이 무산의 가운데를 뚫고 흘러 삼협(三峽)을 형성하며, 무산에 신녀(神女)가 있어서 아침에 구름이 있으면 저녁에 비가 내린다고 한다.
11) 선자(僊姿)는 신선의 모습이다. 정결(靚潔)은 단정하고 고상하며 깨끗한 '정려고결靚麗高潔'함이다.
12) 장린(莊麟)은 명나라 강소(江蘇) 단도(丹徒; 지금의 鎭江) 사람으로, 경구(京口)에 살았으며 자가 문소(文昭)이고 산수를 잘 그렸다.
13) 사객(詞客)은 시문을 잘 짓는 사람으로 문인(文人)을 이른다.
14) 석포(石蒲)는 석창포(石菖蒲)이다.
15) "화씨지벽和氏之璧"은 초나라의 변화(卞和)가 초산(楚山)에서 얻은 옥(玉)이다. 그가 이 옥돌을 여왕(厲王)에게 바쳤으나 왕을 속였다는 죄로 왼쪽 발꿈치를 베였고, 뒤에 무왕(武王)에게 바쳤지만 같은 죄로 오른쪽 발꿈치마저 베이고 말았다. 문왕(文王) 때, 옥돌을 안고 초산 밑에서 사흘 밤낮을 운 뒤에야, 왕이 마침내 옥돌의 진가를 알아보았다는 고사가 있다.
16) 감륵(瑊玏)은 옥처럼 단단하고 아름다운 돌을 이른다.
17) 천축(天竺)은 인도의 옛 명칭이다.
18) 성전(腥膻)은 성전(腥羶)이나 성전(腥羴)과 같고, 냄새가 역겨운 비린내를 이르며, 인간의 추악하고 오염되어 혼탁한 모습을 비유한다.
19) 가낭선(賈浪仙)은 당나라 시인 가도(賈島; 777~841)의 자이다. 그는 처음에 승려가 되었다가 나중에 진사하였다.
20) 승골(僧骨)은 스님의 기질을 이른다.

21) 황엽(黃葉)은 불교어(佛敎語)로 버들잎이 말라서 누렇게 되는 것이다. 천상의 낙과(樂果)를 설법하여 인간의 모든 악(惡)을 그치게 하는 것을 비유한다. *징랑(長廊)은 긴 행랑이다.

22) 대토(待兎)는 '대토수주待兎守株'인데, '묵수성규墨守成規'와 같이 종래의 규칙, 관례 등을 지키는 것이다.

23) 건체(蹇滯)는 일이 순조롭지 못한 것이다. *한루(寒陋)는 천루(淺陋)한 것을 이른다.

24) 고담(枯淡)은 질박(質朴)하며 평담(平淡)함을 이른다.

25) 변경소(邊景昭)는 변문진(邊文進)의 자이다.

26) 분묵(粉墨)은 그림을 그리는 흰 가루와 검은 먹인데, 진실을 감추기 위하여 겉을 꾸미는 것이다.

27) 마사(麻査)는 마차(麻茶)와 같이 모호(模糊)한 것을 이른다.

28) 왕약수(王若水)는 원말 명초의 왕연(王淵)의 호이다.

29) 내무(萊蕪)는 잡초가 우거짐, 논밭이 황폐함을 이른다.

30) 위미(委靡)는 기가 꺾임, 풀이 죽음, '委靡不振'으로 쇠퇴하여 힘차지 못한다는 뜻이다.

31) 왕순경(王舜耕)은 왕전(王田)의 자이다.

32) 소약(疎弱)은 느슨하고 약한 것을 이른다.

33) 명당(明堂)은 천자가 제후에게 조회를 받는 집을 이른다.

34) 천인석(千人石)은 강소성(江蘇省) 소주(蘇州) 호구산(虎丘山) 검지(劍池) 옆에 있는 돌로 그 위에 천 명이 앉을 수 있을 만큼 큰 돌을 이른다.

35) 대애(碓磑)는 맷돌을 이른다.

36) 규장(珪璋)은 옥으로 만든 예기(禮器)이다.

37) "십금지가十金之家"는 '십금지재十金之財'이다. 10금에 지나지 않는 재산으로 가난한 집안을 이른다.

38) 정호(精好)는 정교하고 아름다운 것이다.

39) 곽청광(郭淸狂)은 곽후(郭詡)의 호이다.

40) 낭유(稂莠)는 곡식을 해치는 잡초를 이른다.

41) 배태(胚胎)는 아이나 새끼를 배는 것이다. 어떤 일의 시작이나 원인이 되는 요소를 속에 지니는 것을 이르는데, 사물의 '개시開始'나 '기원起源'을 비유한다.

42) 근니(墐泥)는 점토(粘土)를 이긴 진흙이나 찰흙을 이른다.

43) 부착(斧鑿)은 도끼와 끌로 다듬는 것으로, 시문이나 그림에 기교를 부리는 것을 비유하는 말이다.

44) 도판(屠販)은 시장의 백정이나 상인을 이른다.

畫品二[1]

畫有六要[2]
一曰神. 筆法縱橫, 妙理神化. <u>文進</u>大筆[3]山水, <u>小僊</u>大筆山水, <u>雲湖</u>松石, <u>古狂</u>人物.

1) 「화품이畫品二」는 『中麓畫品』의 항목으로 제2품을 논한 것이다.
2) 「화유육요畫有六要」는 『中麓畫品』의 항목으로 제2품을 논하기에 앞서, 그림의 육요를 설명하고 육요를 갖춘 작가와 작품을 거론한 것이다.
3) 대필(大筆)은 훌륭한 문장이나 중요한 글인데, 남의 문장이나 서화를 칭찬하여 이르는 말이다. '대필여연大筆如椽'이란 말이 있는데, 기세가 웅장하고 힘찬 작품이나 문장을 가리킨다. 진(晉)의 왕순(王珣)이 꿈에 서까래만한 붓을 선물 받고는 얼마 지나지 않아, 죽은 황제의 애책문(哀冊文)과 시장(諡狀)을 모두 짓게 된 고사에서 유래된 것이다.

二曰淸. 筆法簡俊瑩潔[1], 疏豁虛明[2]. <u>文進</u>山水, <u>小僊</u>山水, <u>雲湖</u>松竹花卉蔬果山石, <u>古狂</u>人物, <u>莊麟</u>花鳥, <u>雲林</u>山水.

1) 영결(瑩潔)은 투명하고 고결한 것이다.
2) 소활(疏豁)은 개활(開闊), 창량(敞亮)으로 널찍하고 환한 것이다. *허명(虛名)은 공명(空明)으로 깨끗하고 맑은 것을 이른다.

三曰老. 筆法如蒼藤古柏, 峻石屈鐵, 玉坼缶罅. <u>文進</u>山水·禿筆人物, <u>小僊</u>山水人物, <u>雲湖</u>山水花木, <u>古狂</u>人物, <u>莊麟</u>花鳥, <u>周臣</u>山水.

四曰勁. 筆法如强弓巨弩, 礦機蹶發. <u>文進</u>山水人物, <u>小僊</u>山水人物, <u>雲湖</u>山水花木人物, <u>古狂</u>人物, <u>莊麟</u>花鳥, <u>周臣</u>山水, <u>蔣子成</u>神佛樹石, <u>金潤夫</u>神佛樹石, <u>夏仲昭</u>竹.

五曰活. 筆勢飛走, 乍徐還疾, 倏聚忽散. <u>文進</u>山水人物, <u>小僊</u>山水人物, 雲湖人物山水花木, 古狂人物樹石, 莊麟花鳥, 周臣木石, 蔣子成神物[1]樹石, 金潤夫神物樹石, 夏仲昭竹.

1) 신물(神物)은 신령스럽고 괴이한 물건, 신선을 이르는 말이다.

六曰潤. 筆法含滋蘊彩[1], 生氣藹然[2]. 文進山水人物, 小僊山水人物, 雲湖山水人物花木, 古狂人物樹石, 莊麟花鳥, 周臣山水, 蔣子成神佛樹石, 金潤夫神物樹石, 夏仲昭竹.

1) "함자온채含滋蘊彩"는 윤택함을 머금고 광채가 쌓인 것을 이른다.
2) 애연(藹然)은 성한 모양, 구름이 모여드는 모양을 이른다.

以上諸家得之多少, 卽以先後見之.

畫有四病[1]
一曰僵. 筆無法度, 不能轉運, 如僵仆[2]然. 王謹山水人物, 王諤山水人物, 王世昌山水人物, 鍾欽禮山水人物, 張輝山水人物, 石銳山水人物, 謝廷詢山水, 沈石田山水人物, 邊景昭木石.

1) 「화유사병畫有四病」은 『中麓畵品』에서 제2품을 논하기에 앞서, 그림의 육요를 설명하고 육요를 갖춘 작가와 작품을 거론한 다음에, 그림의 네 가지 병폐를 설명하면서 병폐가 있는 작가와 작품을 거론한 것이다.
2) 강부(僵仆)는 넘어지는 것으로 시체를 이른다.

二曰枯. 筆如瘁竹槁禾, 餘燼敗秭[1]. 林良翎毛[2]木石, 周臣人物, 石銳人物, 邊景昭木石, 呂紀松石, 夏仲昭石.

1) 자(秭)는 강아지풀이다.
2) 영모(翎毛)는 새털과 짐승의 털이라는 뜻으로, 새나 짐승을 그린 그림을 이른다.

三曰濁. 如油帽垢衣, 昏鏡渾水. 又如廝役[1]下品, 屠宰[2]小夫, 其面目
鬚髮無復神采之處. 雲湖傅粉芙蓉, 夏仲昭石煙, 周臣人物樹皮雲煙,
呂紀雲氣松竹人物, 小僊美人, 文進菊竹美人, 胡大年雲山, 唐寅遠
山雲氣人物, 李在山水人物, 石田山水, 林良翎毛木石, 邊景昭大景,
丁玉川山水, 王若水翎毛木石, 王舜耕山水, 郭淸狂人物山水, 謝廷
詢山水, 商喜人物犬馬木石, 石銳山水人物樓閣, 倪端山水, 張輝山
水人物, 汪質山水, 鍾欽禮山水, 王世昌山水人物, 王謹山水人物, 王
諤山水人物.

1) 시역(廝役)은 잡일을 하는 머슴이나 하인을 이른다.
2) 도재(屠宰)는 도살하거나 요리하는 것을 이른다.

四曰弱. 筆無骨力, 單薄脆軟, 如柳條竹芽, 水荇秋蓬. 古狂山樹, 雲
林山樹, 呂紀山樹, 夏仲昭竹, 周臣放筆山水人物, 唐寅山樹人物, 邊
景昭樹石, 王若水樹石, 王舜耕雲山, 郭淸狂人物山水.

畫品三[1]

凡有尺寸之長, 皆收於此. 周臣紅葉松毛小石面壁[2], 蔣子成雪山面
壁, 金潤夫雪山面壁, 商喜墨魚, 林良鷹, 邊景昭鵪鶉[3]折枝小鳥, 石
田鴨, 胡大年山頂, 呂紀花鳥, 郭淸狂綿羊, 夏仲昭竹枝.

1) 「화품삼畫品三」은 『中麓畫品』의 항목인 제3품으로, 작은 장기라도 있는 작가를
거론한 것이다.
2) 면벽(面壁)은 각고의 노력으로 공부하거나 전심으로 연구함을 비유하는 말이다.
3) 암순(鵪鶉)은 메추라기를 이른다.

畫品四[1]

文進 小僊 雲湖 古狂爲一等. 莊麟 倪雲林爲一等. 蔣子成 金潤夫 夏仲昭 周臣 呂紀爲一等. 胡大年 唐寅 李在 石田 林良 景昭 若水 爲一等. 商喜 石銳爲一等. 張世祿 李福智神鬼, 劉俊 郭淸狂 袁林 奚祐人物, 戈廷璋松, 陳憲章梅, 金湜竹, 詹仲和竹, 呂高水, 樓鑰花 鳥, 李鰲貓犬, 周全馬, 劉節魚, 林廣 史癡 任道遜 許尙友 金文鼎 馬式 王恭 陳季昭 陳啓陽 夏芷 丁玉川 謝廷詢 王舜耕 倪端 鍾欽禮 張輝 汪質 汪海雲 王瓘 王諤 王世昌山水, 以上諸家才力不甚相遠, 亦不須覶論, 總爲一等.

1) 「화품사畫品四」는 『中麓畫品』의 항목인 제4품으로, 같은 등급에 속하는 작가를 거론한 것이다. *유검화편의 원문에는 작가마다 문단이 나누어져 있는데, 역자가 편집상 원문은 이어서 기재하였다.

畫品五[1]

1) 「화품오畫品五」는 『中麓畫品』의 항목인 제5품으로 화가들의 근원을 거론한 것이다. *유검화편의 원문에는 작가마다 문단이 나누어져 있는데, 역자가 편집상 원문은 이어서 기재하였다.

文進其原出於馬遠 夏珪 李唐 董源 范寬 米元章 關仝 趙千里 劉松 年 盛子昭 趙子昂 黃子久 高房山. 高過元人, 不及宋人. 小僊其原 出於文進, 筆法更逸, 重巒疊嶂, 非其所長; 片石一樹, 粗且簡者在文 進之上. 雲湖其原出於趙千里, 僧巨然, 豪蕩過之, 巨細皆妙. 古狂其 原出於李唐 劉松年, 人物更奇, 樹石遠不逮也. 葉紳其原出於梁楷 馬遠 夏珪, 精理堅實, 最爲近古. 葉正名其原出於馬遠 夏珪 盧浩然

梅花道人 米元章 方方壺. 能筆少意足. 周臣其原出於李唐, 有出於
小僊者極醜. 蔣子成 金潤夫其原並出於馬遠. 莊麟其原出於崔白, 流
暢文雅, 非呂紀所知. 倪雲林其原出於黃子久. 呂紀其原出於毛益 羅
智川, 過於益不及智川. 林良其原出於文與可. 唐寅其原出於周臣 沈
石田. 胡大年其原出於高房山, 王舜耕亦出於高房山. 李在其原出於
郭熙. 沈石田其原出於吳仲圭 王叔明. 邊景昭其原出於李安中. 王若
水其原出於馬麟. 遠子也. 謝廷詢其原出於李唐 范寬. 丁玉川其原出
於夏珪 孫君澤. 商喜其原出於陳居中 李迪. 郭淸狂其原出於少僊.
石銳其原出於謝廷詢. 張世祿其原出於吳道子. 李福智其原出於顏輝.
張輝其原出於劉輝卿. 汪質其原出於劉輝卿. 鍾欽禮其原出於劉輝卿.
王恭其原出於馬遠. 劉俊 袁林其原出於李福智. 奚祐出於杜古狂. 金
湜出於邊虜僧. 陣憲章出於王冕. 許尙文 金文鼎 陳啓陽 姜立綱 沈
士稱並出於董源. 林廣出於李在. 任道遜 姚公緩出於梅花道人. 夏芷
出於文進. 倪端出於石銳.

中麓畵品後序[1]

畵品論人皆已逝者, 現在世如葉常山 文衡山 衡山子休承 張平山 張
賁所 謝樗僊 沈靑門 王仲山 楊戊生 陶仰山 劉後莊 呂思石 鄔亭山
郭天賜 李本仁 范行甫 陳莫之 胡守寧, 未敢輕議, 以蓋棺始定.

1) 「중록화품 후서中麓畵品後序」는 『中麓畵品』의 뒤에 쓴 서문이다. 소장가들과 나
  머지 일들을 거론하여 가정嘉靖 24(1545)년 10월에 중록산인中麓山人(李開先)이
  쓰고, 이어서 호산자湖山子(胡來貢)가 보충한 내용이 첨부되어 있다.

畵猶文學, 隨時消長[1], 然亦太牟高年, 雖消長相去[2]不遠, 獨守寧久死

失議. 及就而較之, 常山其傑然者, 可仰窺文進, 下視時流. 所作<武
當圖>能盡其勢, 模小儼大筆山水人物, 可以逼眞. 衡山能小而不能
大, 精巧本之趙松雪. 平山觕惡, 人物如印版, 萬千一律. 賁所儘有筆
仗[3], 可惜生疏. 樗儇時畵中之高者. 靑門時畵中之嫩者. 仲山水墨畵
中之微有意味者. 戊生初學衡山, 今不知何如. 仰山 後莊 思石 亭山
各負時名, 是皆魯 衛之政[4]. 後莊草蟲爲優, 以勤苦得之, 隨水草尋
蟲, 觀其形像. 書摺中所藏死蟲無算. 天賜旣無此工, 所以遠出其下.
李 范及陳以未見其畵難評. 總之乃區區[5]一人有限之見, 豈敢爲一定
不易之論哉!

1) 소장(消長)은 사라지고 자라남, 증감(增減), 영고(榮枯), 성쇠(盛衰) 등을 이른다.
2) 상거(相去)는 서로 떨어진 거리, 서로의 차이를 이른다.
3) 필장(筆仗)은 서화나 시문의 풍격을 이른다.
4) "노위지정魯衛之政"은 『論語』「子路」편에 "노나라와 위나라는 서로 형제지간이다.
   魯衛之政兄弟也." 라고 나오는데, 서로 비슷비슷하다는 뜻이다.
5) 구구(區區)는 작은 모양, 부지런히 힘쓰는 모양, 득의한 모양, 각각 다른 모양을
   이른다.

大抵畵分兩家, 有收藏家[1], 有賞鑒家[2]. 有材力能多致者收藏家也, 善
旌別[3]知源委者賞鑒家也. 兩家勢不能兼. 王林屋 洪西奚可稱收藏.
許黙齋 山西縣宰忘其名, 可稱賞鑒. 崔岱屛 李蒲汀似收藏而非收藏,
似賞鑒而非賞鑒. 毛南寯 田柜山旣非收藏又非賞鑒. 予嘗戲之曰:
"二君人品極高, 而畵品最下." 二君嘆曰: "子存心雖公, 而持論過刻."
予復笑而大言曰: "據予所棄者容有佳畵, 而所取者更無劣畵矣." 渺
予小子, 收藏賞鑒, 兩有愧顔. 持過刻之論, 而欲取信於人, 其亦難
矣. 不唯不信, 且有忌其恃才, 訕其狂妄[4]者矣. 文進畵筆, 宋之入院
高手或不能及, 自元迄今, 俱非其比. 宣廟[5]喜繪事, 一時待詔如謝廷

詢 倪端 石銳 李在等則又文進之僕隷輿臺[6]耳.

1) 수장가(收藏家)는 소장가이다.
2) 상감(賞鑑)은 서화나 골동 등을 감상하여 감정하는 것으로, 여기서는 감정가를 이르는 것이다.
3) 정별(旌別)은 선악을 구별하는 것이다.
4) 광망(狂妄)은 방자하게 제멋대로 행동하는 것이다.
5) 선묘(宣廟)는 명나라 제5대 왕인 선종(宣宗) 주첨기(朱瞻基)의 묘호(廟號)이다.
6) 복예(僕隷)는 종이나 노예를 이르고, 여대(輿臺)는 머슴이나 하인을 이른다.

一日在仁智殿呈畵, 進以得意者爲首乃<秋江獨釣圖>, 畵一紅袍人, 垂釣於江邊. 畵家唯紅色最難著, 進獨得古法. 廷詢[1]從傍奏云: "畵雖好, 但恨鄙野." 宣廟詰之, 乃曰: "大紅是朝官品服, 釣魚人安得有此?" 遂揮其餘幅, 不經御覽. 進寓京大窘, 門前冷落, 每向諸畵士乞米充口, 而廷詢則時所崇尙, 曾爲閣臣作大畵, 倩進代筆. 偶高文毅毅 苗文康 夔 陳少保 循 張尙書 瑛同往其家, 見之怒曰: "原命爾爲之, 何乃轉託非其人耶?" 進遂辭歸, 後復召, 潛寺中不赴. 嫁女無眥, 以畵求濟, 無應之者. 身後名愈重而畵愈貴, 全堂非百金不可得. 有令其子歲盡買羅門錢[2]者, 其子失誤, 其父責之, 進爲之畵兩紙以緩其責. 終是難用, 寘之佛閣. 後亦有持重價易之者. 進嘗自嘆曰: "吾胸中頗有許多事業, 爭奈世無識者, 不能發揚." 予論不能狗于今之人, 敢望求知于今之人哉? 公論久而後定. 進不待久, 不識卽有知予者乎? 抑或有罪予未久而知之者乎? 自信之篤, 知與不知, 定與不定, 有不暇計也.[3] 嘉靖二十四年十月中麓山人書.

1) 정순(廷詢)은 명나라 사환(謝環)의 자이다. 영가(永嘉) 사람으로 자가 정순(庭循)인데, 뒤에 자를 이름으로 썼다. 음영(吟詠)을 좋아하고 그림에 능하여 이름이 높았으며, 선종(宣宗: 1426~1435)의 총애를 받아 금의위 천호(錦衣衛千戶)가 되

었다. 그림은 형호(荊浩)·관동(關仝)·미불(米芾) 등의 화법을 본받아 산수화를
잘 그렸다.
2) 문전(門錢)은 집안의 돈을 이른다.
3) "여론불능순우금지인予論不能狥于今之人,……유불가계야有不暇計也."는 이개선
(李開先) 자신이 일반적인 화가나 비평가들의 견해와 달리 절파화가들을 옹호하
여 일반적인 회화 평가척도에 따르지 않고 자신의 소신을 밝힌 것에 대하여 남들
이 인정하거나 인정하지 않더라도 마음에 두지 않고 자신의 회화관에 따라 화가
를 비평한 내용이다.

湖山子¹⁾村寓與中麓公隱居密邇, 嘗得過而觀其所著『畵品』, 皆論國
朝善畵者, 雖責備²⁾不少假借³⁾, 有片長亦不棄遺, 但不詳其鄕貫字號
及仕否行業, 茫然不知爲何處人, 亦不知爲何如人. 其意以爲主於論
畵, 而不暇於論人, 如『春秋』之法不繫于大夫⁴⁾者, 終始人之而弗詳.
因執書逐名扣之, 中麓公應答如嚮, 遂筆之於冊, 止有數人未眞者,
以待査補. 據此不唯知畵且從而知人, 公之博學善記於是乎可見云.

1) 호산자(湖山子)는 호래공(胡來貢)인데 전고를 찾을 수 없다.
2) 책비(責備)는 비평하고 지적하는 것을 이른다.
3) 가차(假借)는 빌리는 것인데, 용서한다는 뜻이 있다.
4) 대부(大夫)는 벼슬이름으로 주(周)대에 경(卿)·대부(大夫)·사(士)의 세 계급이
   있었다. 고을의 수령(守令)으로 공읍(公邑)에서는 대부(大夫), 사읍(私邑)에서는
   재(宰)라 하였으며, 벼슬아치에 대한 총칭이다.

戴進字文進號靜菴, 錢塘人. 不但工畵, 制行¹⁾亦復高潔. 吳偉字小僊,
江夏人. 以欽取²⁾授錦衣百戶, 性豪放, 輕利重義, 在富貴室如受束縛,
得脫則狂走長呼. 內臣雖持重貲求畵不得其片張半幅. 陶成字孟學,
號雲湖, 寶應人. 領順天鄕荐, 資性灑脫, 不唯善畵, 篆隸尤工. 杜菫
字懼男, 號檉居, 丹徒人. 博雅精敏, 詩文字書, 久擅時名. 呂紀字廷
振, 四明人. 錦衣指揮, 德性端謹. 夏昶字仲昭, 東吳人. 累官太常寺

卿, 書畵詩文皆佳, 求者踵至, 能一一應之, 可見其人. 周臣字舜臣,
號東村, 東吳人. 詩亦有思致[3]. 蔣子成 江東人. 唐寅字伯虎, 東吳
人. 擧弘治戊午鄕試第一, 以會試事詿累[4], 終其身. 李在字以政, 莆
田人. 以畵士欽取. 沈周字啓南, 號石田, 蘇州人. 文學該洽[5], 詩律淸
新, 作字亦古拙可取. 林良字以善, 廣東人. 錦衣指揮, 聲名初在呂紀
之上. 凡紀作多假書良名, 後則不然矣. 王田字舜耕, 濟南人. 以縣貳
致政, 善詼諧, 信口爲詞, 聳人聽聞[6]. 謝廷詢或又以爲廷循, 永嘉人.
淸愼有文. 丁玉川 江右人. 商喜字惟吉. 汪質字孟文, 金陵人. 鍾欽
禮號南越山人. 王世正號歷山, 濟南人. 與吳偉同時被徵. 葉紳 葉正
名. 葉澄字元靜號常山, 世居京師, 原東吳人. 文壁字徵明, 因以字徵
聘, 遂定爲名. 更字徵仲, 號衡山, 蘇州人. 詩寫俱妙, 小楷尤勝. 少
年卽不受賕父千金, 士林重之, 官翰林待詔. 夏芷字廷芳, 錢塘人. 陳
憲章號如隱, 會稽人. 石銳字以明, 錢塘人. 張翬 太倉人. 史廷直號
癡翁, 江東人. 性不受羈, 赤脚騎牛, 着道衣, 腰繫黃縧. 劉俊字廷偉,
哀璘字廷器, 張祿 應爲路[7] 號平山, 古汴人. 張合字懋觀號賁所, 永昌
人. 擧進士, 以吏部員外郞出歷藩參. 謝時臣字道復, 號樗山, 應爲仙[8]
蘇州人. 沈仕號靑門, 杭州人, 性好遊覽, 詩寫精絶, 高出畵筆之上.
鄔亭山 蘇州人. 郭錫字天賜, 樂安人. 楊戊生 陶仰山 劉後莊 呂思石
紀之曾孫 李本仁 范行甫 陳莫之皆浙人.

1) 제행(制行)은 도덕과 행동하는 준칙을 규정한 것이다.
2) 흠취(欽取)의 흠(欽)은 옛날, 황제에 대한 존경을 나타내어 황제와 관련된 것에
   붙이는 말로, 임금이 선발했다는 것이다.
3) 사치(思致)는 새롭고 독특한 구상(構想)이나 의취(意趣)를 이른다.
4) 괘루(詿累)는 괘오(詿誤)로 남의 일에 연루되어 처벌받는 것이다.
5) 해흡(該洽)은 해박하고 널리 통하여 갖춘 것을 이른다.
6) "송인청문聳人聽聞"은 듣는 사람의 주의를 끌게 하는 것이다.

7) "장록張祿"에서 '祿'자가 당연히 '路'자로 되어야 한다.

8) "저산樗山"에서 '山'자가 '仙'자 이어야 한다.

書畢又扣曰: "今誰爲第一?" 曰: "唯元靜." "裝褙誰爲弟一?" 曰: "唯有王辰字子龍者, 他非所知也." 湖山子乃大駭曰: "日用緊要書, 他人尙不能記, 乃於一藝亦能悉擧其實, 若是醫家言人之魂魄[1]俱好者, 方能善解而久記, 中麓公魂魄其超千萬人而獨優者歟?" 同邑湖山 胡來貢跋.

1) 혼백(魂魄)은 사람의 정신을 다스린다는 넋(魂)과, 육체를 다스린다는 얼(魄)을 아울러 이르는 말이다.

吳郡丹青誌¹⁾

明 王穉登 撰

吳中繪事, 自曹 顧 僧繇以來, 鬱乎雲興, 蕭疏秀妙, 將無²⁾海嶠精靈³⁾
之氣, 偏於東土耶? 抑亦流風餘韻, 前沾後漬耶? 癸亥秋日, 臥痾齋
居, 雨深巷寂, 掩扉散髮, 展焙所藏名畫, 纍纍滿壁. 丹鉛粉墨, 蒼潤
淋漓⁴⁾. 竹塢寸煙, 花林尺靁. 圖石疑雲, 寫川欲浪. 人鬼奪幽明⁵⁾之奧,
禽蟲儼飛蠕之色. 於是感名邦之多彦, 瞻妙匠之苦心. 斷自吳郡, 肇
乎昭代⁶⁾. 援毫小纂, 傳信將來. 若夫四海⁷⁾遼乎, 千齡邈矣. 編充簡積,
我則不暇.

1) 『오군단청지吳郡丹靑誌』는 약 1600년 전후 명나라 왕치등(王穉登)이, 오군(吳郡)
   지역의 그림에 관한 일을 7종류로 나누어 기록한 것이다. *오군(吳郡)은 강소성
   (江蘇省)의 호해도(滬海道)·소상도(蘇常道)·금릉도(金陵道) 서부 일대에 있었
   던 후한(後漢) 때의 군이다.
2) 장무(將無)는 '막비莫非'와 같은 의미로 '…아닌 것은 없다'는 뜻이다.
3) 정령(精靈)은 만물을 생성하는 원천이 되는 기운, 정신, 영혼을 이른다.
4) "창윤임리蒼潤淋漓"는 그림이 힘차서 울창하고 윤택하여, 몹시 아름다운 모양을
   형용한 것이다.
5) 유명(幽明)은 유형과 무형의 사물, 주야(晝夜), 음양(陰陽), 생(生)과 사(死), 저승
   과 이승, 사람과 귀신, 암컷과 수컷 등을 가리킨다.
6) 소대(昭代)는 잘 다스려진 세상, 또는 당대(當代)를 칭송하는 말이다.
7) 사해(四海)는 천하, 전국 각처, 사방 이웃에 사는 각 종족들의 지역을 이른다.

神品志一人 附見三人¹⁾

沈周先生 二沈處士貞吉 恆吉, 杜徵君 瓊²⁾.
贊曰: 休矣煌煌³⁾乎, 沈先生之作, 集厥大成, 其諸 疑有誤字⁴⁾ 金聲而玉

振⁵⁾之者歟? 二父庭聞⁶⁾, 杜公私淑⁷⁾, 其有以陶育⁸⁾之也, 夫然靑出於藍
矣. 允矣觀於海⁹⁾者難爲水也, 處士淵孝, 固一勺之多也.

1) 「신품지 일인神品志一人」은 『吳郡丹靑誌』에서 신품에 속하는 1인을 기록한 것이
다. 3인을 첨부하였다.
2) 두 분의 심처사는 '심정길沈貞吉'과 '심항길沈恒吉'이고, 징경(徵君)은 '두경杜瓊'
을 이른다. *'심정沈貞'은 명나라 장주(長洲) 사람으로 자가 정길(貞吉)이고 호는
남재(南齋)・도연도인(陶然道人)이며, 심주(沈周)의 큰아버지이고, 심징(沈澄)의
아들이다. 동원(董源)의 화법을 본받아 산수화를 잘 그렸으며, 인물과 가축 따위
도 잘 그렸으나, 그림 한 폭을 그리는데 몇 달이 걸렸고, 남에게 팔지도 않아 전
하는 작품이 드물다. *'심항沈恒'은 명나라 장주 사람으로 자는 항길(恒吉)이고
호는 동재(同齋)이며, 심정(沈貞)의 아우로, 심주(沈周)의 아버지이다. 두경(杜
瓊)의 화법을 배워 산수화를 잘 그렸는데, 필치가 산뜻하여 송・원의 대가들보다
못하지 않다는 평을 들었다. *'두경杜瓊(1396~1474)'은 명나라 오현(吳縣) 사람
으로 자는 용가(用嘉), 호는 녹관도인(鹿冠道人)이다. 세칭 동원(東原)선생이라
불리었고, 사시(私諡)는 연효(淵孝)이며, 읽지 않은 책이 없었고, 글씨와 그림에
모두 뛰어났으며, 산수화는 동원의 화법을 본받아 산봉우리를 빼어나게 그렸고,
인물화도 잘 그렸다.
3) 휴(休)는 아름답다. 훌륭하다는 의미이다. 황황(煌煌)은 광채가 눈부신 모양이다.
4) "기제금성이옥진其諸金聲而玉振"에서 '諸'자가 잘못된 것 같다.
5) "금성옥진金聲玉振"은 『맹자孟子』「만장하萬章下」에 "공자를 집대성이라 이르는
것이니, 집대성이란 금으로 소리를 퍼뜨리고, 옥으로 거두는 것이다. 금으로 소
리를 퍼뜨린다는 것은 조리의 시작함이요, 옥으로 거둔다는 것은 조리를 끝냄이
니, 조리를 시작하는 것은 지(智)의 일이요, 조리를 끝내는 것은 성(聖)의 일이다.
孔子之謂集大成, 集大成也者, 金聲而玉振之也. 金聲也者, 始條理也, 玉振之也者,
終條理也, 始條理者, 智之事也, 終條理者, 聖之事也."라고 하는 것을 인용한 것으
로, 금성(金聲)은 종(鐘)소리, 옥진(玉振)은 경(磬)소리, 팔음(八音)을 합주할 때,
맨 처음 종을 쳐서 그 소리를 헤치고, 맨 끝으로 경을 쳐서 그 음을 거두어 들여
음악을 끝낸다는 것이다. 시작과 끝마침을 온전히 하여, '지'와 '덕'을 겸비하고
있음을 비유하여 공자의 집대성을 찬미하는 말이다.
6) 정문(庭聞)은 '과정지훈過庭之訓'을 말하며, 공자가 아들 공리(孔鯉)에게 『시경詩
經』과 『서경書經』을 배우라고 가르친 고사(故事)에서 온 말로, 아버지(집안)의
가르침을 이른다.
7) 사숙(私淑)은 직접 가르침을 받지는 않았으나, 스스로 그 사람의 덕을 사모하고
본받아서 도나 학문을 닦는 것이다.
8) 도육(陶育)은 양육하는 것이다
9) 관해(觀海)는 바다를 바라본다는 뜻이다. 보는 바가 크다는 것을 비유하며, 『맹

자孟子』「진심상盡心上」에 "공자께서 노나라 동산에 올라가시어 노나라를 작게 여기셨고, 태산에 올라가시어 천하를 작게 여기셨다. 따라서 바다를 구경한 자는 큰 물 되기가 어렵고, 성인의 문하에서 유학한 자에게는 훌륭하게 말하기가 어렵다. 孔子登東山而小魯, 登太山而小天下, 故觀於海者, 難爲水, 遊於聖人之文者, 難爲言."는 말이 있다. 주에 이르길, 물 되기가 어렵고 말 되기가 어렵다는 것은 '인자(仁者) 앞에서는 많은 무리가 될 수 없다.'는 뜻이다.

妙品誌四人 附見四人[1]

<u>宋 南宮先生克</u>[2] <u>唐解元</u>[3] <u>文待詔先生</u>[4] 文嘉[5] 伯仁[6] 張靈[7] 朱生 周官[8]

贊曰: <u>南宮</u>翩翩俠骨[9], 水墨遊戲. <u>唐</u>畫含英咀華[10], 雕繪滿眼. <u>張</u>雖瓊玖早折[11], 然一鱗一角[12], 要足爲珍. <u>文</u>之蹟, 直能遍四海, 流遠夷, 非夫所謂以人重者哉! 郎君猶子[13]綽矣, 門風美哉! 珠蘭玉樹[14], 秀於階庭[15]已乎!

1) 「묘품지 사인妙品誌四人」은 『吳郡丹靑誌』에서 묘품에 속하는 4인을 기록한 것이다. 4인을 첨부하였다.
2) 송극(宋克; 1327~1387)은 명나라 장주(長洲) 사람으로 자는 중온(仲溫)이고 호는 남궁생(南宮生)이다. 시·글씨·그림에 능했으며, 그림은 명초(明初)에 고계(高啓) 등과 함께 십우(十友)란 말을 들었으며, 시는 십재자(十才子)의 한 사람으로 일컬어지기도 했다.
3) 해원(解元)은 과거(科擧) 향시(鄕試)에서 일등 한 것을 말하며, 송·원 이후에는 독서한 사람의 존칭으로 쓰인다. 당해원(唐解元)은 당인(唐寅; 1470~1523)을 이르며, 명나라 오현(吳縣) 사람으로 자는 백호(伯虎)·자외(子畏)이고, 호는 육여거사(六如居士)이며, 어릴 때부터 박학다식하여 특히 고문사(古文辭)와 시에 뛰어났고 기재(奇才)가 있었다.
4) 문대조(文待詔)는 문징명(文徵明; 1470~1559)을 이르며, 명나라 장주(長洲) 사람이다. 처음 이름이 벽(璧)이고 자가 징명(徵明)이었으나, 뒤에 징명을 이름으로 쓰고 자를 징중(徵中)이라고 고쳤다. 선조가 대대로 호남(湖南)의 형산(衡山) 아래에 살았으므로 형산이라고 불렀다. 사시(私諡)는 54세 때 한림원(翰林院)의 대조(待詔)를 지냈기 때문에, 문대조(文待詔)라고도 부른다.

5) 문가(文嘉; 1501~1583)는 명나라 장주(長洲) 사람이다. 자는 휴승(休承)이고 호는 문수(文水)로 문징명(文徵明)의 둘째아들이며, 문팽(文彭)의 아우이다. 벼슬은 화주학정(和州學正)을 지냈으며, 형과 함께 가학(家學)을 잘 이어받아 '옥수경지 玉樹瓊枝'라는 말을 들었다.

6) 문백인(文伯仁; 1502~1575)은 명나라 장주(長洲) 사람으로 자는 덕승(德承)이고, 호는 오봉(五峯)·보생(葆生)·섭산노농(攝山老農)이며, 문징명(文徵明)의 조카이다. 산수·인물화를 잘 그렸는데, 왕몽(王蒙)의 화법을 본받았으면서도 가법(家法)을 잃지 않았다.

7) 장영(張靈)은 명나라 오군(吳郡) 사람이다. 자는 몽진(夢晉)이고, 당인(唐寅)과 서로 이웃해 살면서 친하게 지냈으며, 인물·산수·죽석(竹石)·화조(花鳥) 등을 두루 잘 그렸다.

8) 주생(朱生)과 주관(周官)은 장영(張靈)과 동시대 사람이며, *주생(朱生)은 주관(周官)과 함께 그림과 글씨를 연구하였고, 그의 그림의 정묘함이 당인(唐寅) 못지 않았으며 작품이 아주 희소하게 전하며 심지어 이름이나 자도 전하지 않는다. *주관(周官)은 오현(吳縣) 사람으로 자는 무부(懋夫)이고, 특히 백묘인물화(白描人物畵)에 뛰어나 속운(俗韻)이 없었는데, 필치가 약하여 장영에게는 약간 못 미쳤다. 그의 부인 종약옥(鐘若玉)도 여류 서화가로서 유명했다.

9) "편편협골翩翩俠骨"은 풍모나 문채가 우아하고 민첩하며, 의협심이 강한 정의로운 기개를 이른다.

10) "함영저화含英咀華"는 『고문진보古文眞寶』한유(韓愈)의 「진학해進學解」에 나오는 문장이며, 문장이 아름답거나 문장의 정화(精華)를 잘 음미하는 것을 비유하는 말이다.

11) "경구조절瓊玖早折"은 현재(賢才)가 일찍 죽은 것을 이르는 말이다.

12) "일린일각一鱗一角"은 비늘하나 한 모퉁이로, 보잘 것 없거나 아주 작은 것을 이른다.

13) 낭군(郎君)은 남의 아들의 경칭이다. *유자(猶子)는 형제의 아들인 조카를 이른다.

14) "주란옥수珠蘭玉樹"는 타인의 훌륭한 자제(子弟)를 일컬으며, '옥수경지玉樹瓊枝'와 같은 뜻이다.

15) 계정(階庭)은 섬돌 앞에 있는 정원이다.

能品誌四人[1]

兩夏君[2] 中書太卿 周臣[3] 仇英[4]

贊曰; 鮫人泣珠[5], 龍驥汗血[6], 文豹[7]變而成錢, 山鷄[8]吐而爲綬, 夫人無技能, 是蠶不績而蟹不匡也. 兩夏瞻依日月[9], 聲華鵲起[10], 美而未善[11], 所乏天機[12]. 周之創境, 仇之臨移, 雖曰偏長, 要之雙美耳.

1) 「능품지 사인能品誌四人」은 『吳郡丹靑誌』에서 능품에 속하는 4인을 기록한 것이다.
2) "양하兩夏"는 하창(夏昶)과 하병(夏昺)을 이른다. *하창(夏昶; 1388~1470)은 명나라 곤산(崑山) 사람으로 자는 중소(仲昭)이고 호는 자재거사(自在居士)·옥봉(玉峯)이며, 중서사인(中書舍人)을 지낸 하병(夏昺)의 아우이다. 주창(朱昶)이란 이름으로 영락(永樂) 13년(1415) 진사한 뒤 하씨(夏氏)로 복성(復姓)하고 이름인 '창昶'자를 '애眛'자로 고쳤다. 정통(正統; 1436~1449) 때 벼슬이 태상경(太常卿)에 이르렀다. 그림은 진계유(陳繼儒)와 왕불(王紱)에게 배워 특히 묵죽(墨竹)을 잘 그렸으며, 당시의 제1인자로 일컬어졌다. 당시 그의 명성은 전국에 널리 알려져, "하창의 대나무 하나는 서량(西涼; 지금의 甘肅省 武威縣)의 금 열 덩어리"라는 노래까지 생겨났다고 한다. 해서(楷書)에도 뛰어났다.
3) 주신(周臣; 1460~1535)은 명나라 오현(吳縣) 사람이다. 자는 순경(舜卿)이고 호는 동촌(東村)이며, 당인(唐寅)의 스승으로 산수·인물화를 잘 그렸다. 산수화는 진섬(陳暹)에게 배웠으나, 송대의 산수화가들의 기법을 널리 익혀 붓놀림이 원숙하고 의취가 뛰어났다.
4) 구영(仇英; 1509~1559)은 명나라 태창(太倉) 사람으로 오현(吳縣)에 살았으며, 자는 실부(實夫)이고 호는 십주(十洲)이다. 처음에 그림은 주신(周臣)에게 사사하여 산수·인물·사녀(士女)를 잘 그렸으나 화격과 필력이 미치지 못하였다. 뒤에 전심하여 옛 명화를 임모한 끝에 그리면 진품과 혼돈될 정도에 이르렀다고 한다.
5) "교인읍주鮫人泣珠"은 전설에서 인어가 흘린 눈물방울이 변해서 진주가 되었다는 것을 말한다. *교인(鮫人)은 인어(人魚)이며, 『동명기洞冥記』에 "폐륵국(吠勒國) 사람이 코끼리를 타고 바다에 들어가 보물을 찾아 인어의 집에서 묵고 구슬눈물을 얻었으니, 인어가 흘린 눈물방울이다. 또 '읍주泣珠'라고 한다."라고 나온다.
6) "용기한혈龍驥汗血"는 피 같은 땀을 흘리는 준마를 이른다. *용기(龍驥)는 준마(駿馬)를 가리키며, 말이 키가 여덟 자면 '용龍'이라고 한다.
7) 문표(文豹)는 얼룩무늬가 있는 표범이다.
8) 산계(山鷄)는 산새로 꿩의 종류이다. 『금경禽經』에는 머리에 채색털이 있는 것을 '산계'라 한다고 나온다.
9) 첨의(瞻依)는 우뚝 솟은 것을 형용하며, 일월(日月)은 천지(天地)와 같다.
10) "성화작기聲華鵲起"는 명성이 흥기하는 것을 비유하는 것이다. 『태평어람太平御覽』권921에 『장자莊子』에서 인용한 "까치가 높은 성의 끝까지 날아 올라가서 높은 나무 꼭대기에 둥지를 튼다. 성이 무너지면 둥지가 꺾어지고 언덕에서 바람이 인다. 군자가 세상에 처하는 데 때를 얻으면 의를 행하고 때를 잃으면 기회를 보

아서 일어난다. 鵲上高城之絶, 而巢於高樹之顚. 城壞巢折, 陵風而起. 故君子之居
世也, 得時則義行, 失時則鵲起也."라는 말이 있는데, 본래 시대의 흐름에 맞추어
용감하게 떨쳐 일어선다는 뜻이다.

11) "미이미선美而未善"은 『논어論語』「팔일八佾」편의 "공자께서 이르시길, 소(韶; 舜
   의 음악)는 지극히 아름답고 지극히 선하다. 무(武; 武王의 음악)는 지극히 아름
   다우나 지극히 선하지는 못하다. 子謂韶, 盡美矣, 又盡善也. 謂武, 盡美矣, 未盡
   善也."라는 문장을 인용한 것이다.

12) 천기(天機)는 영성(靈性; 타고난 지혜)과 같으며, 영기(靈機; 기발한 생각, 기지)
   를 이른다.

逸品誌三人[1]

劉僉憲 珏[2] 兩陳君 道復 子正[3]

贊曰: 僉憲風疏雲逸, 淸矣遠矣. 太學明泉秀壑, 翦伐町畦[4], 所謂牝
牡驪黃[5]之外者也. 子正箕裘[6]不隕, 惜未靑玉.

1) 「일품지 삼인逸品誌三人」은 『吳郡丹靑誌』에서 일품에 속하는 3인을 기록한 것이다.
2) 유각(劉珏; 1410~1472)은 명나라 장주(長洲) 사람으로 자는 정미(廷美)이고 호는
   완암(完庵)이며, 시에 능하고 글씨를 잘 썼으며 산수화를 잘 그렸다. 정통(正統3
   年; 1438)에 향천(鄕薦)을 받아 첨헌(僉憲) 등을 역임하였으며 많은 업적을 남겨
   명성이 자못 높았다. 뒤에 벼슬을 그만두고 동정산(洞庭山) 밑에 집을 짓고 여생
   을 보냈다. 시는 7언율시(七言律詩)에 뛰어나 유팔구(劉八句)란 별명을 들었고,
   글씨는 조맹부(趙孟頫)의 송설체(松雪體)를 잘 썼다.
3) 진순(陳淳; 1483~1544)은 명나라 장주(長洲) 사람으로 자는 도복(道復)이고 호
   는 백양산인(白陽山人)인데, 뒤에 도복을 이름으로 쓰고 자를 복보(復甫)라 했다.
   문징명과 같은 고향으로 아버지가 문징명의 친구였기 때문에, 어려서부터 문징명
   의 문하에서 수학하여 경학(經學)·고문(古文)·시사(詩詞)·글씨·그림 등에 두
   루 능통했다.
4) 정휴(町畦)는 논·밭의 경계로 혜경(蹊徑)·도경(途徑)과 같으며, 한계와 경계·
   규구(規矩)를 비유하고, 전하여 위엄 있는 몸가짐을 이른다. 송나라 나대경(羅大
   經)의 『학림옥로鶴林玉露』권1에 "至於詩, 則山谷倡之, 自爲一家, 竝不踏古人町
   畦."라는 문장이 있다.
5) "빈모려황牝牡驪黃"은 고대에 말을 잘 보는 백락(伯樂)이 너무 늙어서 구방고(九

方皐)를 추천하여, 진 목공(秦穆公)이 준마(駿馬)를 구하게 한 고사로, 암컷인가 수컷인가, 검은 말인가 누런 말인가 하는 것과 같은 외관은 사물을 인식하는 데 는 그렇게 중요한 것이 아니라는 것을 비유하는 말이다.

6) "기구지업箕裘之業"은 선대로부터 내려오는 가업으로, 『예기禮記』「학기學記」에 "대장장이의 아들은 갖옷 만드는 일부터 배우고 궁장의 아들은 키 만드는 일부터 배운다. 良冶之子必學爲裘, ·良弓之子必學爲箕."라는 말에서 인용된 것이다.

遺耆誌三人 [1]

黃子久 趙善長 [2] 陳惟允 [3]

讚曰: 二三君子, 造時不淑, 趙 陳兩生, 或直言賈禍, 或僞朝被俘, 鸞絲鳥翠, 反爲身殃者耶? 黃之年躋大耋 [4], 樂覩太平, 何其幸歟?

1) 「유기지 삼인遺耆誌三人」은 『吳郡丹靑誌』에서 빠뜨린 원로 대가들 3인을 기록한 것이다.
2) 조원(趙原)은 명나라 오현(吳縣) 사람으로, 자는 선장(善長)이고, 호는 단림(丹林)이다. 산수화를 잘 그렸다. 처음에는 동원(董源)과 거연(巨然), 뒤에는 왕유(王維)와 고언경(高彦敬) 등의 화법을 배웠으며, 웅려(雄麗)함은 왕몽(王蒙)과 어깨를 나란히 할 만하다는 평을 들었다.
3) 진여언(陳汝言)은 명나라 임강(臨江) 사람으로, 자는 유윤(惟允)이고, 호는 추수(秋水)이며, 진여질(陳汝秩)의 아우이다. 산수·인물화를 잘 그려 형과 함께 이름을 떨쳤으며, 형은 대염(大髥), 아우는 소염(小髥)이라고 불리었다. 원말(元末)의 반란 지도자의 한 사람인 장사성(張士誠)의 군사에 가담했었고, 1368년 주원장(朱元璋)에 의해 명나라가 건국되자 천거로 제남경력(濟南經歷)에 임명되었다가 모종 사건에 연좌되어 사형을 당했다.
4) "제대질躋大耋"은 아주 늙은 나이에 오른 것으로, 80세가 넘게 산 것을 이른다.

棲旅誌三人 按僅有二人三字恐誤 [1]

徐先生 賁 [2] 張先生 羽 [3]

讚曰: 兩賢奕奕 [4], 雖楚 [5] 有材, 晉實用之, 抑亦南國河山之秀, 增其模寫耶?

1) 「서여지 삼인棲旅誌三人」은 『吳郡丹靑誌』에서 타향에서 기거하는 3인을 기록한 것이다. '三'자는 '二'자의 잘못일 것이다.
2) 서유문(徐幼文) 선생은 이름이 분(賁)이고, 촉(蜀)에서 오(吳)로 이사하였으며, 산수와 숲과 나무 그림이 밝고 깨끗하여 사랑스러웠다. 시(詩)는 명성이 고계(高啓)와 나란하여, 고계(高啓)·양기(楊基)·장우(張羽)·서분(徐賁)을 '오중4걸吳中四傑'이라 한다.
3) 장우(張羽)는 심양(潯陽)에서 오군(吳郡)으로 이사 와서 살았으며, 그림은 미우인(米友仁)을 본받았고, 옛 것을 좋아하며 학식이 깊고 품행이 단정하였다.
4) 혁혁(奕奕)은 빛 따위가 맑고 뚜렷하다. 업적이나 공로가 크고 뚜렷한 모양을 이른다.
5) 초(楚)는 초나라를 이른다. 옛날의 초(楚)나라는 지금의 양호(兩湖)·양강(兩江)·안휘(安徽)와 사천(四川)·협서(陝西)·광서(廣西)의 일부지역이 포괄되었으므로 오군(吳郡)도 초(楚)에 속한다.

閨秀誌一人¹⁾

仇氏 英之女

讚曰: 粉黛鍾靈²⁾, 翶翔³⁾畵苑, 寥乎罕矣. 仇媛慧心內朗, 窈窕⁴⁾之傑哉! 必也律之女行, 厥亦牝鷄之晨也. 『續說郛』

1) 「규수지 일인閨秀誌一人」은 『吳郡丹靑誌』에서 여류화가 1인을 기록한 것이다.
2) 분대(粉黛)는 분 바르고 눈썹 그리는 것으로 미녀를 가리킨다. *종령(鍾靈)은 영수한 기가 모이는 것을 이른다.
3) 고상(翶翔)은 새가 높이 날아다니는 것으로, 유유히 노니는 것을 이른다.
4) 요조(窈窕)는 아리땁고 얌전한 여자를 이른다.

二十四畵品[1]

清 黃 鉞 撰

昔者畵繪之事, 備於百工, <u>兩漢</u>[2]以還, 精於學士. <u>謝赫 姚最</u>, 並事書
傳, 俱稱『畵品[3]』. 於時山水猶未分宗, 止及像人肖物. 鉞塗抹餘閒,
乃仿<u>司空表聖</u>[4]之例, 著『畵品』二十有四篇. 專言林壑理趣. 管蠡之
見, 曾未得其二三, 後有作者, 爲其前驅[5]可乎?

1) 『이십사화품二十四畵品』은 약 1800년 전후 청나라 황월(黃鉞)이 그림의 품격에
대하여 24가지로 서술한 것이다. *『이십사화품』은 '화품'으로 제목을 삼았으나,
실제로는 사혁(謝赫) 이래 회화비평의 이른바 『화품』이라고 하는 저서와는 완전
히 다르다. 황월은 한 시대 화가들과 그들의 예술적 수준에 근거하여 평론하지
않고, 단지 예술의 풍격 형성과 특징 및 특점을 탐구하는 데 주력하고 있는데,
자세하면서도 개괄적으로 서술하고 있다. 이러한 서술은 어느 정도 추상적 개념
에서 출발하고는 있지만, 사언(四言)으로 된 운문의 형식으로 이루어졌고 문장이
바르고 우아하며 맑고 아름다워 외울 수 있는데, 생생한 형상을 표현하였기 때문
에 중국의 회화를 비평하고 감상하는 데 있어서, 특히 '사의화'와 이른바 '문인화'
에 일정한 작용을 하였다.
2) 양한(兩漢)은 전한(前漢)과 후한(後漢)을 말한다. *학사(學士)는 학자(學者)를 이
른다.
3) 화품(畵品)은 남제(南齊)시대의 사혁(謝赫; 450~550년 사이 활동)이 쓴 『고화품
록古畵品錄』과 남북조(南北朝)시대의 요최(姚最; 535~602)가 쓴 『속화품續畵品』
을 말한다.
4) 사공표성(司空表聖)은 당(唐)시대의 문학이론가이며, 문인이다. 우향(虞鄕) 사람
으로 이름은 도(圖)이고, 자는 표성(表聖)이며, 호는 내욕거사(耐辱居士)·지비자
(知非子)이다. 벼슬은 예부랑중(禮部郎中)을 지냈으며 시문에 능통하였다. 시의
풍격을 24종류로 분류하여 '운외지치韻外之致'와 '미외지지味外之旨'의 표준을
가지고, 생동감 있게 사언 절구로 된 『시품이십사詩品二十四』를 남겼다.
5) 전구(前驅)는 말을 타고 행렬을 선도하는 것, 또는 선도하는 사람인 선구자를 이
른다.

氣韻[1]

六法之難,	그림의 육법은 어려운데
氣韻爲最,	기운이 가장 어려우니,
意居筆先,	그림에서 뜻은 붓보다 먼저 있고
妙在畵外.	오묘함은 그림 밖에 있다.
如音棲絃,	마치 음률이 현에 깃들고,
如煙成靄.	안개가 아지랑이를 이룬 듯하다.
天風泠泠,	하늘 높이 바람이 쌀쌀하게 불어
水波濊濊[2],	물결이 일렁이듯
體物周流[3],	만물을 이루어 기운이 두루 미치니
無小無大.	작은 것이나 큰 것도 기운 아닌 것이 없다.
讀書萬卷,	만 권의 책을 읽으면
庶幾心會[4].	거의 마음으로 알게 될 것이다.

1) 『이십사화품二十四畵品』의 「氣韻」부문이다. *기운(氣韻)은 기운생동(氣韻生動)으로 영혼의 조화, 생명의 약동, 영혼의 공명 속에 일어나는 생기를 이르며, 문장이나 서화의 풍격인 정신(精神)의 울림을 가리킨다.
2) 천풍(天風)은 하늘 높이 세게 부는 바람이다. *활활(濊濊)은 물에 그물을 던지는 소리이다.
3) "체물주류體物周流"는 그려진 사물에 기운이 골고루 미친다는 뜻이다. *체물(體物)은 만물이 생성되는 것, 사물을 묘사하는 것으로 그림으로 그려진 사물을 이른다. 주류(周流)는 널리 유포함, 보급됨, 두루 돌아다니는 것이다.
4) 서기(庶幾)는 가깝게 되거나 바란다는 뜻이다. *심회(心會)는 '심령신회心領神會'이다. 마음 속으로 깨닫고 이해하거나 내심 알아차리는 것을 이른다.

神妙[1]

雲蒸龍變,	구름이 뭉게뭉게 피어올라 용의 형상으로 변하고,

春交樹花,	봄엔 나무와 꽃이 하나가 된다.
造化²⁾在我,	조화는 내 마음 속에 있으니,
心耶手耶³⁾?	마음에서 나오는가? 손에서 나오는가?
驅役衆美⁴⁾,	모든 장점을 사용하되
不名一家.	대가의 명성에 구애되지 않는다.
工似工意,	공교함이 뜻과 같더라도
爾衆無譁⁵⁾.	너희들은 요란스러움과 혼란함이 없게 하라.
偶然得之,	신묘함을 우연히 얻었는데
夫復何加?	다시 왜 더하는가?
學徒皓首,	배우는 자 백발이라도,
茫無津涯⁶⁾.	신묘함은 망막하여 끝이 없을 것이다.

1) 『이십사화품二十四畵品』의 「神妙」부문이다. *신묘(神妙)는 신기하고 영묘한 것으로 신비스러운 묘미이다.
2) 조화(造化)는 '창조화육創造化育'하는 일, 조물주, 천지, 우주를 이른다.
3) "심야수야心耶手耶"는 마음에서 나오는 것인가 손에서 나오는 것인가? 라는 말이다.
4) 구역(驅役)은 구사(驅使)로 부리는 것이며 사용한다는 뜻이 있다. *중미(衆美)는 각종 우수하고 좋은 점을 이른다.
5) "이중무화爾衆無譁"는 공교함이 뜻과 같이 되더라도 혼란이 없어야 한다는 말이다.
6) 진애(津涯)는 배를 대는 언덕으로 끝이나 한계를 이른다.

高古¹⁾

卽之²⁾不得,	높고 예스런 맛은 가까이 가도 얻지 못하고,
思之不至.	생각으로 이를 수 없다.
寓目³⁾得心,	눈 여겨 보고 내심 얻더라도,
旋取旋棄.	취하자 바로 놓친다.

繙金仙書⁴⁾,	불경을 번역하듯이,
搨石鼓字⁵⁾.	석고의 글자를 탁본한다.
白雪四山,	흰 눈이 온 누리를 덮고,
充塞無地.	가득하여 땅이 없는 것 같도다.
羲皇上人,	복희황제 때 사람이나,
或知其意.	뜻을 알 것이다.
旣無能名,	무어라 이름 지을 수 없으니,
誰洩其祕?	높고 예스러움은 누가 비밀을 말해주겠나?

1) 『이십사화품二十四畵品』의 「高古」부문이다. *고고(高古)는 고상하고 예스러움으로, 높고 질박한 예스러운 맛을 이른다.
2) 즉지(卽之)는 가까이 가는 것이다.
3) 우목(寓目)은 눈 여겨 보는 것이다.
4) 금선(金仙)은 부처인데 불신(佛身)은 금색이며, 생사의 경계를 초월하여 있기 때문에 선(仙)이라고 하며, 금선서는 불경(佛經)이다.
5) 석고자(石鼓字)는 주(周)나라 선조(宣祖) 때, 사주(史籀)가 영(詠)을 지어 대전(大篆)으로 북 모양의 돌에 새긴 문자(文字)를 말한다.

蒼潤¹⁾

妙化旣臻,	신묘한 조화가 이르니,
菁華日振²⁾.	아름다움이 날로 더한다.
氣厚乃蒼,	기가 두터우면 울창하고
神和乃潤.	정신이 융화하여 윤택하도다.
不豊而腴,	풍부하진 않아도 포동포동하고,
不刻而雋.	애쓰지 않았으나 준걸하다.
山雨灑衣,	산비가 옷에 뿌리니,

空翠³⁾黏鬟.	푸른 안개가 귀밑에 붙는다.
介乎跡象⁴⁾,	필적이 형상에 매이면,
尙非精進⁵⁾.	정진하는 것이 아니다.
如松之靑,	소나무 같이 푸르면,
匠心斯印⁶⁾.	생각에 꼭 들어맞는다.

1) 『이십사화품二十四畫品』의 「蒼潤」부문이다. *창윤(蒼潤)은 창연하고 윤택한 것으로, 그림이 강하고 촉촉하게 젖어서 윤택한 것을 형용하며, 숙달된 원숙미를 이른다.
2) "청화일진菁華日振"은 아름다운 꽃망울이 날로 커져간다는 것이다. *정화(菁華)는 정화(精華)와 같이 아름다운 꽃망울이다. 사물 중 뛰어나고 아름다운 부분, 빛 광채를 이른다.
3) 공취(空翠)는 녹색 초목, 푸르고 축축한 안개 기운, 푸른 하늘 등을 가리킨다.
4) "개호적상介乎跡象"은 그림 그리는 일이 형상에 얽매인다는 것이다. *개호(介乎)는 …에 매이다, …에 의지하다, …에 관련되는 것이다. *적상(跡象)은 그린 필적이다.
5) 정진(精進)은 사물에 정통하고 직무에 힘쓰는 것, 힘을 다하여 부지런히 힘쓰는 것이다.
6) 장심(匠心)은 장의(匠意), 궁리, 고안(考案)으로 …을 하고자 하는 생각이다. *인(印)은 꼭 들어 맞게 부합하는 것이다.

沉雄¹⁾

目極萬里,	눈으로 만 리 끝까지 보고,
心遊大荒.	마음은 황량한 벌판을 노닌다.
魄力破地,	힘이 대지를 부수니,
天爲之昂.	하늘이 더 높아진다.
括之無遺,	남김없이 포괄하니,
恢之彌張.	광대하게 더욱 펼쳐진다.

名將臨敵,	명장이 전쟁터에 임하여,
駿馬勒韁.	준마가 굴레와 고삐를 매었다네,
詩曰魏武[2],	시는 조조와 같고,
書曰眞卿[3].	글씨는 안진경과 같다.
雖不能至,	도달할 수 없으나,
夫亦可方.	그것도 방향은 볼 수 있다.

1) 『이십사화품二十四畵品』의 「沉雄」부문이다. *침웅(沉雄)은 침착하고 웅장한 것
 으로, 엄숙한 위엄을 이른다.
2) 위무(魏武)는 위(魏)시대의 무제(武帝)인 조조(曹操)를 이르며, 시에 뛰어났다.
3) 진경(眞卿)은 당(唐)나라의 서예가인 안진경(顔眞卿; 709~784)이다.

沖和[1]

暮春晚靄,	늦봄 저녁 아지랑이
頹霞日消.	붉게 물들어 날로 사라진다.
風簷虛驛,	추녀의 빈 방울에 바람이니
籟過同簫.	소리가 지나가니 퉁소와 같다.
三爵油油[2],	공손하게 삼작 하더라도
母餔其糟.	찌꺼기를 먹지 말라.
擧之可見,	들면 볼 수 있으나
求之已遙.	구하려면 너무 멀다.
得非力致,	힘으로 얻을 수 없고
失因意驕.	뜻이 자만하면 잘못된다.
如彼五味,	이런 다섯 가지 맛이
其法爲調.	화법이 조화되는 것이다.

1) 『이십사화품二十四畵品』의 「沖和」부문이다. *충화(沖和)는 온화하고 부드러운 것으로, 부드러운 조화를 이른다.
2) 삼작(三爵)은 술 석 잔으로 빈주(賓主)의 예(禮)에서, 주인이 손님에게 처음 주는 술잔과, 손님이 이를 받아 마시고 나서 그 답으로 주는 술잔과, 손님이 다시 주인이 건넨 잔을 받아 마시고 나서 건네는 술잔을 이른다. *유유(油油)는 공손함, 여유 있고 침착한 모양을 이른다.

澹遠¹⁾

白雲在空,	흰 구름이 하늘에 있고,
好風不收.	미풍은 그치지 않는다.
瑤琴罷揮,	옥으로 장식한 금이 연주가 그쳐도,
寒漪細流.	찬 여울은 졸졸 흐른다.
偶爾坐對,	우연히 마주 앉아
嘯歌²⁾悠悠.	시를 읊으며 여유롭다.
遇簡以靜,	고요함으로 간소함을 만나니,
若疾乍瘳.	병이 금방 나을 것 같다.
望之心移,	담원한 것을 보니 마음이 바뀌어,
卽之消憂.	근심이 사라진다.
於詩爲陶,	도연명의 시에서는,
於時爲秋.	담원한 때가 가을이라.

1) 『이십사화품二十四畵品』의 「澹遠」부문이다. *담원(澹遠)은 담박하고 원대한 것으로, '담박澹泊'은 욕심이 없고 조촐함, 산뜻함, 소박하고 진실함, 청빈함, 등의 여러 의미가 있다.
2) 소가(嘯歌)는 시가(詩歌)를 읊는 것이다.

樸拙[1]

大巧若拙,	매우 뛰어난 공교함은 졸함과 같아서
歸樸返眞[2].	박옥이 진옥으로 돌아온다네.
草衣卉服,	초의와 훼복은
如三代人[3].	옛날 사람들과 같다.
相遇殊野,	만나보니 꽤 거칠어도
相言彌親.	말해보니 더욱 친해진다.
寓顯於晦,	어두움에서 뜻을 드러내
寄心於身.	몸에서 생각을 표현한다.
譬彼冬嚴,	비유하면 이런 엄동설한이
乃和於春.	봄과 어울린다.
知雄守雌,	웅대함을 알고 약함을 지키면
聚精會神.	정신이 모여 깨닫는다.

1) 『이십사화품二十四畵品』의 「樸拙」부문이다. *박졸(樸拙)은 질박하고 꾸밈이 없는 것으로, 예스런 소박한 아름다움이다.
2) "귀박반진歸樸返眞"은 초나라 사람인 변화(卞和)의 박옥(璞玉)을 이른다. 변화가 산중에서 얻은 명옥(名玉)을 여왕(厲王)에게 바쳤으나 인정받지 못하고, 무왕(武王)에게 바쳤으나 역시 인정받지 못해서 양쪽 발꿈치를 잘렸고, 문왕(文王)에 이르러서야 결국 좋은 옥으로 인정받은 고사이다.
3) 삼대인(三代人)은 하(夏)・은(殷)・주(周) 세 왕조(王朝)시대 사람으로, 옛날 사람들을 말한다.

超脫[1]

胸有古人,	가슴에 고인이 있으면,
機無留停[2].	기취가 머물지 않고 샘솟는다.

意趣高妙,	뜻과 정취가 고묘하면,
縱其性靈³⁾.	감정이 자유로워진다.
峨峨天宮,	높고도 높은 천궁은,
巖巖仙扃.	험하여 신선이 다니는 문과 같다.
置身空虛,	허공에 몸을 두니,
誰爲戶庭⁴⁾,	누가 문호를 만들겠는가,
遇物自肖,	사물을 그리니 절로 닮고,
設象⁵⁾自形.	형상하니 절로 드러난다.
如意恣肆⁶⁾,	마음대로 그리니,
如境冥冥⁷⁾.	경지가 심오하도다.

1) 『이십사화품二十四畵品』의 「超脫」부문이다. *초탈(超脫)은 보통을 초월한 경지를 말한다.
2) 유정(留停)은 정지하는 것이다.
3) 성령(性靈)은 사람의 마음·정신·감정 등을 이른다.
4) 문호(門戶)는 앞마당으로 문정(門庭)·가문(家門)을 이른다.
5) 설상(設象)은 형상을 설치하는 것으로 형태를 그리는 것이다.
6) 자사(恣肆)는 마음 내키는 대로 하는 것이다.
7) 명명(冥冥)은 아득하고 그윽한 모양이다.

奇闢¹⁾

造境²⁾無難,	경치를 조성하기는 어렵지 않으나
驅毫爲艱.	마음대로 그리기는 어렵구나.
猶之理徑,	지름길로 가 듯이 하여서
繁蕪用刪.	무성한 잡초는 없앴도다.
苦思內歛,	고심하여 안으로 거두고

幽況外頒.　　　　　깊은 상황은 밖에 펼쳤다.

極其神妙,　　　　　신묘함을 다하니

天爲破慳.　　　　　하늘이 아끼지 않는다.

洞天淸閟,　　　　　동천이 맑고

蓬 壺³⁾幽閑.　　　　봉호는 깊고 한가롭다.

以手扣扉,　　　　　손으로 문을 두드리니

砉⁴⁾然啓關.　　　　빗장이 활짝 열린다.

1) 『이십사화품二十四畵品』의「奇闢」부문이다. *기벽(奇闢)은 기이하고 편벽된 것
　이다. 시문이나 그림에서 새로운 양식이나 기운으로 기묘한 독창성을 이른다.
2) 조경(造境)은 경지에 이른 것으로 경치나 경계를 처음 그리는 것이다.
3) 동천(洞天)·봉호(蓬壺)는 신선이 사는 섬인데, 봉호(蓬壺)는 봉래(蓬萊)와 같다.
4) 획(砉)은 뼈를 바를 때 나는 소리이다.

縱橫¹⁾

積法成弊,　　　　　법을 쌓으면 폐단을 이루니

舍法大好.　　　　　법을 버리면 아주 좋다.

非夷所思,　　　　　평소에 생각한 바가 아니면

勢不可了.　　　　　형세를 알 수 없게 된다.

曰一筆耕,　　　　　붓으로 밭을 간다고 하는데

況一筆掃.　　　　　하물며 붓으로 쓸어냄이랴!

天地古今,　　　　　고금의 세상에서

出之懷抱.　　　　　회포를 펴냈도다.

遊戲拾得,　　　　　장난삼아 습득하면

終不可保.	끝내 보존할 수 없게 된다.
是有眞宰²⁾,	자연의 성질을 갖춤이
而敢草草.	감히 대충대충 되겠는가?

1) 『이십사화품二十四畫品』의 「縱橫」부문이다. *종횡(縱橫)은 자유자재로 거리낌 없이 제작하는 것이다. 단숨에 신속하게 그리는 것이다.
2) 진재(眞宰)는 우주의 주재자, 본연의 성질이나 자연의 성질을 이른다.

淋漓¹⁾

風馳雨驟,	비바람이 소용돌이치니,
不可求思.	생각을 구할 수 없을 정도다.
蒼蒼茫茫,	넓고 아득한 것을,
我攝得之.	내가 섭렵하여 임리함을 터득했노라.
興盡則返,	흥취가 다하면 돌아가고,
貪則神疲.	탐하면 정신이 피곤하다.
毋使墨飽,	붓에 먹물이 너무 많거나,
而令筆饑.	너무 적게 하지 말라.
酒香勃鬱²⁾,	술 향기는 가슴을 답답하게 하나,
書味華滋.	글을 읽는 맛은 화려하게 불어난다.
此時一樂,	이때의 즐거움은,
眞不可支.	참으로 지탱할 수가 없도다.

1) 『이십사화품二十四畫品』의 「淋漓」부문이다. *임리(淋漓)는 축축하게 젖음, 길고 아름다운 모양, 성대함, 풍부함, 허탕함, 분방함을 이르는데, 먹을 튕기고 떨어뜨리는 행위이다.
2) 발울(勃鬱)은 가슴이 답답하게 막히는 모양이다.

荒寒[1]

邊幅[2]不修,	외모를 꾸미지 않아도
精采無旣[3],	발랄한 기상이 무궁무진 하도다.
粗服亂頭,	다듬지 않아도
有名士氣.	명사의 기개가 있구나.
野水縱橫,	들물 이리저리 흐르며
亂山荒蔚.	어지러운 산 거칠고 무성하다.
蒹葭蒼蒼,	갈대 아득하여 끝이 없으니
白露晞未.	흰 이슬 마르지 않는구나.
洗盡鉛華[4],	채색을 다 씻어버리니
卓爾名貴.	탁월하게 명성이 귀하도다.
佳茗留甘,	좋은 차는 맛이 남고,
諫果回味[5].	감람나무는 감칠맛이 도는 것과 같다.

1) 『이십사화품二十四畵品』의 「荒寒」부문이다. *황한(荒寒)은 거칠고 차가운 것으로 태연한 침착성을 이른다. 사공도의 『이십사시품』에서 '소야疎野'와 비슷한 의미로 진실함을 따르는 것이다.
2) 변폭(邊幅)은 겉모습이다. 정채(精采)는 광휘(光輝), 발랄한 기상, 풍채, 자태를 이른다.
3) 무기(無旣)는 끝이 없이 무궁무진한 것이다.
4) "세진연화洗盡鉛華"는 채색을 다 씻어 버리는 것으로 채색을 하지 않는다는 것이다.
5) 간과(諫果)는 감람(橄欖)나무(올리브)의 다른 이름이다. *회미(回味)는 식사 후의 뒷맛을 음미하는 것이다.

淸曠[1]

皓月高臺,	밝은 달 높은 집에 걸려,

淸光大來.	맑은 빛이 대단하구나.
眠琴在膝,	금 앉고 잠드니,
飛香滿懷.	향기가 회포에 가득하네.
沖霄之鶴,	하늘을 나는 학과 같고,
映水之梅.	물에 비친 매화 같도다.
意所未設,	뜻이 정해지지 않았는데,
筆爲之開.	붓으로 시작하는구나.
可以藥俗,	속됨을 치료할 수 있고,
可以增才.	재능을 보탤 수 있으리.
局促瑟縮²⁾,	좁게 움츠리면,
胡爲也哉.	어떻게 하는가?

1) 『이십사화품二十四畵品』의 「淸曠」부문이다. *청광(淸曠)은 맑고 넓은 것이다.
   사공도의 『24시품』에서 '광달曠達'과 비슷한 의미인데, 광은 '공空'이고, 달은 '통
   通'이다.
2) 국촉(局促)은 좁거나 협소한 것이고, 슬축(瑟縮)은 움츠려 드는 것이다.

性靈¹⁾

耳目旣飫,	듣고 본 것이 풍요하여
心手有喜.	마음과 손이 즐겁다.
天倪²⁾所動,	자연을 감동시키는 것은
妙在能已.	오묘함을 잘 그리는 데에 있다.
自本自根,	근본에서부터 하더라도
亦經亦史.	경서와 사서도 읽어야 하느니라.
淺閱若成,	얼핏 보면 이룬 듯하나

深探匪止.	깊은 탐구를 그치지 않아야 한다.
聽其自然,	자연에 맡겨두면
法爲之死.	법은 없어진다.
譬之詩歌,	시가에 비유하면
〈滄浪〉孺子[3].	창랑을 읊은 유자와 같다.

1) 『이십사화품二十四畫品』의 「性靈」부문이다. *성령(性靈)은 정신이 자유스러운 것으로, 정신적인 창의력을 이른다. 성령은 작가의 재주와 총명함과 지혜 및 각 방면의 수양을 나타내는 것이다. 사공도의 『24시품』에서 '정신精神'과 같은 의미인데, 이것은 만물을 묘하게 운용하는 것이다.
2) 천예(天倪)는 하늘가로 자연의 경계를 이르고, 후에 자연의 도를 뜻하는 말로 많이 사용된다.
3) 창랑(滄浪)은 물 이름인데, 주(周)와 위(魏)의 시가를 말한다. 『맹자孟子』「이루상離婁上」편에, 유자(孺子)가 노래하길 "창랑의 물이 맑거든 나의 갓 끈을 빨 것이요, 창랑의 물이 탁하거든 나의 발을 씻겠다. 滄浪之水淸兮, 可以濯我纓, 滄浪之水濁兮, 可以濯我足."는 구절이 나온다.

圓渾[1]

槃以喩地,	쟁반은 땅이고,
笠以寫天.	삿갓은 하늘을 그린 것이다.
萬象遠視,	만물은 멀리 보면,
遇方成圓.	네모가 둥글게 된다.
畫亦造化,	그림도 만들어 내는 것이니,
理無二焉.	이치는 하나이다.
圓斯氣裕,	원만하면 기가 넉넉하고,
渾則神全.	혼연하면 정신이 완전하게 된다.
和光熙融,	빛이 밝게 융화하니,

物華娟妍.	사물의 화려함이 아름답게 된다.
欲造蒼潤,	윤택하게 하려면,
斯途其先.	원혼한 방법들이 우선해야 한다.

1) 『이십사화품二十四畵品』의 「圓渾」부문이다. *원혼(圓渾)은 원만하고 넉넉한 것
이다.

幽邃[1]

山不在高,	산이 높지 않아도
唯深則幽.	깊숙하면 그윽하게 되고
林不在茂,	숲은 무성하지 않아도
惟健則修.	건실하면 길게 된다.
毋理不足,	이치가 풍부해야
而境是求.	경지를 구할 것이다.
毋貌有餘,	모습에 여유가 없으면,
而筆不遒.	필치가 힘차지 않다.
息之深深,	번식이 얕지 않고
體之休休[2],	아름답게 체득하면
脫有未得,	얻지 못하더라도
擴之以遊.	넓혀서 유희할 수 있다.

1) 『이십사화품二十四畵品』의 「幽邃」부문이다. *유수(幽邃)는 그윽하고 심오함으로
심오한 복잡성이다.
2) 휴휴(休休)는 편안하고 한가하거나, 착하고 아름다운 모양이다.

明浮[1]

虛亭枕流,	흐르는 물가 빈 정자에 쉬니
荷花當秋.	연꽃핀 가을이구나.
紫花的的,	자색 연꽃은 선명하고,
碧潭悠悠.	푸른 연못은 잔잔하다.
美人明裝,	미인이 밝게 꾸미고
載橈蘭舟[2].	작은 배를 탔네.
目送心艷[3],	눈은 부러운 마음을 보내고,
神留於幽.	정신은 그윽한 데 머물렀도다.
淨與花競,	깨끗함은 꽃과 다투고,
明爭水浮.	맑음은 물과 다투며 떠있네.
施朱敷粉[4],	지나치게 채색하면,
徒招衆羞.	수치만을 부르게 된다네.

1) 『이십사화품二十四畵品』의 「明淨」부문이다. *명정(明淨)은 밝고 맑은 것이다.
2) 난주(蘭舟)는 목란주(木蘭舟)이다. 목란으로 만든 배인데, 작은 배의 미칭이다.
3) 목송(目送)은 눈빛을 서로 보내는 것이다. *심염(心艷)은 선모(羨慕; 부러워하는 것)이다.
4) "시주부분施朱敷粉"은 채색을 지나치게 하는 것이다.

健拔[1]

劍拔弩張[2],	지나친 호방함은
書家所誚.	서예가들의 비난거리이다.
縱筆快意,	호방한 붓놀림은 상쾌하더라도
畵亦不妙.	그림은 오묘하지 않다네.

體足用充,	체와 용이 모두 충족되어야
神警骨峭.	정신과 골격을 일깨워 높이리라.
軒然³⁾而來,	껄껄거리며 와서
憑虛長嘯.	허공에 길게 읊조리도다.
大往固難,	크게 실행함은 실로 어려우나
細入尤要.	자세함은 더욱 중요하다.
頰上三毫,	뺨 위의 세 가닥 터럭
<u>裴楷</u>乃笑⁴⁾.	배해가 웃으리라.

1) 『이십사화품二十四畵品』의 「健拔」부문이다. *건발(健拔)은 굳세고 빼어남, 건장하고 뛰어남이다.
2) "검발노장劍拔弩張"은 칼집에서 칼을 뽑고 쇠뇌를 당기는 것이다. 서화의 필법이 굳기하고 웅건한 것을 비유하며, 시사(詩詞) 중에 표현된 호방하고 건장한 감정과 뜻을 지나치게 나타내는 것을 말한다.
3) 헌연(軒然)은 쾌활하게 껄껄 웃는 모습이고, 빙허(憑虛)는 형질(形質)이 없는 것으로 허공을 타는 것인데, 기상(氣象)이 큰 것을 형용하는 말이다.
4) 배해(裴楷)는 진(晉)나라 문희(聞喜)사람이다. 배휘(裴徽)의 아들로 자가 숙칙(叔則)이고, 시호(諡號)는 원(元)이다. 약관(弱冠)에 명성이 알려졌으며, 노자(老子)와 역경(易經)에 정통했다. 용모가 준수하여 사람들이 옥인(玉人)이라 하였다. 그렇게 깨끗한 배해가 지저분한 모습을 보면, 웃을 것이라는 뜻이다.

簡潔¹⁾

厚不因多,	후함은 많아서가 아니고,
薄不因少.	박함은 적어서가 아니다.
旨哉斯言,	아름답도다! 이 말씀이여,
朗若天曉.	날이 밝는 것 같도다.
務簡先繁,	간단하게 하려면 복잡함에 먼저 힘쓰고,

欲潔去小.	순수하려면 작은 것을 버려라.
人方辭費[2],	남들은 방법을 말하나,
我一筆了.	나는 모두 붓으로 깨닫는다.
喩妙於微,	묘함을 은미한데 비유하면,
遊物之表.	사물의 밖에서 노닐도다.
夫誰則之,	누가 본받을 수 있는가,
不鳴之鳥.	울지 않는 새나 할 수 있다.

1) 『이십사화품二十四畵品』의 「簡潔」부문이다. *간결(簡潔)은 간략하고 깨끗함이다.
2) 사비(辭費)는 말만하고 실행하지 않으며, 쓸 데 없는 말을 늘어놓는 것이다.

精勤[1]

<u>石建</u>奏事,	한나라 석건이 아뢸 때,
書馬誤四[2].	마자를 사자로 잘못 썼다.
謹則有餘,	삼가하면 여유 있고,
粗則未至.	조급하면 이루지 못하게 된다.
瞭然於胸,	가슴 속이 명료하려면
殫神竭智.	정신과 지혜를 다해야 한다.
富於千篇,	천 편에 풍부하더라도,
貪於一字.	한 자를 탐해야 하느니라.
愼之思之,	신중하고 깊이 생각하며,
然後位置.	그런 뒤에 위치를 정하라.
使三寸管,	세 치의 붓으로
有千古寄.	영원히 드러낼 수 있을 것이다.

1) 『이십사화품二十四畵品』의 「精勤」부문이다. *정근(精勤)은 정세하고 근밀한 것
으로 숙달된 정확성이다.
2) "석건주사石建奏事 서마오사書馬誤四"는 『漢書』 46권에 있는 이야기로 한건원
(漢建元; 기원전 2세기) 때에 낭중령(郎中令)이었던 석건(石建)이 임금에게 상서
(上書)할 때, 실수로 마(馬)자를 사(四)자로 잘못 쓴 고사를 뜻한다.

雋爽[1]

如見眞人,	진인을 만난 듯,
雲中依稀[2].	구름 속에 어렴풋하도다.
如相駿馬,	준마의 상을 보 듯,
毛骨權奇[3].	모골이 기묘하고 범상치 않도다.
未盡諦視,	다 살펴보지 못하면,
先生[4]光輝.	구방고 선생이 빛나겠는가!
氣偕韻出,	기는 운치와 함께 나오고,
理將妙歸.	이치는 묘함과 함께 돌아간다.
名花午放,	이름난 꽃은 낮에 피고,
彩鸞朝飛.	고운 난새가 아침 하늘을 난다.
一涉想像,	한번 생각하여 그리면,
皆成滯機.	맺혔던 기미를 이루게 된다.

1) 『이십사화품二十四畵品』의 「雋爽」부문이다. *준상(雋爽)은 뛰어나고 상쾌함으
로, 씩씩하고 활발한 기상이다.
2) 진인(眞人)은 도교에 통달한 자이다. *의희(依稀)는 모호함·아련함·흐릿한 것
이다.
3) 권기(權奇)는 기묘하고 영활하여 범상치 않는 것으로, 준마(駿馬)와 선행에 대하
여 많이 형용한다.
4) 선생(先生)은 춘추시대에 말의 상을 잘 보는 구방고(九方皐)를 일컫는다.

空靈[1]

栩栩[2]欲動,	활발하게 움직이려하나
落落[3]不羣.	우뚝 솟아 무리 짓지 않는다.
空兮靈兮,	공허하고 영묘함이
元氣絪縕[4].	천지의 기운을 움직인다.
骨疎神密,	골격은 엉성하나 정신이 치밀하여
外合中分.	밖은 합쳐져 단순해도 속은 나뉘어 복잡하다.
自饒韻致,	스스로 운치가 넉넉하니
非關煙雲[5].	연운이 관계할 바가 아니다.
香消爐中,	향이 화로에서 사라졌으나
不火而薰.	불이 없어도 향기를 풍긴다.
鷄鳴桑顚,	닭이 뽕나무 위에서 우니
淸揚遠聞.	맑게 드날려 멀리까지 들린다.

1) 『이십사화품二十四畵品』의 「空靈」부문이다. *공령(空靈)은 청신(淸新)하고 생동 감이 넘치는 것으로, 공기의 요정 같은 영감이다.
2) 허허(栩栩)는 활발하고 생동감이 있는 것이다.
3) 낙락(落落)은 뜻이 큰 모양, 쓸쓸한 모양, 우뚝 솟은 모양이다.
4) 원기(元氣)는 만물이 자라는데 근본이 되는 정기이고, 인온(絪縕)은 하늘과 땅의 기운이 서로 합하는 것이다. "원기인온元氣絪縕"은 천지의 기운이 움직이는 현상 이다.
5) 연운(煙雲)은 높고 먼 곳을 형용하고, 구름 같은 연화기(煙火氣)를 비유한다.

韶秀[1]

| 間架[2]是立, | 짜임새가 세워져야 |
| 韶秀始基. | 마음을 사로잡는 매력이 비로소 터 잡는다. |

如濟墨海[3],　　　　　　　그림세계를 이루는 것과 같아

此爲之涯[4].　　　　　　　아름답고 빼어남이 도달점이다.

媚因韶誤,　　　　　　　　사랑함은 아름다움 때문에 잘못되고,

嫩爲秀歧[5].　　　　　　　연약함은 빼어나기 때문에 두 갈래로 갈라진다.

但抱姸骨,　　　　　　　　아름다움 몸매만 생각하여

休憎面孅.　　　　　　　　면모가 추한 것을 미워하지 말라.

有如艷女,　　　　　　　　예쁜 딸이 있는 것과 같고

有如佳兒.　　　　　　　　사랑스러운 아들이 있는 것과 같다.

非不可愛,　　　　　　　　사랑할 수 있다는 것은

大雅[6]其嗤.　　　　　　　대아에 비웃음거리가 된다.

　　　『翠琅玕館叢書』　　　　『취랑간관총서』에서 나온 글이다.

1) 『이십사화품二十四畫品』의 「韶秀」부문이다. *소수(韶秀)는 아름답고 빼어난 것
　　으로, 마음을 사로잡는 매력이다.
2) 간가(間架)는 글의 짜임새를 이른다.
3) 묵해(墨海)는 큰 벼루를 말하는 것이나, 그림 세계를 의미한다.
4) 애(涯)는 끝이나 한계의 뜻이며, 눈을 사로잡는 매력이 도달점이 되는 것이라는
　　말이다.
5) "미인소오媚因韶誤, 눈위수기嫩爲秀歧"는 사랑하는 것이 아름답기 때문에 잘못되
　　고, 연약한 것은 빼어나기 때문에 두 갈래로 갈라진다는 말이다.
6) 대아(大雅)는 덕이 높고 재주가 있는 사람을 일컬으며, 고상(高尙)하고 아정(雅
　　正)한 것을 말한다.

中國畵論集成

감장 표구 공구 설색편

歷代名畫記論名價品第[1]

唐　張彥遠 撰

或曰: "昔張懷瓘[2]作『書估』, 論其等級甚詳. 君曷不詮定[3]自古名畫,
爲『畫估』焉?" 長子曰: 書畫道殊, 不可渾詰. 書卽約字以言價, 畫則
無涯以定名[4], 況漢 魏 三國, 名蹤已絶於代. 今人貴耳賤目[5], 罕能詳
鑒. 若傳授不昧[6], 其物猶存, 則爲有國有家之重寶. 晉之顧, 宋之陸,
梁之張, 首尾[7]完全, 爲希代[8]之珍, 皆不可論價. 如其偶獲方寸[9], 便可
械持[10]. 比之書價, 則顧 陸可同鍾 張, 僧繇可同逸少. 書則逡巡[11]可
成, 畫非歲月可就. 所以書多於畫, 自古而然. 今分爲三古[12], 以定貴
賤. 以漢 魏 三國爲上古: 則趙岐 劉褒 蔡邕 畫苑本誤作邑[13] 張衡, 已上四
人後漢 曹髦 楊脩 桓範 徐邈, 已上四人魏 曹不興 吳 諸葛亮 蜀 之流是也.
以晉宋爲中古: 則明帝 荀勖 衛協 王廙 顧愷之 謝稚 嵇康 戴逵, 已上
八人晉 陸探微 顧寶光 袁倩 顧景秀之流是也. 已上四人宋 以齊 梁 北
齊 後魏 陳 後周爲下古: 則姚曇度 謝赫 劉瑱 毛惠遠, 已上四人齊 元
帝 袁昂 張僧繇 江僧寶 已上四人梁 楊子華 田僧亮 劉殺鬼 曹仲達, 已
上四人北齊 蔣少遊 楊乞德, 已上二人後魏 顧野王 陳 馮提伽 後周 之流是
也. 隋及國初爲近代之價: 則董伯仁 展子虔 孫尚子 鄭法士 楊契丹
陳善見, 已上六人隋 張孝師 范長壽 尉遲乙僧 王知愼 閻立德 閻立本
已上六人唐 之流是也. 上古質略, 徒有其名[14], 畫之蹤跡, 不可具見[15]. 中
古妍質相參, 世之所重. 如顧 陸之迹, 人間切要. 下古評量科簡, 稍
易辯解. 迹涉今時, 之人所悅. 其間有[16] 畫苑本無此字[17]中古可齊上古,
顧 陸是也; 下古可齊中古, 僧繇 子華是也; 近代之價, 可齊下古, 董

展 楊 鄭是也; 國朝畵可齊中古, 則尉遲乙僧 吳道玄 閣立本是也.
若詮量次等, 有數百等, 今且擧俗之所知而言. 凡人間藏蓄, 必當有
顧 陸 張 吳著名卷軸, 方可言有圖畵. 若言有書籍, 豈可無『九經[18]』
『三史[19]』? 顧 陸 張 吳爲正『經』, 楊 鄭 董 展爲『三史』, 其諸雜迹. 畵
苑作集[20] 爲百家[21]. 吳雖近, 可爲正經. 必也手揣卷軸, 口定貴賤, 不惜泉貨[22],
畵苑本誤爲代[23] 要藏篋笥[24], 則董伯仁 展子虔 鄭法士 楊子華 孫尙子
閣立本 吳道玄屛風一片, 値金二萬, 次者售一萬五千. 自隋以前多畵屛風,
未知有畵障[25], 故以屛風爲準也.[26] 其楊契丹 田僧亮 鄭法輪 乙僧 閣立德, 一
扇値金一萬. 且擧俗間諳悉[27]者, 推此而言, 可見流品[28]. 夫中品藝人
有合作[29]之時, 可齊上品藝人; 上品藝人未遒 畵苑本作遇[30] 之日, 偶落
中品; 惟下品雖有合作, 不得廁於上品. 在通博之人, 臨時鑒其姸醜.
只如張顚以善草得名, 楷·隷未必[31]爲人所寶, 余曾見小楷『樂毅[32]』,
虞 褚之流. 韋鷗以畵馮得名, 人物未必爲人所貴, 余見畵人物, 顧 陸
可儔. 夫大畵與細畵, 用筆有殊, 臻其妙者, 乃有數體. 只如王右軍書
乃自有[33]數體, 及諸行草各緣[34] 畵苑本作[35] 臨時構思[36]淺深耳. 畵之臻
妙, 亦猶於書. 此須廣見博論, 不可匆匆一槪[37]而取. 昔裴孝源都不知
畵, 妄定品第, 大不足觀. 但好之則貴於金玉, 好則賤於瓦礫[38], 要之
在人, 豈可言價? 『歷代名畵記』

1) 『역대명화기논명가품제歷代名畵記論名價品第』는 작품의 명성과 등급을 『역대명
   화기』에서 논한 것이다. *'명가名價'는 그림의 명성과 가치를 뜻한다. '품제品第'
   는 등급을 매긴다는 뜻이다. *당나라에는 그림과 글씨의 문화적 가치가 현저히
   높아지면서 그 값어치의 평가가 절실해졌고 따라서 전문적인 감정가도 출현했다.
2) 장회관(張懷瓘)은 당나라 최고의 서론가로, 현종 개원 연간에서 숙종(肅宗), 대종
   (代宗)시대에 걸쳐 활동했다. 저서로는 『서단書斷』, 『서고書估』, 『서의書議』,
   『이왕등서록二王等書錄』, 『문자론文字論』이 있는데, 모두 장언원의 『법서요록』
   에 수록되어 있다.
3) 전정(詮定)은 평가하여 기준을 정하는 것이다.

4) 애(涯)는 끝, 한계, 방면, 구역이다. *정명(定名)은 확정된 명칭이나 개념, 명성
을 규정하는 것이다.

5) "귀이천목貴耳賤目"은 귓구멍은 좁고 눈은 짧다는 것인데, 전해들은 말은 중시하
고, 직접 눈으로 본 사실은 경시하는 것을 이른다.

6) 불매(不昧)는 어둡지 않음인데, 망가지거나 없어지지 않는 것으로 분명한 것을
이른다.

7) 수미(首尾)는 사물의 머리와 꼬리로, 처음부터 끝까지 관계되는 일을 이른다.

8) 희대(希代)는 희대(稀代), 희세(稀世)로, 세상에 드문 일을 이른다.

9) 방촌(方寸)은 겨우 한 치로 매우 작거나 짧은 것, 마음, 생각, 심정 등을 이른다.

10) 함지(械持)는 봉함하여 가지고 다닌다는 뜻으로 소중하게 보관하는 것을 뜻한다.

11) 준순(逡巡)은 망설이다가 순간적으로 ……하는 것, '삽시간', '짧은 시간'을 비유
한다.

12) 삼고(三古)는 상고(上古), 중고(中古), 하고(下古)를 일컫는다.

13) "채옹蔡邕"에서 '邕'자가 『畵苑本』에는 '邑'자로 잘못되어 있다.

14) "도유기명徒有其名"은 한갓 명성만 있고, 실제는 아니다, 유명무실한 것을 이른다.

15) 구견(具見)은 충분히 알다.

16) 유(有)는 어조사로서 뜻을 고르게 하며 뜻은 없다.

17) "간유중고間有中古"에서 '有'자가 『畵苑本』에는 없다.

18) 『구경九經』은 유학에서 기본으로 여기는 아홉 가지 경서로 여러 설이 있다. 『4서
四書』와 『5경五經』 등이다.

19) 『삼사三史』는 세 가지의 역사책으로 『사기』・『한서』・『후한서』 및 『서경』・『시
경』・『춘추』 등을 이른다.

20) 잡적雜迹에서 '迹'자가 『畵苑』에는 '集'자로 되어 있다.

21) 백가(百家)는 학술 방면의 여러 유파, 전문적인 지식이나 기예를 가진 여러 사람
을 이른다.

22) 천화(泉貨)는 돈, 화폐나 화폐 이름이다.

23) "천화泉貨"에서 '貨'자가 『畵苑本』에는 '代'자로 잘못되어 있다.

24) 협사(篋笥)는 책을 담는 상자, 책갑이다.

25) 화장(畵障)은 그림 병풍이다.

26) 수(隋)이전에는 병풍 그림이 많았는데, 화장(畵障)이 있었는지 알지 못하기 때문
에 병풍(屛風)을 기준으로 삼는다.

27) 암실(諳悉)은 '숙지하다', '익히 알다'의 뜻이다.

28) 유품(流品)은 도덕 학문 따위의 정도, 품격, 인품을 이른다.

29) 합작(合作)은 법식에 맞는 시문이나 걸작을 이른다.

30) "미주지일未遒之日"에서 '遒'자가 『畵苑本』에는 '遇'자로 되어 있다.

31) 미필(未必)은 반드시… 한 것은 아니다, 꼭 그렇다고 할 수 없다.

32) 악의(樂毅)는 『樂毅論』을 가리킨다. 유명한 소해(小楷) 법첩(法帖)으로, 삼국시대
위(魏)나라 하후현(夏侯玄)이 글을 짓고 진(晉)나라 왕희지(王羲之)가 글씨를 쓴
서첩인데 모사본들만 전한다.

33) 자유(自有)는 '자연히… 이 있다', '저절로…이 있다', '본래(응당)…이 있다'는 뜻
이다.

34) 요(繇)는 "由"와 통한다.

35) "요임시繇臨時"에서 '繇'자가 『畵苑本』에는 '有'자로 되어 있다.

36) 구사(構思)는 구상하는 것이다.

37) 총총(匆匆)은 총총한 모양, 분주한 모양, 황급한 모양이다. *일개(一槪)는 '전부',
'모조리', '일률적으로'라는 뜻이다.

38) 와력(瓦礫)은 깨어진 기와와 자갈인데, 쓸모없는 물건을 비유한다.

論鑒識收藏購求閱玩[1]

夫識書人多識畵, 自古蓄聚寶玩之家[2], 固亦多矣. 已具第一卷中 則有收
藏而未能鑒識, 鑒識而不善閱玩者; 閱玩而不能裝褫[3], 裝褫而殊亡銓
次[4]者 ——此皆好事者之病也.

1) 「논감식수장구구열완論鑒識收藏購求閱玩」은 『역대명화기논명가품제』의 항목으
로 감식하고 수집하며 보존하고 구매하며 완상하는 것에 관하여 논한 것이다.

2) 축취(蓄聚)는 모아두다, 쌓아두는 것이다. "보완지가寶玩之家"는 보배로 여겨서
감상하는 집안을 이른다.

3) 장치(裝褫)는 고적이나 서화를 새로 수리함을 뜻한다. '장지裝池', '장표裝裱', '표
배裱背', '치배廌背'라고도 부른다.

4) 전차(銓次)는 명확한 작품 기준에 따라 우열의 등급을 정하는 것이다. *'전銓' 저
울질하는 것이고, '차次'는 순서나 차례를 말하는 것이다.

貞觀 開元之代, 自古盛時, 天子神聖而多才, 士人精博[1]而好藝, 購求
至寶, 歸之如雲, 故內府圖書謂之大備. 國初左僕射蕭瑀及許善心楊素褚安福家
竝進圖書, 兼隋代所有, 乃成林藪. 貞觀六年, 虞世南褚遂良等奉勅簡閱, 開元十年十二月, 太
子中允張悱充知搜訪書畵使, 天寶中, 徐浩充採訪圖畵使, 前後不可具載名代也. 或有進獻

以獲官爵, 或有搜訪[2]以獲錫賚[3]. 開元中有商胡穆聿, 別識圖書, 遂直集賢, 告訐搜求, 至德中白身受金吾長史, 改名詳. 時有潘淑善, 以獻書畵拜官. 遼東人王昌, 括州人葉豐, 長安人田穎, 洛陽人杜福劉翌, 河內人齊光, 皆別識販賣. 此輩雖憐業好事, 而迹類藩身. 又有侍御史集賢直學士史維則, 充使博訪圖書, 縣以爵賞, 所獲不少. 建中四年, 徐浩侍郎, 自云昏耄, 奏男璹, 前試國子司業兼太原縣令寶蒙, 蒙弟簡較戶部員外郎汴宋節度參謀息, 並皆別識, 救並用之. 貞元初, 有賣書畵人孫方顒, 與余家買得眞迹不少, 今有男盈在長安. 頃年又有趙晏, 皆爲別識也. **又有從來蓄聚之家, 自號圖書之府[4].** 開元中, 邠王府司馬寶贇, 潁川人也. 右補闕席異, 安定人也. 監察御使潘履愼, 滎陽人也. 金部郎中蔡希寂, 濟陽人也. 給事中寶紹, 歙州婺源縣令滕昇, 吳郡人也. 陸曜, 東都人. 福先寺僧朏, 同官尉高至, 渤海人也. 國子主簿晁溫, 太原人也. 鄠縣尉崔曼倩, 永王府長史陳閎, 潁川人也. 監察御使薛邑, 太源人郭暉, 並是別識收藏之人. 近則張郎中從申, 侍郎惟素, 從申子也. 蕭桂州祐, 李方古, 歸侍郎登, 道士盧元卿, 韓侍郎愈, 裵侍郎璘, 殷宰相鄒平公, 中書令晉公裵度, 李太尉德裕. **蓄聚旣多, 必有佳者. 姸媸渾雜, 亦在詮量. 是故非其人雖近代亦朽蠹[5], 得其地則遠古亦完全. 其有晉 宋名跡, 煥然如新[6], 已歷數百年, 紙素彩色未甚敗, 何故? 開元 天寶間, 蹤跡或已耗散[7], 良由寶之不得其地也. 夫金出於山, 珠産於泉, 取之不已, 爲天下用. 圖畵歲月旣久, 耗散將盡, 名人藝士, 不復更生, 可不惜哉! 夫人不善寶玩者, 動見勞辱[8]; 捲舒[9]失所者, 操揉便損; 不解裝褫者, 隨手[10]棄捐; 遂使眞迹漸少, 不亦痛哉! 非好事者不可妄傳書畵. 近火燭[11]不可觀書畵, 向風日, 正飱飲, 唾涕, 不洗手, 並不可觀書畵. 昔桓玄[12]愛重圖書, 每示賓客. 客有非好事者, 正飱寒具,** 按寒具卽今之環餠, 以酥油煮之, 遂汚物也[13]. **以手捉書畵大點汚. 玄怅惜移時. 自後每出法書, 輒令洗手. 人家要置一平安床褥[14], 拂拭舒展觀之. 大卷軸, 宜造一架, 觀則顯之. 凡書畵時時舒展, 卽免蠹濕.**

1) 정박(精博)은 '정심박대精深博大'로서 학식이 넓고 깊은 것이다. *원문과 번역문에서 작은 글자로 기록된 것은 유검화의 『중국고대화론유편』 본에 생략한 문장을 보충한 것이다.

2) 수방(搜訪)은 '자세히 찾다'의 뜻이다.

3) 석뢰(錫賚)는 '상사賞賜'로서 윗사람이 아랫사람에게 상을 주다, 하사하는 것이다.

4) 부(府)는 옛날 관청의 문서나 물품을 수장하는 곳이다. 여기서는 '보고寶庫'라는 뜻이다.

5) 후두(朽蠹)는 썩거나 좀먹는 것이다.

6) "환연여신煥然如新"은 새것과 똑같이 빛난다는 것이다.

7) 모산(耗散)은 흩어져 없어지거나 손실되는 것이다.

8) "동견노욕動見勞辱"의 '勞辱'은 피로하고 모욕을 당한다는 뜻인데, 여기서는 작품을 함부로 다루어 변질되는 것을 말한다.

9) 권서(捲舒)는 '舒卷'으로 폄과 맒, 펼쳐서 감상하는 것이다.

10) 수수(隨手)는 '즉석에서', '즉시'의 뜻이다.

11) 화촉(火燭)은 등불이나 촛불, 그런 불로 비추는 것이다.

12) 환현(桓玄)은 동진(東晉)의 역신(逆臣), 자는 경도(敬道). 안제(安帝) 때 도독형강8주군사(都督荊江八州軍事)·형강2주자사(荊江二州刺史)가 되었다. 드디어 안제를 폐위(廢位)시켜 스스로 제위에 올랐다가 유유(劉裕) 등에게 주살 당하였다.

13) 한구(寒具)는 과자의 일종으로 (꽈배기) 같은 것이다. 내유劍華가 살펴보니, 寒具는 바로 오늘날의 도넛인데, 식용유로써 익혀 마침내 물건을 오염시켰다.

14) 상욕(床褥)은 침상에 까는 담요이다.

余自 畫苑本誤爲日[1] 弱年[2], 鳩集[3]遺失, 鑒玩裝理, 晝夜精勤, 每獲一卷, 遇一幅, 必孜孜葺綴[4], 竟日[5]寶玩. 可致[6]者, 必貨弊衣[7], 減糗食[8], 妻子僮僕切切[9]嗤笑. 或曰: "終日爲無益之事, 竟何補哉!" 旣而歎曰: "若復不爲無益之事, 則安能悅有涯之生?" 是以愛好愈篤, 近於成癖. 每淸晨[10]閒景, 竹窗松軒[11], 以千乘[12]爲輕, 以一瓢[13]爲倦. 身外之累[14], 且無長物[15], 唯書與畫, 猶未忘情. 旣頹然[16]以忘言, 又怡然[17]以觀閱. 常恨不得[18]竊觀御府[19]之名迹, 以資書畫之廣博. 又好事家難以假 畫苑本缺此字[20] 借, 況少眞本. 書則不得筆法, 不能結字, 已墜家聲, 爲終身之痛. 畫又迹不逮意, 但以自娛. 與夫熬熬汲汲[21], 名利交戰[22]於胸中, 不亦猶賢乎? 昔陶隱居[23]啓梁武帝曰: "愚固博涉[24], 患未能精, 苦恨[25]無書, 願作主書令史[26]. 晚愛楷隷, 又羨典掌[27]之人. 人生數紀[28]之內,

識解不能周流, 天壤區區²⁹⁾, 惟恣五慾, 實可愧恥. 每以得作才鬼, 猶
勝頑仙." 此陶隱居之志也. 由是書畫皆爲淸 畫苑本作精³⁰⁾ 玅. 況余凡
鄙, 於二道能無癖好³¹⁾哉! 今彦遠又別撰集法書要錄等, 共爲二十卷, 好事者得余二
書, 則書畫之事畢矣. 『歷代名畫記』

1) "여자약년余自弱年"에서 '自'자가 『畵苑本』에는 '日'자로 잘못되어 있다.
2) 약년(弱年)은 약관의 나이로 20세 전후이다.
3) 구집(鳩集)은 모으다, 수집하는 것이다.
4) 집철(葺綴)은 수리하는 것이다.
5) 경일(竟日)은 하루 종일, 온 종일이다.
6) 치(致)는 달성하다, 실현하다, 끌어들이다, 구하다, 얻다, 마련하는 것이다.
7) 폐의(弊衣)는 입던 옷이다.
8) 여식(糲食)은 거친 밥.
9) 절절(切切)은 작은 소리의 형용. 수군거리는 것이다.
10) 청신(淸晨)은 새벽녘, 동틀 무렵, 이른 아침이다.
11) "죽창송헌竹窓松軒"은 대로 엮은 창문과 솔숲에 있는 집이다.
12) 천승(千乘)은 '제후諸侯'를 가리킨다. 주나라 제도에 따르면 옛날에 제후는 병거
　　천 대를 낼 수 있었기 때문에 후에는 제후를 '千乘'이라고 한다.
13) 일표(一瓢)는 하나의 표주박으로 곧 청빈한 생활을 형용하는 말이다. 『論語』「雍
　　也」에 "한 그릇의 밥과 한 표주박의 물, 게다가 누추한 골목에서 살게 되면 보통
　　사람은 그 괴로움을 견딜 수 없겠지만, 顔回는 그렇게 살면서도 변함없이 즐겁게
　　지냈다. 과연 안회는 현자이다. 一簞食, 一瓢飮, 在陋巷, 人不堪其憂, 回也不改其
　　樂, 賢哉回也."라고 나온다.
14) "신외지루身外之累"는 자신 이외에 연루되는 것을 이른다.
15) "차무장물且無長物" 또한 다른 것보다 뛰어난 것이 없다는 의미이다. 『세설신어』
　　「덕행편」에 "왕공은 인간으로 달리 뛰어난 것이 없다. 恭, 作人無長物."에 근거한다.
16) 퇴연(頹然)은 힘이 없는 모양 또는 술에 취해서 몸을 가누지 못하는 모양, 낙담한
　　모양인데, 여기서는 몸과 마음이 서화에 완전히 동화되어 어떤 말도 할 수 없는
　　상태를 말한다.
17) 이연(怡然)은 즐거워하는 모양, 기뻐서 좋아하는 모양이다.
18) 흔부득(很不得)은 '…하지 못하는 것이 한스럽다', '간절히…하고 싶다.'는 뜻이다.
19) 어부(御府)는 황실의 창고이다.
20) "가차假借"에서 '假'자가 『畵苑本』에는 빠졌다.
21) "오오급급敖敖汲汲"은 초조하고 절박함을 형용하는 말이다.

22) 교전(交戰)은 서로 다른 생각이 마음속에서 갈등을 빚는 것이다.
23) 도홍경(陶弘景)은 남북조(南北朝) 시대의 본초가(本草家)이다. 남제(南齊)의 고조 (高祖) 때 제왕(諸王)의 시독(侍讀)이 되었다가 구용(九容) 구곡산(句曲山)에 숨 어 스스로 화양도은거(華陽陶隱居)라 일컬었음. 널리 음양오행(陰陽五行)·풍각 성산(風角星算)·산천지리(山川地理)에 환하고 유불도(儒佛道)에 통했음. 저서에 『학원學苑』『본초경집주본草經集注』등이 있다.
24) 박섭(博涉)은 여러 가지 책을 독파하다, 섭렵하다, 널리 견문을 넓히다.
25) 고한(苦恨)은 몹시 원망하다.
26) 주서령사(主書令史)는 문서를 검토하거나 책을 담당하는 관리이다.
27) 전장(典掌)은 관장하는 것이다.
28) 수기(數紀)는 기 10년, 몇 10년이다.
29) 천양(天壤)은 '천지'이다. *구구(區區)는 작다, 사소하다, 보잘 것 없는 것이다.
30) "청묘淸纱"에서 '淸'자가 『畵苑本』에는 '精'자로 되어 있다.
31) 능무(能無)는 '…이 아닐 수 있겠는가!' *벽호(癖好)는 지나치게 좋아하는 버릇이다.

論裝背褾軸[1]

自晉 畵苑本誤爲昔[2] 代已前, 裝背 畵苑本背下有皆字[3] 不佳. 宋時范曄[4]始能 裝背. 宋 武帝時徐爰[5], 明帝時虞龢[6] 巢尙之 徐希秀 孫奉伯 畵苑本作 自[7]編次圖書, 裝背爲妙. 梁 武帝命宋异 徐僧權 唐懷充 姚懷珍 沈 熾文等, 又加裝護. 國朝太宗皇帝使典儀[8]王行眞[9]等裝褫, 起居郞[10]褚 遂良, 較 畵苑本作校[11] 書郞[12]王知敬[13]等監領[14].

1) 「논장배표축論裝背褾軸」은 『역대명화기논명가품제』의 항목으로 서화첩 표구와 족자 두루마리 표구를 논한 것이다. *장배(裝背)는 배접이고, 표축(褾軸)은 표구 를 뜻한다.
2) "자진이전自晉已前"에서 '晉'자가 『화원본』에는 '昔'으로 잘못 되어 있다.
3) "장배裝背"아래에 『畵苑本』에는 '皆'자가 있다.
4) 범엽(范曄; 398~445)은 남조 유송의 역사학자로 자는 울종(蔚宗)이고, 순양(順 陽) 사람으로 상서이부랑(尙書吏部郞), 선성태수(宣城太守)를 지냈고, 후에는 좌 위장군(左衛將軍), 태자첨사(太子詹事)를 지냈다. 저서로 『후한서後漢書』80권이 있다.

5) 서원(徐爰; ?~475)은 당나라 대신으로 개양(開陽) 사람이다. 자는 장옥(長玉)이며, 관직은 상서우승(尙書右丞)에 이르렀다.

6) 우화(虞龢)는 우요(虞姚) 사람이다. 관직은 중서랑(中書郎), 정위(廷尉)에 이르렀고, 『논서표論書表』를 저술했다.

7) "손봉백孫奉伯"에서 '伯'자가 『畵苑本』에는 '自'자로 되어 있다.

8) 전의(典儀)는 옛날의 관명으로 주관(周官)의 사의(司儀)와 같으며, 의식절차를 관장했다. 종9품하(從九品下)의 하위관직이다.

9) 왕행진(王行眞)은 왕행직(王行直)이라고도 한다. 당나라의 궁중 표구사였다.

10) 기거랑(起居郎)은 황제의 일상 언행을 기록하는 사관으로 '기거주起居注'라고도 한다.

11) "교서랑較書郎"에서 '較'자가 『畵苑本』에는 '校'자로 되어 있다.

12) 교서랑(校書郎)은 한대(漢代) 학사에게 관직을 주고 난대(蘭台) 혹은 동관궁(東觀宮)의 장서처(藏書處)에서 전적(典籍)을 교감(矯監)하게 한 그 관직이 낭중(郎中)이라는 것인데, '校書中郎'으로 일컬었고, '校書郎'이라 약칭했다.

13) 왕지경(王知敬)은 당나라 서화가로, 하내(河內) 사람으로 예서를 잘 쓰고 그림을 잘 그렸으며, 왕지신(王知愼)의 형이다.

14) 감령(監領)은 감독 관장하는 것이다.

凡圖書本是首尾完全, 著名之物, 不在輒議割截改移[1]之限, 若要錯綜次第, 或三紙・五紙, 三扇・五扇; 又上・中・下等相揉雜[2], 本無詮次[3]者, 必宜與好處[4]爲首, 下者次之, 中者最 畵苑本缺此字[5] 後. 何以然? 凡人觀畵, 必銳於開卷, 懈怠[6]將半, 次遇 畵苑本缺此字[7] 中品, 不覺留連[8], 以至卷終. 此虞龢論裝書畵之例, 於理甚暢.

1) 할절(割截)은 필요한 부분을 중간 중간 잘라내는 것이다. *개이(改移)는 고치거나 변경하는 것이다.

2) 유잡(揉雜)은 뒤섞이는 것이다.

3) 전차(詮次)는 차례, 순서, 짜임새, 갈피이다.

4) "여호처與好處"에서 '與'는 '以'의 뜻이며, '호처好處'는 훌륭하다는 당시의 속어라고 한다.

5) "중자최中者最"에서 '最'자가 『畵苑本』에는 누락되어 있다.

6) 해태(懈怠)는 해이하고 산만함이다.

7) "次遇中品次遇中品"에서 '遇'자가 『畵苑本』에는 누락되어 있다.

8) 유련(留連)은 정체됨, 관심을 둠, 계속 이어지는 것인데, 여기서는 작품을 감상할
   때 시선이 멈춰 오랫동안 몰입하는 것을 이른다.

凡煮糊必去筋¹⁾, 稀緩²⁾得所, 攪之不停, 自然調熟³⁾. 余往往入少細硏
薰陸⁴⁾香末, 出自拙意, 永去蠹而牢固, 古人未之思也. <u>汴國公</u>⁵⁾家背書
畵入少蠟, 要在密潤, 此法得宜, 趙國公李吉甫家云背書要黃硬⁶⁾, 余家有數帖黃硬
書, 都不堪 候陰陽之氣以調適⁷⁾: 秋爲上時, 春爲中時, 夏爲下時. 暑濕⁸⁾
之時, 不可用. 勿以熟紙⁹⁾背, 必皺起. 宜用白滑¹⁰⁾漫薄¹¹⁾大幅生紙. 紙
縫先避人面及要節處. 若縫縫相當¹²⁾, 則强急捲舒有損, 要令參差¹³⁾其
縫, 則氣力勻平. 太硬則强急, 太薄則失力. 絹素彩色, 不可擣理¹⁴⁾.
紙上白畵¹⁵⁾可以礪石¹⁶⁾妥帖¹⁷⁾之. 宜造一太平案, 漆板朱界, 制其曲直.

1) 근(筋)은 면근(面筋)으로 밀에서 녹말을 빼내고 남은 아직 마르지 않은 기울(속껍
   질)이다.
2) 완(緩)은 '軟'과 통하며 매우 부드럽다.
3) 조숙(調熟)은 땅을 갈아엎어서 부드럽게 하는 것인데, 여기서는 조절하면서 끓이
   는 것이다.
4) 훈륙향(薰陸香)은 '유향乳香'이다. 훈륙은 감람나무의 일종으로 원산지가 인도나
   이란인데, 이 나무의 수지를 말려 향으로 사용한다.
5) 견국공(汴國公)의 견국(汴國)은 기적(妓籍)에서 벗어나 결혼한 기녀인데, 장안(長
   安)의 기생 이와(李娃)가 상주자사(常州刺史) 형양공(滎陽公)의 아들과 부부가 된
   뒤, 남편이 군수(郡守)가 됨에 따라 견국부인(汴國夫人)에 봉하여 진데서 비롯되
   었다. 당(唐) 백행간(白行簡)의 『이와전李娃傳』에 전한다.
6) 황경(黃硬)은 '경황硬黃'이며 종이에 열을 가하여, 노란 밀납을 칠해서 투명하게
   만든 것으로 글씨나 그림의 모사에 사용된다.
7) 조적(調適)은 조화함, 알맞음, 적합함, 개체가 환경조건에 점차 익숙해져 가는 것
   이다.
8) 서습(暑濕)은 무더운 것이다.
9) 숙지(熟紙)는 밀랍이나 백반을 입혀서 가공한 종이이다.
10) 백활(白滑)은 깨끗하고 매끄러운 종이를 말한다.
11) 만박(漫薄)의 넓고 엷은 종이를 말한다.
12) 상당(相當)은 서로 만나거나 마주 보는 것이다.

13) 참치(參差)는 가지런하지 않은 것인데, 여기선 일치하지 않게 하는 것이다.
14) 도리(擣理)는 두드려서 처리하는 것이다.
15) 백화(白畵)는 '백묘白描'로 동양화법의 하나로 먹 선으로만 그리는 것이다.
16) 침석(碪石)은 다듬잇돌이다.
17) 타첩(妥帖)은 매우 알맞다, 아주 적당한 것인데, 여기서는 평평하게 하는 것이다.

古畵必有積年¹⁾塵埃, 須用皁莢²⁾淸水, 數宿漬之. 平案扦去其塵垢, 畵
復鮮明, 色亦不落. 補綴擡策³⁾, 油絹襯之, 直其邊際, 密其隙縫, 端其
經緯, 就其形制, 拾其遺脫, 厚薄均調, 潤潔平穩. 然後乃以鏤沉檀爲
軸首⁴⁾, 或裹鼊⁵⁾束金爲飾. 白檀⁶⁾身爲上, 香潔去蟲. 小軸白玉爲上, 水
精次之, 琥珀爲下. 大軸杉木漆頭, 輕圓最妙. 前代多用雜寶爲飾, 易
爲剝壞. 故貞觀 開元中, 內府圖書, 一例用白檀身, 紫檀⁷⁾首, 紫羅標
織⁸⁾成帶, 以爲官畵之標. 或者云: "書畵以標軸賈害⁹⁾, 不宜盡飾." 余
曰: "裝之珍華, 裹以 畵苑本作之¹⁰⁾ 藻繡, 緘滕¹¹⁾蘊藉, 方爲宜稱. 其古之異
錦具李章武所集錦譜. 必若大盜至焉, 亦何計寶惜? 梁朝大聚圖書, 自古爲
盛. 湘東¹²⁾之敗, 煙焰漲天¹³⁾, 此其運也. 況乎私室寶持, 子孫不肖, 大
則肤篋¹⁴⁾以遺勢家, 小則擧軸以易朝饌, 此又時也. 亦何 畵苑本作可¹⁵⁾
嗟乎?"『歷代名畵記』

1) 적년(積年)은 오랜 세월, 다년간이다.
2) 조협(皁莢)은 차풀과에 속하는 낙엽교목(落葉喬木)으로 '쥐엄나무'이다. 가지에
   가시가 있고, 노란 꽃이 피며 열매를 맺는다. 열매는 옛날부터 옷의 얼룩을 제거
   하는데 많이 사용되었다.
3) "보철대책補綴擡策은 그림에 실오라기가 일어나거나 해어진 곳을 기워 수선하는
   것이다. *대책(擡策)은 화첩의 비단 등이나 그림의 바탕에 일어난 실오라기를 이
   른다. '책策'은 '冊'과 같으며 고대 간책(簡冊)이나 서권(書卷)으로 이동할 수 있는
   그림과 글씨를 가리킨다.
4) 축수(軸首)는 두루마리 아래에 달린 굴대의 양쪽 끝인데, '축두軸頭'라고도 한다.
   대개 장식적으로 금속, 도자기, 상아, 옥 등을 사용하여 만든다. *축(軸)은 두루
   마리로서 수직으로 걸도록 표구된 서화로, 족자인데. 수권(手卷; 가로그림)에 대

비되는 용어로 '축화軸畵'라고도 한다.

5) 과(裹)는 '褁'의 속자이다. *벽(鼊)은 거북의 종류인데, 남해(南海)에서 나오며 큰
것은 수레바퀴만 하다.

6) 백단(白檀)은 나무 이름으로 '단향檀香'이라고 하며 향료·약재·가구 제작 등에
쓰인다.

7) 자단(紫檀)은 콩과의 상록활엽교목으로 목질이 단단하고 고와서 고급 가구나 악
기 또는 미술품을 만드는 데 쓴다.

8) 나(羅)는 얇고 성기게 짠 명주이다. *표직(褾織)은 서화축의 양끝에 표구하는 비
단이다.

9) 매해(買害)는 스스로 재난을 부르다. 화를 자초하다이다.

10) "읍이조수裛以藻繡"에서 '以'자가 『화원본』에는 '之'자로 되어 있다

11) 함등(緘縢)은 노끈, 새끼줄, 단단히 봉하는 것이다.

12) 상동(湘東)은 삼국시대 오나라가 둔 군(郡)으로 호남성(湖南省) 형양시(衡陽市)
동쪽에 소재하였다. 또 상동왕(湘東王)으로 남조 양(南朝梁) 원제(元帝; 蕭衍)의
처음 봉호(封號)이다. "상동지패湘東之敗'는 승성(承聖) 3년(554)에 서위(西魏)의
군사가 강릉을 무너뜨리기 전날 밤에 상동이 소장한 그림이나 글씨를 모두 불태
웠던 일을 말한다.

13) "연염창천煙焰漲天"은 연기와 불꽃이 온 하늘에 퍼지는 것이다.

14) 거협(胠篋)의 '협'은 대나무로 엮은 상자로 여기서는 서화를 수장한 상자를 말한
다. '거협胠篋'은 '상자를 열다', '훔치다', '절도를 당하다'의 의미인데, 『장자』「거
협」편에 "장차 상자를 열고 주머니를 뒤지며 궤를 뜯어 젖히는 도둑을 막고 지키
기 위해서는 ……將爲胠篋探囊發匱之盜而爲守備……"라는 구절이 있다.

15) "역하차호亦何嗟乎"에서 '何'자가 『畵苑本』에는 '可'자로 되어 있다. *역하(亦何)
는 '얼마나'이다.

畵史論鑑賞裝裱古畵[1]

宋 米 芾 撰

坦然[2]明白易辨者: 顧 陸 吳 周昉人物, 滕 邊 徐 唐 祝花竹翎毛, 荊
李 關 董 范 巨然 劉道士山水也. 戴牛, 曹 韓馬, 韋馬, 亦復難辨,
蓋相似衆也. 今人畵亦不足深論. 趙昌 王友[3] 鐔鬵[4]輩得之可遮壁, 無
不[5]爲少. 程坦[6] 崔白 侯封[7]馬賁[8] 張自芳之流皆能汙壁, 茶坊酒店,
可與周越 仲翼草書同挂, 不入吾曹議論. 得無名古筆差排[9]猶足爲尚
友[10].

1) 송나라 미불이 『화사』에서 표구한 옛 그림을 논하고 감상하다. 대략 1101년 전후
   에 찬술하였다.
2) 탄연(坦然)은 마음 편안한 모양, 마음이 안정되어 있는 모양, 평탄한 모양이다.
3) 왕우(王友)는 송나라 한주(漢州) 사람으로 자는 중익(仲益), 조창(趙昌)의 사생을
   배워 하훼초충을 잘 그렸다.
4) 심횡(鐔鬵)은 심굉(鐔玄)을 말하는 것 같은데, 송나라 성도(成都) 사람으로 왕우
   (王友)에게 배워 화과(花果)를 잘 그렸다.
5) 무불(無不)은 '…하지 않는 것이 없다', '마찬가지이다', '모두…이다'의 뜻이다.
6) 정탄(程坦)은 송나라 사람으로 관적과 경력은 미상이다.
7) 후봉(侯封)은 송나라 빈주(邠州) 사람으로 도화원학생으로 산수와 한림(寒林)을
   잘 그렸다.
8) 마분(馬賁)은 송나라 하중(河中) 사람으로 마원(馬遠)의 증조부, 원래 불가의 후
   예이다. 선화(宣和; 1119~1125) 때 화원대조를 지냈으며 새와 짐승 그림에 뛰어
   났다.
9) 차배(差排)는 배정하여 파견하다는 것이다.
10) 상우(尚友)는 고인을 벗으로 삼다, 자기보다 훌륭한 사람과 교유하는 것이다.

余家最上品書畵用姓名字印, 審定眞迹字印, 神品字印, 平生眞賞印,
米芾祕篋印, 寶晉書印, 米姓翰墨印, 鑒定法書之印, 米姓祕玩之印.

玉印六枚: 辛卯米芾, 米芾之印, 米芾氏印, 米芾印, 米芾元章印, 米芾氏, 已上六枚白字¹⁾, 有此印者皆絶品²⁾. 玉印唯著於書帖, 其他用米姓淸玩之印者, 皆次品³⁾也. 無下品⁴⁾者. 其他字印有百枚, 雖參用於上品印也, 自畵古賢, 唯用玉印.

1) 백자(白字)는 백문(白文)으로 음각한 글자이다.
2) 절품(絶品)은 빼어난 작품으로 비할 데 없이 훌륭한 것이다.
3) 차품(次品)은 버금가는 작품이다.
4) 하품(下品)은 하등의, 저등의 물건이다.

馮永功字世勳有日本著色山水, 南唐亦命爲李思訓.

蘇澥 浩然處見¹⁾壽州²⁾人摹<明皇幸蜀道圖>, 人物甚小, 云是李思訓本, 與宗室仲忽³⁾本不同.

1) 소해(蘇澥)는 전고를 찾을 수 없다. *호연(浩然)은 오대 양나라 형호(荊浩)와 당나라 노홍(盧鴻)의 호이다. *처견(處見)은 자세히 살펴보는 것이다.
2) 수주(壽州)는 수대(隋代)에 안휘성(安徽省) 수현(壽縣) 지역에 둔 주(州)이다.
3) 중홀(仲忽)은 이사훈(李思訓)의 아들 이소도(李昭道)를 이른다.

嘉祐中三人收畵. 楊褎 邵必 石揚休皆酷好竭力收. 後余閱三家畵, 石氏差¹⁾優. 楊以四世五公字印號之, 無一軸佳者. 邵印多巧篆字. 其旁大略標位²⁾高. 略似江南畵卽題曰徐熙. 蜀畵星神, 便題曰閻立本王維 韓滉, 皆可³⁾絶倒. 其孫攜韓滉<散牧圖>至, 乃雙幅, 上驢二十餘枚, 不及崔白輩. 絹素⁴⁾染深黃⁵⁾, 絲文總緊, 索價⁶⁾四百貫. 面上左以粉作牌子⁷⁾題曰: "韓晉公<散牧圖>不疑家寶." 其上一印'鎭江軍節度使印', 是油單印⁸⁾者, 其大四寸許. 文麄. 下一印只略有, 唐印最小, 又文細. 諸人 美術叢書誤作文⁹⁾ 共笑其僞, 久之無人信, 遂以五十千¹⁰⁾質與江氏而去. 因嗟之曰: "華[11]堂之上[12], 淸晨[13]一羣驢子廝咬[14]", 是何氣象?"

1) 차(差)는 다소, 조금, 거의, 대략이라는 뜻이다.
2) 표위(標位)는 열거하는 것이다.
3) 개가(皆可)는 '모두 다 …할만하다'. '모두…해도 된다'는 뜻이다.
4) 견소(絹素)는 서화용의 흰 명주 천이다.
5) 심황(深黃)은 짙은 황색이다.
6) 색가(索價)는 부르는 값이다. *관(貫)은 네모진 구멍 뚫린 1문(文)짜리 엽전을 끈에 꿰어 1천 개를 '貫'이라 했다.
7) 패자(牌子)는 팻말, 표찰이다.
8) 유단인(油單印)은 여백에 하나만 찍는 것으로 속칭 '유인游印'이라고 한다.
9) "제인諸人"에서 '人'자가 『미술총서』에는 '文'자로 잘못 되어 있다.
10) "5십천五十千"은 5만이라는 숫자로 곧 많은 것이다.
11) 화(華)는 상대방을 존경하여 쓰는 말이다.
12) 상(上)은 어떤 범위 내에 있음을 나타낸다.
13) 청신(淸晨)은 동틀 무렵, 새벽녘, 이른 아침을 이른다.
14) 시교(廝咬)는 서로 물어뜯으며 싸우는 것이다.

潁州[1]公庫顧愷之<維摩百補>, 是唐 杜牧之[2]摹寄潁守本者, 置在齋龕[3]不攜去. 精彩照人, 前後士大夫家所傳無一毫似. 蓋京西[4]工拙, 其屛風上山水林木奇古, 坡岸皴如董源, 乃知入稱江南, 蓋自顧以來皆一樣. 隋 唐及南唐至巨然不移. 至今池州 謝氏亦作此體. 余得隋畵<金陵圖>於畢相孫亦同此體. 余因題其顧畵幅上云: "米芾審定, 是杜牧之本." 仍以撥發司印[5]印之. 蓋證勾諶[6]刻石, 妄指爲人易去也. 余與潁簽善, 託尋善工摹, 須切記[7]似, 凡三寄蠟本[8], 無一筆似者. 或可[9]上之御府[10], 乞國工摹賜世間, 爲千年之傳. 如唐 文皇<蘭亭>豈非一代盛美?

1) 영주(潁州)는 주(州) 이름으로, 북위(北魏) 때는 하남성(河南省) 장갈현(長葛縣)

에 있었고, 당대(唐代)에는 안휘성(安徽省) 부양현(阜陽縣)에 있었다.

2) 두목(杜牧; 803~852)은 당나라 장안(長安) 사람, 혹은 섬서성(陝西省) 출신이라고도 한다. 자는 목지(牧之)이고, 호는 번천(樊川)이다. 문장에 능하고 글씨와 그림에도 조예가 깊어 행서와 초서를 잘 썼고 고개지의 〈유마백보도維摩百補圖〉를 모방하여 그렸으며 〈난정도蘭亭圖〉도 그렸다.

3) 감(龕)은 감실로 사당 안의 신주를 모셔두는 방이다.

4) 경서(京西)는 노(路) 이름으로 송(宋) 태종(太宗; 趙光義 976~997) 지도(至道; 995~997) 연간에 두었다. 수도의 서쪽에 있다하여 붙여진 이름이다. 하남성(河南省)의 낙양현(洛陽縣)의 서쪽과 황하(黃河)이남 전역(全域)이 다 이에 속하였다.

5) 발발(撥發)은 조달하여 발송하는 것이다. *사인(司印)은 관아나 관서의 인장이다.

6) 구심(勾諶)은 인명인데 전고를 찾을 수 없다.

7) 절기(切記)는 단단히(꼭) 기억하다, 열거하는 것이다.

8) 납본(蠟本)은 견직물 얇은 비단 명주 등에 밀랍을 바르고 원화를 임모하는 것을 일컫는다.

9) 혹가(或可)는 '혹은', '아마', '대충', '혹은 좋을 것이다'라는 뜻이다.

10) 어부(御府)는 궁중의 황실 창고이다.

眞絹色淡雖百破[1]而色明白, 精神彩色如新, 惟佛像多經[2]香煙薰, 損本色.

1) 백(百)은 온갖, 많은 수, 전혀, 전연, 완전히, 모두이다. *파(破)는 해어지다, 보잘 것 없다.

2) 경(經)은 '…를 거쳐서', '…을 겪어서'라는 뜻이다.

染絹作濕 美術叢書誤作淫[1] 香色棲[2]塵紋間, 最易辨. 仍蓋色上作一重[3]. 古破不直裂, 須連兩三經, 不可僞作.

1) "습향색濕香色"에서 '濕'자가 『미술총서』에는 '淫'자로 잘못 되어 있다.

2) 향색(香色)은 향기와 색채인데 다갈색을 이른다. *서(棲)는 틈이 없이 부착하다, 착 붙다, 붙이는 것이다.

3) 중(重)은 겹치다, 층층이 …하는 것이다.

古畫若¹⁾得之不脫, 不須背標. 若不佳, 換標一次, 背一次, 壞屢更矣. 深可惜! 蓋人物精神髮彩²⁾, 花之穠豔蜂蝶, 只在約略³⁾濃淡之間, 一經⁴⁾ 背多或失之也.

1) 약(若)은 및, 혹은…이다.
2) 발채(髮彩)는 (머리카락이 검고) 맑다, 광택이 있다, 윤기가 흐르는 것이다.
3) 약략(約略)은 대략, 대개이다.
4) 경(經)은 '일단(한번)…하면', '…하자마자'라는 뜻이다.

趙叔盎¹⁾云: 線褊條闊指半, 絲細如綿者, 作畫帶, 不生毛. 以刀刺標 中開絲縷²⁾間套掛, 標後卷卽縛之, 又不在畫心³⁾, 省損畫無摺帶隱痕. 尋常畫多中損者縛破⁴⁾故也. 書多腰損亦然, 略略⁵⁾縛之, 烏用力.

1) 조숙앙(趙叔盎)은 송나라 종실로 정미(廷美)의 4세손으로 말을 잘 그렸으며, 자신의 그림과 시를 소식(蘇軾)에게 보냈다.
2) 사루(絲縷)는 실, 실오리, 생사 종류 등의 총칭이다.
3) 화심(畫心)은 두루마리의 가운데 그림이 있는 부분으로 권축의 중심을 가리킨다.
4) 박파(縛破)는 끈으로 묶은 것이 풀리는 것이다.
5) 약략(略略)은 대략, 대충 …하는 것이다.

古畫至唐初皆生絹, 至吳生 周昉 韓幹後來皆以熟湯牛熟入粉搥如銀 板, 故作人物精彩入筆, 今人收唐畫必以絹辨, 見文麤便云不是唐非也. 張僧畫, 閻令畫, 世所存者, 皆生絹. 南唐畫皆麤絹. 徐熙絹或如布.

裝背畫不須用絹補破處, 用之絹新時似好, 展卷久爲硬絹抵之, 却於 不破處破, 大可惜. 古書人惜其字, 故行間勒作痕, 其字在筒瓦¹⁾中不 破. 今人得之, 却以絹或絹背帖²⁾所勒行, 一時平直, 良久³⁾於字上裂, 大可惜也. 紙上書畫不可以絹背⁴⁾, 雖熟絹⁵⁾新終硬, 文縷磨⁶⁾書畫面上成絹紋, 蓋取爲骨, 久之紙毛[7], 是絹所磨也. 用背紙書畫, 日月損磨, 墨色在絹上. 王晉卿舊亦以絹背書, 初未信, 久之, 取桓溫書看墨色 見磨在紙上, 而絹紋透紙, 始恨之. 乃以歙薄[8]一張蓋而收之, 其後不 用絹也. 絹素[9]百片, 必好畫文, 製各有辨. 長幅橫卷[10], 裂文[11]橫也. 橫卷直裂, 裂文直, 各髓軸勢裂也. 直斷不當一縷[12], 藏久卷自兩頭蘇[13] 開, 斷不相合, 不作毛招[14]則蘇也. 不可僞作, 其僞者, 快刀[15]直過當[16] 縷, 兩頭依舊[17]. 生作毛起, 招又堅靭也. 濕染, 色棲縷間. 乾薰者, 煙 臭, 上深下淺. 古紙素有一般古香[18]也.

1) 통와(筒瓦)는 반 원통의 기와이다.
2) 첩(帖)은 붙이다의 뜻이다.
3) 양구(良久)는 아주 오래되면, 오랜 시간을 이른다.
4) 배(背)는 '褙'와 같이 배접하다, 표구하는 것이다.
5) 숙견(熟絹)은 가공한 명주이다.
6) 마(磨)는 휘감기다, 달라붙는 것이다.
7) 모(毛)는 거칠다, 거칠거칠하다, 보풀이 일어나는 것이다.
8) 섭박(歙薄)은 안휘성(安徽省) 섭현(歙縣)에서 생산되는 발이다.
9) 견소(絹素)는 서화용인 흰 바탕의 견포(絹布)이다.
10) 횡권(橫卷)은 옆으로 말 수 있게 된 서화 두루마리이다.
11) 열문(裂文)은 기물의 갈라진 금으로 균열이다.
12) 일루(一縷)는 한 오리의 실로, 곧 매우 가늘고 약하게 겨우 유지되는 상태를 말한다.
13) 소(蘇)는 흐트러지다, 풀어지는 것으로, '소疏'와 통용한다.
14) 겁(招)은 손톱으로 누르거나 따내는 것이다.
15) 쾌도(快刀)는 썩 잘 드는 칼이다.
16) 과당(過當)은 지나치다, 한도를 넘다, 분에 넘치는 것이다.
17) 의구(依舊)는 예전대로 하다, 여전하다의 뜻이다.
18) 고향(古香)은 예스러운 풍취(風趣)로 흔히 고서화(古書畵) 등에서 풍기는 아취(雅 趣)를 이른다.

宗室君發以七百千[1]置閣立本<太宗步輦圖>. 以熟絹通身背畫, 經梅[2] 便兩邊脫磨得畫面蘇落.

1) "칠백천七百千"은 칠백하고도 일천, 즉 횟수가 많음을 형용하는 말이다.
2) 경매(經梅)는 초여름이 지나는 것이다. '梅'는 절기(節氣) 이름으로 초여름 매우
(梅雨)가 내리는 계절이다.

文彦博¹⁾以古畵背作匣²⁾, 意在寶惜, 然貼絹背著綳³⁾損愈疾⁴⁾. 今人屛風
俗畵一二年卽斷裂⁵⁾, 恰恰⁶⁾蘇落也. 匣是收壁畵製. 書畵以時捲舒, 近
人手頻自不壞, 歲久不開者, 隨軸乾斷裂脆⁷⁾, 黏補⁸⁾不成也.

1) 문언박(文彦博)은 송(宋)나라 개휴(介休) 사람으로 자는 관부(寬夫), 시호(諡號)
는 충렬(忠烈)이다. 네 황제를 섬기어 50년간 장상(將相)을 지내며 현상(賢相)으
로 이름이 높았다.
2) 갑(匣)은 작은 상자이다.
3) 붕(綳)은 대단히, 매우라는 부사이다.
4) 질(疾)은 근심하다이다.
5) 단열(斷裂)은 끊어져 갈라지다. 단절되다, 끊어져 갈라진 곳을 이른다.
6) 흡흡(恰恰)은 때마침, 공교롭게라는 부사로 사용된다.
7) 취(脆)는 단단하여 부서지기 쉽다는 뜻이다..
8) 점보(黏補)는 종이를 바르는 것이다.

檀香¹⁾辟濕氣, 畵必用檀軸有益, 開匣有香而無糊氣, 又辟蠹也. 若玉
軸以古檀爲身, 檀身重, 今却取兩片刳中空合柄軸鑿乃輕, 輕不損畵.
常卷必用桐杉佳也. 軸重損絹. 軸不宜用金銀, 旣俗且招盜, 若桓靈
寶. 不然水晶作軸, 挂幅必兩頭墜性重. 蜀靑圓錢雙鸚錦²⁾最俗, 不可
背古畵, 只背今人裝堂亦俗也.

1) 단향(檀香)은 향나무 이름이다. 목재가 매우 향기로워 기물을 만들며, 약재로도
쓰며 향을 피우는데 사용된다.
2) 청원전(靑圓錢)은 푸르고 둥근 동전이다. *쌍앵금(雙鸚錦)은 비단의 종류인데,
전고를 찾을 수 없다.

蘇木[1]爲軸以石灰湯轉色, 歲久愈佳, 又性輕. 角軸引蟲, 又開軸多有
濕臭氣[2], 檀犀同匣共發古香, 紙素旣古, 自有[3]古香也.『畵史』

1) 소목(蘇木)은 다목의 목재 속에 있는 붉은 살 깎아서 달인 물을 물감으로 쓰는데,
   빛이 새빨갛고 고우나 퇴색함. '소방목蘇方木'이라 한다.
2) 취기(臭氣)는 악취. 불쾌한 냄새이다.
3) 자유(自有)는 '저절로…이 있다', '자연히…이 있다', '본래(응당)…이 있다'는 뜻
   이다.

洞天靑祿論臨模鑒藏[1]

宋 趙希鵠 撰

臨者謂以原本置桉上[2], 於傍設絹素, 像其筆而作之. 謬工[3]決不能如此, 則以絹加畫上摹臨之. 墨稍濃則透汙原本, 頓失精神. 若以名畫借[4]人摹臨是謂棄也. 就人借而不從, 尤非名鑒者也. 米元章就人借名畫, 輒模本以還而取其原本, 人莫能辨, 此人定非鑒賞之精也.

1) 『동천청록洞天靑祿』집에서 송나라 조희곡(趙希鵠)이 임모 감식 수장에 대하여 논한 것이다. 1127년 전후에 찬술하다.
2) 안상(桉上)은 안석 위나 책상 위이다.
3) 유공(謬工)은 의학상의 이론(도리)을 모르는 의사인데, 즉 그림을 잘 모르는 사람이다.
4) 차(借)는 빌리다, 의지하다, 기대다, 기회를 타는 것이다.

唐小李將軍始作金碧山水, 其後王晉卿・趙大年, 近日趙千里皆爲之. 大抵山水初無金碧・水墨之分, 要在心匠[1]佈置如何爾? 若多用金碧如今生色罨畫[2]之狀, 而略無風韻[3], 何取乎與水墨異, 『式古堂書畫彙考』所引此節缺此三字[4] 其爲病則均耳.

1) 심장(心匠)은 마음 속의 생각으로 구상(構想)이다.
2) 생색(生色)은 겉으로 드러냄, 광채를 더하다, 생동감이 있는 것이다. *엄화(罨畫)는 채색화이다.
3) 풍운(風韻)은 고상한 운치, 우미한 자태이다.
4) 『식고당서화휘고』에는 인용한 구절에서 '與'‘水'‘墨' 3글자가 빠졌다.

郭忠恕 石恪 厲歸眞 范不泯輩皆異人. 人家多設絹素筆硯以俟其來

而求畵, 將成必碎之, 間¹⁾有得之者, 不過一幅半幅耳. <u>李營丘</u> <u>范寬</u>皆士夫, 遇其適興²⁾則留數筆³⁾, 豈能有對軸哉? 今人或以孤軸爲嫌, 不足與之言畵矣.

1) 간(間)은 '간혹', '근래에', '이따금'이라는 부사이다.
2) 적흥(適興)은 '유흥遺興'으로 흥이 남는다, 흥이 생기는 것이다.
3) 필(筆)은 서화 작품을 이른다.

擇畵之名筆¹⁾, 一屋止可三四軸, 觀玩三五日, 別易名筆, 則諸軸皆見風日, 決不蒸濕. 又軸次挂之, 則不令惹塵埃²⁾. 時易一二家則看之不厭. 然須得謹愿³⁾子弟或使令⁴⁾一人細意舒捲出納之. 日用馬尾或絲拂輕拂畵面, 切不可用櫟拂. 室中切不可焚沉香降眞腦子⁵⁾, 有油多煙之香, 比宜蓬萊甲箋⁶⁾耳. 窻牖必油紙糊. 戶口常垂簾. 一畵前必設一小案以護之. 案上勿設障畵之物, 止宜香爐琴硯. 極暑則屋中必蒸熱不宜挂壁. 大寒於屋中漸著少火, 令⁷⁾如二月天氣候挂之不妨. 然遇夜必入匣, 恐凍損.

1) 명필(名筆)은 좋은 붓, 명필, 명작, 명문장이다.
2) 진애(塵埃)는 오범, 더러운 때를 이른다.
3) 수득(須得)은 '모름지기(반드시)…해야 한다', '필요로 하다'이다. *근원(謹愿)은 정직하다, 성실하다, 신중하다는 뜻이다.
4) 사령(使令)은 심부름꾼이다.
5) 침향(沉香)은 향나무이다. *강진(降眞)은 강진향이다. *뇌자(腦子)는 '용뇌향'으로 모두 향의 종류이다.
6) 봉래(蓬萊)는 전설에서 신선이 산다는 봉래산이다. *갑전(甲箋)은 '甲煎'이라고 하며, 갑향(甲香)에 침향(沈香)·사향(麝香) 등을 섞어서 만든 향료이름이다.
7) 영(令)은 시절, 철, 계절, 때를 이른다.

畵不脫落, 不宜數裝背, 一裝背則一損精神, 此決然¹⁾無疑者. 墨跡法

帖亦然. 古畵絹脆, 以手指點之, 皆能破損, 一壞則不可復救. 又有酒
餘汚染, 食後油膩²⁾, 此皆大戒. 切須片紙先寫此說, 粘窗間以呈客,
方可引客入觀. 然又有以此獲罪於貴客者. 所以人家有法書名畵, 止
可時以自娛, 苟以奇品自衒³⁾, 成賈禍⁴⁾之媒, 切宜謹之. 墨跡法帖亦
然. 若古鐘鼎尤脆爛, 手觸之則麋漬⁵⁾. 米元章之言如此.

1) 결연(決然)은 결코, 절대로, 도저히, 단호히, 급히…하는 것이다.
2) 유니(油膩)는 기름 때, 기름진 식품이다.
3) 자현(自衒)은 뽐내다, 잘난 채하는 것이다.
4) 가화(賈禍)는 스스로 재난을 부르다, 화를 자초하다의 뜻이다.
5) 미궤(麋漬)는 부서져서 문드러지는 것이다.

郭熙畵於角有小熙字印. 趙大年 永年¹⁾則有大年某年筆記・永年某年
筆記. 蕭昭以姓名作<石鼓>文書. 崔順之書姓名於葉下. 易元吉書
於石間. 王晉卿家藏則有"寶繪堂"²⁾方寸印. 米元章有"米氏翰墨" "米
氏審定眞蹟"等印. 或用團印, 中作'米芾', 字如蛟³⁾形. 江南 李主所藏
則有"建業⁴⁾文房之印", "內合同印". 陳簡齋則有"無住道人印"記, 蘇
武功家則有"許國後裔" "蘇耆國老"等印. 東坡則用一寸長形印, 文曰
"趙郡蘇軾圖籍". 吳傅朋則曰"延州吳說私印".

1) "조대년趙大年 영년永年"에서 '영년永年'은 장수(長壽)를 바라는 뜻이다.
2) 보회당(寶繪堂)은 송나라 왕선(王詵)의 서실 이름이다.
3) 교(蛟)는 고대 종정에 새긴 전서(篆書)로 '교전蛟篆'이다.
4) 건업(建業)은 공훈이나 업적을 세움이다.

古畵多直幅, 至畵身長八尺者, 雙幅亦然. 橫披¹⁾始於米氏父子, 非古
制也. 河北絹

經緯²⁾一等, 故無背面, <u>江南</u>絹則經粗而緯細, 有背面. <u>唐</u>人絹或³⁾用搗熟絹爲之, 然止是⁴⁾生搗, 令絲扁不礙筆, 非如今煮練⁵⁾加漿也. 古絹自然破者, 必有鯽魚口與雪絲, 僞作者則否. 或用絹色硬物椎成破處, 然絹本⁶⁾堅易辨. 古畫色黑或淡墨則積塵所成, 自有一種古香可愛. 若僞作者, 多作黃色, 而鮮明無塵暗, 此可辨也.

1) 횡피(橫披)는 가로 폭의 서화이다.
2) 경위(經緯)은 직물의 씨줄과 날줄로 조리나 질서, 물건의 짜임새를 비유하는 말이다.
3) 혹(或)은 약간, 조금이다.
4) 지시(止是)는 다만, 단지이다.
5) 자련(煮練)은 무명, 모시 따위를 잿물에 삶아서 표백하는 것이다.
6) 견본(絹本)은 서화를 그리는데 쓰는 비단. 비단에 그린(쓴) 서화이다.

古畫軸多作簪頂¹⁾, 軸小而重. 今人所用多如蔗段²⁾, 大而輕. 古人用棗木降眞烏木³⁾象牙, 他木不用也.

1) 잠정(簪頂)은 꼭대기에 꽂는 비녀를 이른다.
2) 자단(蔗段)은 사탕수수 토막을 이른다.
3) 강진(降眞)은 '강진향'으로 향나무의 일종으로 '자등향紫藤香'이라고도 한다. *오목(烏木)은 '烏文木'으로 '흑단黑檀'이다.

<u>米南宮</u>多遊江湖間, 每卜居¹⁾必擇山明水秀²⁾處. 其初本不能作畫, 後以目所見, 日漸模仿之, 遂得天趣. 其作墨戲, 不專用筆, 或以紙筋, 或以蔗滓³⁾, 或以蓮房⁴⁾, 皆可爲畫. 紙不用膠礬, 不肯 美術叢書作背⁵⁾ 於絹上作一筆. 今所見<u>米</u>畫或用絹, 皆後人僞作, <u>米</u>父子不如此. 『洞天淸祿』

1) 복거(卜居)는 길흉을 점쳐서 거처를 정하다.
2) "산명수수山明水秀"는 산이 좋고 물이 맑다, 산의 풍경이 아름다움을 형용하는 말이다.

3) 자재(蔗滓)는 사탕수수 즙을 짜고 남은 찌꺼기로 종이 술 등을 만드는 원료로 사용된다.
4) 연방(蓮房)은 중의 거실. 연밥이 들어있는 송이를 이른다.
5) "불긍不肯"에서 '肯'자가 『미술총서』에는 '背'자로 되어 있다.

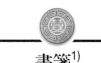

畫箋¹⁾

明 屠 隆 撰

似不似²⁾

畫花趙昌意在似, 徐熙意不在似, 非高於畫者, 不能以似不似第³⁾其高
遠⁴⁾. 蓋意不在似者, 太史公之於文, 杜陵老子之於詩也.

1) 『화전畫箋』은 약 1590년 전후에 명나라 도융(屠隆)이 그림에 관하여 찬술한 것이다.
2) 「사불사似不似」는 『화전畫箋』의 항목으로 닮음과 닮지 않은 것을 논한 것이다.
3) 제(第)는 우열을 평정하다이다.
4) 고원(高遠)은 고상하고 원대하다. 고결하고 심원하다의 뜻이다.

古畫¹⁾

上古之畫, 跡簡意淡, 眞趣自然. 畫譜繪鑒²⁾雖備, 而歷年遠, 其箋素
敗腐不可得矣.

1) 「고화」는 『화전畫箋』의 항목으로 당나라 이전의 옛 그림을 논한 것이다.
2) 『화보畫譜』는 화법을 논한 책이나 화첩이다. *『회감繪鑑』은 그림 그리는 일·감
정·감상하는 것에 관계되는 책이다.

唐畫¹⁾

意趣²⁾具於筆前, 故畫成神足, 莊重嚴律, 不求工巧而自多妙處. 後人
刻意工巧, 有物趣³⁾而乏天趣⁴⁾. 按書畫譜, 將此條與趙昌似不似一條倂爲一條.

1) 「당화唐畵」는 『화전畵箋』의 항목으로 당나라 그림에 관하여 논한 것이다.
2) 의취(意趣)는 의향, 취지, 정취, 흥취인데, 의경(意境)·의태(意態)·의상(意象)·
   의회(意會) 등의 뜻을 함축한 필의(筆意)로 귀결할 수 있다. 작품에 나타난 뜻을
   경영하고 필획을 운용하여 표현한 신태·의취·풍격·공력 등을 가리킨다.
3) 물취(物趣)는 물질의 형태로 경물이나 경치나 인위적인 정취를 이른다.
4) 천취(天趣)는 자연의 정취, 천연의 풍취이다.

宋畵[1]

評者謂之院畵, 不以爲重, 以巧太過而神不足也. 不知宋人之畵, 亦
非後人可造堂室. 如李唐 劉松年 馬遠 夏珪, 此南渡以後四大家也,
畵家雖以殘山剩水[2]目之, 然可謂精工之極.

1) 「송화」는 『화전畵箋』의 항목으로 송나라 그림에 관한 것이다.
2) "잔산잉수殘山剩水"는 패망한 나라의 산천, 전쟁에서 패하였거나 변란 후의 황폐
   한 풍경을 형용하는 말인데, 여기서는 산수화에서 경관의 일부만 그리는 것을 이
   른다.

元畵[1]

評者謂士大夫畵, 世獨尙之. 蓋士氣畵者, 迺士林[2]中能作隸家[3], 畵品
全法氣韻生動, 不求物趣, 以得天趣爲高. 觀其曰寫而不曰畵者, 蓋
欲脫盡畵工院氣故耳. 此等謂之寄興[4], 但加取玩一世, 若云善畵, 何
以上擬古人而爲後世寶藏[5]? 如趙松雪 黃子久 王叔明 吳仲圭之四大
家, 及錢舜擧 倪雲林 趙仲穆輩, 形神俱妙, 絶無邪學, 可垂[6]久不磨,
此眞士氣畵也. 雖宋人復起, 亦甘[7]心服其天趣, 然亦得宋人之家法而
一變者.

1) 「원화」는 『화전畵箋』의 항목으로 원나라 그림에 관한 것이다.

2) 사림(士林)은 학계, 지식인 사회를 이른다.
3) 예가(隸家)는 '사부화士夫畵'로 직업화가의 반대 개념으로 비전문가인 '이가利家'를 이른다.
4) 기흥(寄興)은 사물에 기탁하여 정취를 돋우는 것이다.
5) 보장(寶藏)은 보물로 여겨서 소장하는 것이다.
6) 가수(可垂)는 후세에 전하는 것이다.
7) 감(甘)은 '기꺼이…하다', '즐거이…하다'의 뜻이다.

國朝畵家¹⁾

明興, 丹靑可宋 · 可元, 與之並駕馳驅者, 何啻²⁾數百家? 而吳中獨居其大半, 卽盡諸方之燁然³⁾者不及⁴⁾也.

1) 「국조화가國朝畵家」는 『화전畵筌』의 항목으로 본조인 명나라 화가들에 관한 것이다.
2) 하시(何啻)는 '어찌…뿐이랴!', '오직…만은 아니다'라는 뜻이다.
3) 엽연(燁然)은 빛나는 모양, 왕성하고 기운찬 모양이다.
4) 불급(不及)은 통달하지 못함, 알지 못하는 것이다.

粉本¹⁾

古人畵藁²⁾謂之粉本, 草草³⁾不經意處, 迺其天機⁴⁾偶發, 生意勃然⁵⁾, 落筆趣成⁶⁾, 自有神妙. 有則宜寶藏之.

1) 「분본粉本」은 『화전畵筌』의 항목으로 밑그림을 논한 것이다.
2) 화고(畵藁)는 밑그림이다.
3) 초초(草草)는 간략하게, 대강대강, 허둥지둥, 적당히 하는 것이다.
4) 천기(天機)는 천성, 타고난 기지를 이른다.
5) 생의(生意)는 생기, 활기, 원기 등을 이른다. *발연(勃然)은 왕성하게 일어나는 모양이다.
6) 취성(趣成)은 정취나 운치가 이루어지는 것이다.

臨畫[1]

臨模古畫, 著色最難. 極力模擬, 或有相似, 惟紅不可及, 然無出宋人. 宋人摹寫唐朝 五代之畫, 如出一手, 祕府多寶藏之. 今人臨畫惟求影響[2], 多用己意, 隨手苟簡[3], 雖極精工, 先乏天趣, 妙者亦板[4]. 按既隨手苟簡, 何能精工? 既已[5]妙矣, 何以亦板? 語意矛盾. 國朝戴文進臨摹宋人名畫, 得其三昧, 種種逼眞[6]. 效黃子久 王叔明畫, 較勝二家. 沈石田有一種本色不甚稱, 摹仿諸舊, 筆意奪眞, 獨於倪元鎭不似, 蓋老筆[7]過之也. 評者云: "子昻近宋而人物爲勝, 沈啓南近元而山水爲尤." 今如吳中莫樂泉臨畫, 亦稱當代一絶[8].

1) 「임화臨畫」는 『화전畫筌』의 항목으로 옛 그림 임모하는 것을 논한 것이다.
2) 영향(影響)은 그림자와 메아리인데, 비슷함, 근사함, 지취, 종적, 윤곽 등을 이른다.
3) 구간(苟簡)은 적당히 처리하거나 소홀하게 되는대로 하는 것이다.
4) 판(板)은 생기가 없다, 융통성이 없다, 딱딱하다, 무뚝뚝하다는 뜻이다.
5) 기이(旣已)는 '이미', '기왕에',라는 부사이다.
6) 종종(種種)은 여러 가지, 각종, 갖가지 등의 뜻이다. *핍진(逼眞)은 진실에 거의 가깝다. 마치 진짜와 같다는 것이다.
7) 노필(老筆)은 조련하고 숙련된 필법이다.
8) 일절(一絶)은 유일무이(唯一無二)하다, 제일이라는 뜻이다.

宋繡畫[1]

宋之閨繡畫山水・人物・樓台・花鳥, 針線[2]細密, 不露邊縫[3], 其用絨[4]一二絲, 用針如髮細者爲之. 故眉目[5]畢具, 絨彩奪目[6], 而丰神[7]宛然, 設色開染, 較畫更加, 女紅[8]之巧, 十指春風[9], 迥不可及.

1) 「송수화宋繡畫」는 『화전畫筌』의 항목으로 수놓은 그림을 논한 것이다.
2) 침선(針線)은 바느질, 재봉, 자수의 총칭이다.

3) 봉(縫)은 솔기, 이은 부분이다.

4) 융(絨)은 자수용의 가는 실이다.

5) 미목(眉目)은 눈썹과 눈으로 용모이다.

6) 탈목(奪目)은 눈부시다는 뜻이다.

7) 봉신(丰神)은 용모, 풍채, 풍모를 이른다. *완연(宛然)은 흠이 없이 완전하다는 것이다.

8) 여홍(女紅)은 바느질 자수 등의 여자의 일, 또는 여자들이 만들어 낸 물건, 여자 노동자, 여공 등을 이른다.

9) 춘풍(春風)은 온화한 분위기를 이른다.

看畫法[1]

看畫之法, 如看字法. <u>松雪</u>詩云: "石如飛白[2]木如籀[3], 寫竹應從八法求." 正謂此也. 須着眼圓活[4], 勿偏己見, 細看古人命筆立意[5], 委曲妙處方是.

1) 「간화법看畫法」은 『화전畫箋』의 항목으로 그림을 보는 법을 논한 것이다.

2) 비백(飛白)은 '비백서飛白書'를 이른다.

3) 주(籀)는 '주전籀篆'을 이른다.

4) 착안(着眼)은 눈으로 봄, 고찰함, 관찰함이다. *원활(圓活)은 원만함, 생동감이 넘침, 민첩함이다.

5) 명필(命筆)은 시문(詩文)을 짓거나 그림이나 글씨를 제작하는 것을 이른다. *입의(立意)는 의도, 의향, 생각을 정하는 것이다.

品第畫[1]

以山水爲上, 人物小者次之, 花鳥・竹石又次之, 走獸草蟲又其下也. 更須絹素紙地完整不破, 色雖古而淸潔精神如新, 照無貼襯, 嗅之異香可掬[2], 此其最上品也.

1) 「품제화品第畫」는 『화전畫箋』의 항목으로 작품을 품평하여 서열을 정하는 것을

논한 것이다.

2) 가국(可掬)은 손으로 움켜 쥘 만한 것으로, 정상(情狀)이 뚜렷한 것을 이른다. "후지이향가국嗅之異香可掬"은 그림의 풍취가 달라도 정상에 위배되지 않고 고아함이 뚜렷하게 나타난다는 것을 비유한 것이다.

無名畵[1]

古畵無名款[2]者多畵院進呈卷軸, 皆有名大家, 迺御府畵也. 世人以無名人畵卽塡某人款字[3], 深爲可笑!

1) 「무명화無名畵」는 『화전畵箋』의 항목으로 그림에 그린이의 이름이 없는 것을 논한 것이다.
2) 명관(名款)은 이름을 기록한 '관지款識'이다.
3) 관자(款字)는 '낙관落款'이다.

單條畵[1]

□□□舍宜掛單條, 若對軸[2]卽少雅致, 況四五軸乎? □□□之畵, 適與偶作數筆, 人卽寶傳, 何能有對乎? 今人以孤軸爲嫌, 不足與言畵矣.

1) 「단조화單條畵」는 『화전畵箋』의 항목으로 한 쪽의 두루마리 그림을 논한 것이다. *단조(單條)는 한 폭의 족자(簇子)이다.
2) 대축(對軸)은 한 쌍을 이룬 화축(畵軸)이다.

古絹素[1]

唐紙則硬黃[2]短簾, 絹則絲粗而厚, 有搗熟者, 有四尺闊者. 宋紙則鵠白澄心堂[3], 絹則光細若紙, 揩摹如玉, 間有闊五六尺者, 名獨梭[4]. 元絹有獨梭者與<u>宋</u>相似. 有<u>宓家</u>[5]機絹皆妙.

1) 「고견소古絹素」는 『화전畵箋』의 항목으로 오래된 비단이나 명주의 화폭을 논한 것이다.
2) 경황(硬黃)은 황벽(黃蘗)나무에 밀랍을 섞어 질기고 투명하게 만든 종이인데, 법첩(法帖)을 모사하거나 탁본을 뜨는데 편리하고, 또 색깔이 누렇고 오래 보관할 수 있어서 불경(佛經)을 베끼는데 많이 쓰였다.
3) 곡백(鵠白)은 청결하다, 깨끗하다, 새하얀 것이다. *징심당(澄心堂)은 남당의 후주(後主; 李煜)가 만든 얇고 윤이 나는 '징심당지澄心堂紙'를 이른다.
4) 독사(獨梭)는 용례가 없는데, '독견사獨繭絲'를 이르는 것 같다.
5) 복가(宓家)는 복기견(宓機絹)을 짠 집안으로 원대(元代)에 가흥부(嘉興府) 위당(魏塘)에 있었다. '복기견'은 품질이 균일하고 두껍고 촘촘하게 짜였다.

裱錦[1]

古有樗蒲錦, 又名[2]闍婆錦, 有樓閣錦·紫馳花鸞章錦·朱雀錦·鳳凰錦·斑文錦·走龍錦·翻鴻錦, 皆御府中物 有海馬錦·龜紋錦·粟地錦·皮毬錦. 皆宣和稜 今<u>蘇州</u>有落花流水錦, 皆用作裱首[3].

1) 「표금裱錦」은 『화전畵箋』의 항목으로 표구용 비단을 논한 것이다.
2) 우명(又名)은 딴 이름을 …이라 한다. 또 하나의 이름을 이른다.
3) 표수(裱首)는 서화를 표구한 뒤에 비단으로 장식한 상단의 공백 부분이다.

學畵[1]

人能以[2]畵寓意[3], 明牕淨几[4], 描寫景物[5], 或觀佳山水處, 胸中便生景象[6]. 或觀名花折枝, 想其態度綽約[7], 枝梗轉折[8], 向日舒笑, 迎風欹斜, 含煙弄雨, 初開殘落, 佈置筆端, 不覺妙合天趣, 自是[9]一樂. 若不以天生活潑爲法, 徒竊紙上形似, 終爲俗品. 古之高尙士夫, 如<u>李公</u>

麟 范寬 李成 蘇長公 米 美術叢書誤作宋[10] 家父子輩, 靡不盡臻神品, 賞鑑大雅, 須學一二名家, 方得深知畫意.

1) 「학화學畫」는 『화전畫箋』의 항목으로 그림 배우는 것을 논한 것이다.
2) 능이(能以)는 …은 할 수 있다.
3) 우의(寓意)는 어떤 생각을 직접 말하지 않고 다른 사물에 빗대어 넌지시 비추는 것이다.
4) "명창정궤明牕淨几"는 실내가 정돈되어 있고 청결하다, 잘 정리정돈 된 집을 이른다.
5) 경물(景物)은 풍경, 풍물이다.
6) 경상(景象)은 경관, 현상, 상태이다.
7) 작약(綽約)은 곱고 아름답다.
8) 지경(枝梗)은 나뭇가지이다. *전절(轉折)은 사물이 발전하는 과장에서 원래의 방향이나 형세 등이 변하여 바뀌는 것이다.
9) 자시(自是)는 당연히, 이로부터, 이곳부터, 자기가 옳다고 여기다, 제멋 대로한다는 뜻이다.
10) "미가부자米家父子"에서 '米'자가 『미술총서』에는 '宋'자로 되어 있다.

軸頭[1]

用檀香爲之, 可以除濕遠蠹, 芸麝樟腦[2]亦辟蠹.

1) 「축두軸頭」는 『화전畫箋』의 항목으로 축두를 논한 것이다. *축두(軸頭)는 족자의 아래에 붙이는 막대 축을 가리킨다.
2) 운사(芸麝)는 '운향蕓香'과 '사향麝香'이다. *장뇌(樟腦)는 녹나무의 잎줄기 뿌리 따위를 증류·냉각시켜 만든 무색 반투명의 결정체이다. 강심제(强心劑)·방부제에 쓰이며 '조뇌潮腦'라고도 한다.

藏畫[1]

以杉梢木[2]爲匣, 匣內切勿[3]油漆糊紙, 恐惹黴濕. 遇四五六月之先, 將

畵幅幅展玩[4], 微見[5]風日, 收起入匣, 用紙封口, 勿令通氣, 置透風空
閣, 或去地丈餘, 又當常近人氣[6]. 過此二候方開, 可免黴白. 平時挂
名畵, 須三五日一易, 則不厭觀, 不久惹塵濕. 收起先拂去兩面塵垢,
略見風日, 卽珍藏之, 久則恐爲風濕損其質地.

> 1) 「장화장화藏畵」는 『화전畵箋』의 항목으로 그림 보관하는 것을 논한 것이다.
> 2) "삼사목杉桫木"은 삼(杉)나무와 사라(桫欏)나무이다.
> 3) 절물(切勿)은 결코, 절대로…하지 말라는 뜻이다.
> 4) 전완(展玩)은 감상하다, 완상하다, 음미하는 것이다.
> 5) 견(見)은 햇볕 바람 따위를 쐬다, 노출하다, 접촉하는 것이다.
> 6) 인기(人氣)는 사람의 냄새나 숨을 내쉬는 기운이다.

小畵匣[1]

單條短軸作橫面開關門扇[2]匣子, 畵直放入, 軸頭貼籤[3], 細書某畵, 甚
便取看.

> 1) 「소화갑小畵匣」은 『화전畵箋』의 항목으로 작은 그림을 담는 상자를 논한 것이다.
> 2) 문선(門扇)은 문짝이다.
> 3) 첨(籤)은 표지로 사용하는 가늘고 긴 종이 쪽지이다.

捲畵[1]

須顧邊齊, 不宜局促[2], 亦不可着力捲緊, 恐急裂絹素.

> 1) 「권화捲畵」는 『화전畵箋』의 항목으로 그림을 둘둘 마는 방법을 논한 것이다.
> 2) 국촉(局促)은 비좁음, 다급함, 촉박함, 지나치게 조심하여 부자연스러운 것이다.

拭畫[1]

揩抹[2]畫片不可用粗布, 恐摸擦[3]失神.

1) 「식화拭畫」는 『화전畫筌』의 항목으로 그림을 닦아내는 것을 논한 것이다.
2) 개말(揩抹)은 씻다, 문지르는 것이다.
3) 모찰(摸擦)은 문지르고 비비는 것이다.

出示畫[1]

古畫不可出示俗人, 不知看法, 以手托起畫背就觀, 絹素隨[2]折. 或忽慢[3]墮地, 捐裂莫[4]補.

1) 「출시화出示畫」는 『화전畫筌』의 항목으로 그림을 꺼내서 보여주는 것을 논한 것이다.
2) 수(隨)는 '즉시', '곧', '…하는 족족'의 뜻이다.
3) 홀만(忽慢)은 경시하다, 업신여기다, 얕보는 것이다.
4) 막(莫)은 아무도…하지 않는다, …하지 못한다는 뜻이다.

裱畫[1]

畫不脫落,（不宜數裱, 一裱楷 似應作褙[2]）則一捐精神. 墨跡亦然.

1) 「화표畫裱」는 『화전畫筌』의 항목으로 그림을 표구하는 것을 논한 것이다.
2) "일표해一裱楷"에서 '楷'자는 반드시 '褙'자로 해야 한다.

掛畫[1]

對景[2]不宜掛畫, 以僞不勝眞也. 『說郛』

1) 「괘화掛畫」는 『화전畫筌』의 항목으로 족자나 그림 거는 것을 논한 것이다.
2) 대경(對景)은 눈앞의 경치를 대함, 시기에 적합함, 용도에 맞는 것이다.

清河書畫舫論賞鑒[1]

明 張 丑 撰

賞鑒二義, 本自[2]不同, 賞以定其高下, 鑒以定其眞僞, 有分屬也. 當局者[3]苟能於眞筆中力排草率, 獨取神奇, 此爲眞賞者也. 又須於風塵內, 屛斥臨模, 游揚[4]名跡, 此爲眞鑒者也. 是在當局者顧名思義焉斯可[5]矣.

1) 『청하서화방논상감淸河書畫舫論賞鑒』은 1616년에 명나라 장축(張丑)이 『청하서화방』에서 그림 감정과 감상에 관하여 논한 것이다.
2) 본자(本自)는 본래(本來)이다.
3) 당국자(當局者)는 어떤 일을 주관하여 처리하는 자리에 있는 사람이다.
4) 유양(游揚)은 널리 알림, 전파하는 것이다.
5) "고명사의顧名思義"는 이름을 보고 즉시 함축하고 있는 뜻을 생각하다. 이름 그대로, 글자 그대로라는 것이다. *"언焉…가可"는 어찌 …할 수 있겠는가! 라는 의미로 쓰인다.

鑒定書畫, 須是細辨眞蹟改造, 以定差等. 多見俗子[1]將無名古畫, 亂題款識求售[2]. 或見名位[3]輕微之筆, 一律剗去題識[4], 添入重名僞款. 所以法書名畫, 以無破損爲上, 間遇破損處, 尤當潛心考察, 毋使俗子得行其伎倆[5], 方是眞賞.

1) 속자(俗子)는 속인, 속된 사람이다.
2) 관지(款識)는 글씨나 그림에 써 넣은 표제나 서명 따위를 이른다. *구수(求售)는 매각을 꾀하는 것이다.
3) 명위(名位)는 명성과 지위를 이른다.
4) "완거제지剗去題識"는 화제(畫題)나 관지(款識)를 써놓은 것을 파내어 없애는 것이다.
5) 기량(伎倆)은 수단이나 방법을 이른다.

金碧山水¹⁾, 始於唐之李將軍父子, 李因帝王苗裔, 生於富貴, 喜寫般
遊宮殿等圖. 其用絹則祖吳道子法, 按李思訓早於吳道子, 此論非是. 皆以熱
湯半熟, 入粉搥如銀版, 故作山水人物, 精彩入筆. 五代以來, 此法中
絶²⁾矣. 後人收李畵必以絹辨, 其紋麤者非是. 今按<采蓮圖>一一合
格, 故知其爲名蹟耳. 又按思訓畵本³⁾, 能於遒勁內, 備極古雅淸逸之
趣, 是以妙絶古今⁴⁾. 昭道則一味板細, 相去⁵⁾蓋星淵⁶⁾也. 休承⁷⁾先輩品
定於千載之下, 在彼而不在此者, 其得之心鑒焉.

1) 금벽산수(金碧山水)는 금니(金泥)와 석청(石靑), 석록(石綠)을 주로 사용하여 그
   린 산수화이다. 북종화로 구분하며 이사훈이 창시하였고, '청록산수'라고도 한다.
2) 중절(中絶)은 중단되는 것이다.
3) 화본(畵本)은 그림을 이른다.
4) 절묘고금(絶妙古今)은 고금에 유례없이 절묘하다는 뜻이다.
5) 상거(相去)는 거리, 차이, 차이가 나는 것이다.
6) 성연(星淵)은 별과 연못으로 엄청난 간격, 현격한 차이, 하늘과 깊은 못, 하늘과
   땅만큼의 차이를 이른다.
7) 휴승(休承)은 명나라 문가(文嘉; 1501~1583)의 자이다. 호는 문수(文水)이고, 문
   징명(文徵明)의 둘째 아들이며, 학식이 넓고 성품이 아담하며 옛 것을 좋아하고
   감상(鑑賞)에 정통하였다.

李昇¹⁾畵本, 細潤²⁾中有氣韻, 極爲米南宮所賞識³⁾. 槜李 項氏藏其<高
賢圖>一卷, 蒼茫大類董源, 而秀雅絶似王維. 或謂昇畵彷彿⁴⁾李思訓,
殆擬⁵⁾非其倫⁶⁾矣.

1) 이승(李昇)은 오대(五代) 전촉(前蜀) 성도(成都) 사람이다. 소자(小字)는 금노(錦
   奴)이고, 산수·인물을 잘 그렸다. 그림을 스승에게 배운 바 없고, 처음에 당의
   장조(張璪)의 산수화 한 축을 얻어 며칠 동안 연습하다가 포기하고 말았다. 결국
   독자적인 기법으로 촉중(蜀中; 지금의 四川省 지역)의 산천을 수년 동안 그린 끝
   에 스스로 일가를 이루었다. 그가 그린 <고현도高賢圖>는 창망한 것이 동원(董
   源)의 그림과 아주 비슷하고, 우아한 것은 왕유(王維)의 그림을 꼭 닮았다는 평을
   들었다. 촉중의 '소이장군'이라 불리기도 했다.

2) 세윤(細潤)은 섬세하고 광택이 있다, 곱고 윤이 나다는 뜻이다.
3) 상식(賞識)은 감상하다, 알아주다, 찬양하다, 중시하는 것이다.
4) 발불(彷彿)은 근사함, 비슷함, 또 흐릿하여 분별하기 어려운 모양이다.
5) 태(殆)는 '대개', '대체로', '아마도'라는 부사이다. *의(擬)는 '…하려하다', '…할 예정이다'라는 것이다.
6) 윤(倫)은 동류, 동등한 것이다.

李昇畵品神化爾雅¹⁾, 足稱董北苑 黃鶴山樵之鼻祖, 卽悉力擬倣²⁾, 僅能得其彷彿, 不知者謂昇畵源出李思訓, 此蓋謬論³⁾. 按思訓遺蹟, 行筆精細, 其尖銳若有餘, 濃古者則未之見也.

1) 신화(神化)는 신격화하다. 예측할 수 없는 변화이다. *이아(爾雅)는 우아하다는 것인데, 또 『13경』의 하나로 중국 최고의 자전이다.
2) 실력(悉力)은 전력을 기울이다, 온 힘을 다하는 것이다. *의효(擬倣)는 모방하는 것이다.
3) 유론(謬論)은 잘못된 의론, 황당무계한 논리이다.

河南 兪氏藏董源<仙山樓閣圖>一軸, 絹本, 淺絳色¹⁾, 用筆最爲疏逸²⁾, 不惟³⁾樹石古雅, 人物生動, 而中間界畵精妙, 不讓衛賢 郭忠恕輩. 余每展玩, 如從山陰道上行, 令人應接不暇⁴⁾. 始知湯垕評源<夏山圖>者, 端⁵⁾非虛語. 乃沈括 存中云: "北苑多寫江南眞山, 不爲奇峭⁶⁾, 其用筆極草草, 近視之幾⁷⁾不類物象⁸⁾, 遠觀則景物粲然." 是未許其秀潤⁹⁾也, 豈亦未觀其全耶? 按一人畵法, 本不只¹⁰⁾一種, 評者往往執一以槪其餘, 是未見其全之病. 然古人之迹, 欲見其全, 亦殊不易, 故鑒賞評論, 每爲牴牾¹¹⁾. 至沈氏所述董氏江南眞山, 正是評其秀潤, 而張氏反以爲未許其秀潤何耶?

1) 천강색(淺絳色)은 엷은 붉은색이다.
2) 소일(疏逸)은 담백하고 고상한 것을 이른다.
3) 불유(不惟)는 '…뿐만 아니라'라는 뜻이다.
4) "응접불가應接不暇"는 접대하느라 여가가 없는 것인데, 좋은 경치가 많아서 눈이

쉴 틈이 없다는 것이다.

5) 단(端)은 진실로, 과연, 결국, 대체로 등의 뜻으로 쓰인다.

6) 기초(奇峭)는 산세가 기괴하고 높고 험한 것으로, 필묵이 웅건하고 세속과 같지 않은 것을 형용한다.

7) 기(幾)는 '거의', '하마터면', 등의 부사이다.

8) 물상(物象)은 동물이나 기물 등 자연계의 사물이 환경변화에 따라 나타나는 현상 인데, 민간에서는 이러한 현상으로 기후의 변화를 예측하기도 한다.

9) 수륜(秀潤)은 윤이 나고 아름답다는 뜻이다.

10) 불지(不只)는 '…뿐만 아니라'라는 뜻이다.

11) 저오(牴牾)는 서로 어긋나다, 서로 모순되다, 저촉하다, 충돌하는 것이다.

王洽潑墨[1]成圖, 掃盡俗工刻畵陋習[2], 足稱米 高鼻祖. 惜其畵本罕存, 幾爲烏有先生[3], 良可太息[4].

1) 발묵(發墨)은 수묵화를 그리거나 붓으로 쓸 때 먹물이 번져서 퍼지게 그리는 기법이다.

2) 각화(刻畵)는 애써 묘사하다, 애써 그리는 것이다. *누습(陋習)은 케케묵은 낡은 풍속이다.

3) "오유선생烏有先生"은 세상에 실재하지 않은 가상적인 인물로 사마상여(司馬相如)의 글에 나온다.

4) 태식(太息)은 탄식하다, 한숨 쉬는 것이다.

古今墨竹以石室先生爲最, 而東坡 澹游 鷗波 黃鶴次之. 石室妙蹟,
稀如星鳳[1], 僅於先友[2]處獲[3]觀折竹一小幀, 眞是無上[4]神品. 其鷗波
黃鶴者, 余家各有一本. 所謂<秀石風篁圖>純仿錐畫沙[5]作石, 金錯
刀[6]作竹, 逸趣翻翻[7], 無忝似舅之目. 而鷗波<小竹石圖>, 備極[8]"石
如飛白木如籀, 寫竹還從八法求"之妙. 筆力扛鼎[9], 尤足爲此君[10]傳
神, 下視梅花庵主 五雲閣吏眞培塿[11]耳. 墨竹自七子外, 劉涇・張鎡・李術・田
衍・郭畀・李倜・顧安・張遜・宋克・張紳・王紱・夏昶皆能品.

1) 성봉(星鳳)은 서성과 봉황, 진기한 만물이 보기 드문 것을 비유하는 것이다.
2) 선우(先友)는 선조의 친구, 돌아가신 아버지의 친구이다.
3) 획(獲)은 '…할 수 있다'는 것이다.
4) 무상(無上)은 무사, 최고의, 더 나은 것이 없다는 것이다.
5) 추획사(錐劃沙)는 모래에 송곳을 긋는 것인데, 장봉필법 즉 '중봉필'을 형용하는
   것이다.
6) 금착도(金錯刀)는 동양서화 필법술어로 '금삭서金索書'라고도 한다. 떨면서 물결
   같은 선을 일컫는다. 『談薈』에 "남당(南唐) 이후주(李後主; 李煜)는 글씨를 잘 썼
   는데, 떠는 필치로 쓴 서로 굽은 모양이 강하여 마치 겨울 소나무나 서리 맞은 대
   나무 같아서 금착도(金錯刀; 한대에 천자와 제후가 차던 칼의 이름) 같다."라고
   기재되었다. 『宣和書譜』에 "후주(後主)는 금착도의 방법으로 그림을 그렸는데,
   역시 맑고 상쾌하며 평범하지 않은 별다른 한 격식을 이루었다. 후주의 금착도
   글씨는 한 획의 파임에 세 번 필세를 바꾸는 방법으로 말년에 변화시켜 그림을
   그렸기 때문에 떠는 필치가 서법(書法) 같다."고 하였고, 당대(唐代) 장언원(張彦
   遠)의 『書法要錄』에는 "금착도 서체의 구체적인 형상과 풍모는 지금 찾아보기 어
   렵다."라고 기재되어 있다.
7) 일취(逸趣)는 소탈하고 꾸밈이 없는 빼어난 정취, 세속을 벗어난 흥취이다. *핵
   핵(翩翩)은 날개나 깃촉인데, 나부끼는 것으로 보았다.
8) 비극(備極)은 광범위하게 두루 갖춤이다.
9) 강정(扛鼎)은 솥을 들 만큼 힘이 있다.
10) 차군(此君)은 대(竹)의 별칭이다.
11) 배루(培塿)는 작은 흙 둔덕이나 무덤인데, 자신에 대한 겸사로 쓴다.

古今畫流不相及處, 其佈景用筆不必言, 卽如[1]傅色積墨之法, 後人亦不能到, 細檢唐 宋大著色畫, 高 米水墨雲山, 皆是數十百次積累而成, 故能丹碧緋映, 墨彩晶瑩[2]. 鑒家自當窮究底裏[3], 方見良工苦心[4]. 愼[5]勿與率意點染[6]淡粧濃抹[7]者同類而視之也.

1) 즉여(卽如)는 '바로…와 같다', '즉…와 같다'는 것이다.
2) 정영(晶瑩)은 투명하고 밝다, 반짝반짝 빛나다, 투명하게 반짝인다는 뜻이다.
3) 궁구(窮究)는 깊이 연구함이다. *저리(底裏)는 마음속의 진정, 진심, 내부 상황, 속사정, 내부 깊숙한 곳 등을 이른다.
4) "양공고심良工苦心"은 뛰어난 예술가도 고심하지 않으면 좋은 작품을 만들 수 없다는 뜻이다.
5) 신(愼)은 참으로, 진실로, 절대로, 반드시 라는 부사로 '勿'・'无'・'毋' 등의 금지 부정어와 함께 쓰인다.
6) 솔의(率意)는 생각나는 대로 함, 제멋대로 행동함이다. *점염(點染)은 점경하거나 색칠하는 것으로 그림을 그리는 것이다.
7) "담장농말淡粧濃抹"은 "옅은 화장을 하나 짙은 화장을 하나 모두가 어울리더라!"고 하는 두보의 시구에 나오는 말이다.

石田少時畫本不過盈尺小景[1], 至四十外, 始拓爲巨幅, 粗株大葉[2], 草草[3]而成. 檇李 項氏藏翁<荷香亭卷>, 樹石室宇[4], 最爲精細秀潤, 乃是早歲之作, 然遠不及[5]蔡氏<仙山樓閣卷>也. 蓋<仙山>乃翁盛年所作. 據自跋云: "此卷留心二年始就緒[6], 其間千山萬樹, 寸室分人[7], 各有生態." 比<荷香亭卷>尤覺細潤[8], 而筆力又極蒼古[9], 足稱集大成手. 求之唐 宋名畫目中罕儔[10], 眞可雄視[11]一世.

1) 영척(盈尺)은 한 자 남짓한 것이다. *소경(小景)은 소폭 산수풍경이다.
2) "조주대엽粗株大葉"은 큰 나무와 큰 잎으로 간략하게 개괄함을 형용하는 말인데, 꼼꼼하지 않음을 형용한다.
3) 초초(草草)는 간략하게, 적당히, 허둥지둥, 대강대강 하는 것이다.
4) 실우(室宇)는 가옥, 집을 이른다.
5) "원불급遠不及"은 훨씬 미치지 못한다, 퍽 못하다, 멀리 떨어진다는 뜻이다.

6) 취서(就緒)는 일이 두서 있게 진척되는 것이다.
7) 촌(寸)과 분(分)은 조금, 얼마 안 되는, 근소한 것이다.
8) 세윤(細潤)은 섬세하고 광택이 나다, 곱고 윤택한 것이다.
9) 창고(蒼古)는 고아하고 예스럽다. '고색창연古色蒼然'한 것이다.
10) 한주(罕儔)는 필적할 만한 것이 적다.
11) 웅시(雄視)는 업신여기다, 깔보다, 상대하지 않는 것이다.

評定書畫, 今多以款識爲據, 不知魏 晉字跡[1], 唐 宋畫本, 有款者十
無一二, 間有出後人蛇足[2]者, 在慧眼[3]自不難辨. 有如近年啓南 子畏
二公, 往往手題[4]他人畫筆, 爲應酬之具, 倘[5]非刻意玩索[6], 徒知款識,
雅士[7]亦爲其所眩矣. 似反不如無款眞蹟, 差爲可重也.

1) 자적(字蹟)은 글자의 형체, 필체, 글자가 써진 종이이다.
2) 사족(蛇足)은 군더더기, 공연한 것, 쓸데없는 군더더기를 비유하는 말이다.
3) 혜안(慧眼)은 예리한 안목이다.
4) 수제(手題)는 자기 손으로 손수 직접 서명하다.
5) 당(倘)은 '만약…이라면' 이라는 뜻이다.
6) "각의완색刻意玩索"은 마음을 다해 반복해서 음미하고 탐색하는 것이다.
7) 아사(雅士)는 풍아한 선비이다.

大癡畫格有二: 一種作淺絳色者, 山頭多巖石, 筆勢雄偉; 一種作水
墨者, 皴紋極少, 筆意尤爲簡遠[1]. 近見吳氏藏公<富春山圖卷>, 淸
眞秀拔, 繁簡得中[2], 其品固當在松雪翁上也. 而雲林生云: "黃翁 子
久雖不能夢見房山 鷗波, 要亦非近世畫手[3]可及." 豈元人所重者, 顧[4]
在沈着痛快耶?

1) 우위(尤爲)는 더욱이, 특히, 특별히…하는 것이다. *간원(簡遠)은 간결하고 예스
러우며 심원함이다.
2) 득중(得中)은 적당하다, 적중하는 것이다.
3) 화수(畫手)는 그림 솜씨, 화가를 이른다.
4) 고(顧)는 '오히려', '도리어'라는 부사이다.

輓近世¹⁾談畵, 例推²⁾元人爲第一流, 殊不知³⁾元人畵學, 無不從唐 宋名
賢發源者. 但唐 宋畵本, 眞迹罕存, 好事家多見臨本, 往往從而輕易
之, 殊非尙友⁴⁾眞賞之道也. 試擧一隅⁵⁾言之, 如王蒙山水, 其人物草
樹, 煙雲烘鎖⁶⁾, 一一倣倣李昇, 止皴法爲稍異耳. 項氏藏昇<高賢
圖>卷具在⁷⁾, 熟視細閱⁸⁾, 足可印正⁹⁾, 擧世¹⁰⁾忽而不察, 有愧昔人祭水
先河後海¹¹⁾之義矣.

1) "만근세輓近世"는 최근, 요즘, 근세를 이른다.
2) 예추(例推)는 본보기로 추대하는 것이다.
3) "수불지殊不知"는 전혀 알지 못하는 것이다.
4) 수비(殊非)는 전혀…이 아니다. *상우(尙友)는 고인을 벗으로 삼다. 자기보다 훌
   륭한 사람과 교우한다는 뜻이다.
5) 일우(一隅)는 한쪽 구석이나 또는 사물의 한 부분을 가리킨다.
6) "연운홍쇄煙雲烘鎖"는 안개구름이 돋보이게 감친 것인데, 안개구름이 끼어 빛나
   는 것을 이른다.
7) 구재(具在)는 전부 존재하는 것이다.
8) 숙시(熟視)는 눈여겨 자세히 보는 것이다. *세열(細閱)은 세밀하게 검열하다, 자
   세히 보는 것이다.
9) 족가(足可)는 충분히…할(될) 수 있다는 뜻이다. *인정(印正)은 인증, 검증, 실
   증, 증명하는 것이다.
10) 거세(擧世)는 온 세상, 온 누리, 전 세계를 이른다.
11) "선하후해先河後海"는 바다에 대한 제사에 앞서 강에 제사를 올리는 일로 근원을
   분명하게 가리는 것을 이르는 말이다.

賞鑒書畵要訣, 古今不傳之祕, 大都¹⁾有四, 特爲²⁾拈出: 書法以筋骨爲
神, 不當但求形似; 畵品以理趣³⁾爲主, 奚可徒尙氣色? 此其一. 夷考⁴⁾
宣和 紹興 明昌之睿賞⁵⁾, 弗及寶晉 鷗波 淸閟之品題⁶⁾, 擧一例百, 在
今猶昔, 此其二. 只有千年紙, 曾無千歲絹. 收藏家輕重攸分, 易求古
淨紙, 難覓舊素絹, 展玩時, 眞僞當辨, 此其三. 名流韻士⁷⁾, 競以仿效
見奇, 取重通人⁸⁾, 端在於此; 俗子鄙夫, 專以臨摹藏拙, 遺譏⁹⁾有識,

豈不由兹? 此其四. 是故善鑒者, 毋爲重名[10]所駭, 毋爲祕藏所惑, 毋
爲古紙所欺, 毋爲搨本所誤, 則於此道, 稱庶幾[11]矣.

1) 대도(大都)는 '대부분, 대개, 대체로…하다'라는 뜻이다.
2) 특위(特爲)는 '특별히, 일부러…한다'는 뜻이다.
3) 이취(理趣)는 이치와 정취(情趣), 내용과 조리이다.
4) 이고(夷考)는 공평하게 고찰하다.
5) 예상(睿賞)은 제왕이나 임금(천자)의 감상을 이른다.
6) 보진재(寶晉齋)는 미불(米芾)의 서재 명이다. *구파정(鷗波亭)은 조맹부(趙孟頫)
   의 서재명이다. *청비각(淸閟閣)은 예찬(倪瓚)의 장서각이다. *품제(品題)는 논
   평하여 등급을 나누는 것이다.
7) 명류(名流)는 명사(名士)로 즉 유명한 사람이다. *운사(韻士)는 그림과 서예를 좋
   아하는 즉 운치가 있는 고상한 사람이다.
8) 취중(取重)은 중시하는 것이다. *통인(通人)은 사리에 깊이 통달한 사람이다.
9) 유기(遺譏)는 웃음거리가 되는 것이다.
10) 중명(重名)은 훌륭한 명성, 명예를 중시하는 것이다.
11) 서기(庶幾)는 비슷함, 근사하게 되는 것이다. '거의 …하게 될 것이라'는 뜻도 있다.

畫家以逸格[1]名者, 實始唐時吳道玄, 五代則僧貫休, 宋初則孫知微
郭忠恕輩. 其寫道釋[2]人物·宮室器具, 大都面部[3]衣紋, 以及棟樑門
戶, 事物樣式, 分杪[4]皆有尺度, 初非規規[5]用意爲之, 往往從心所欲[6],
而自不踰乎矩, 惟善鑒者方能知其心畫之妙焉. 此知微＜十一曜象＞
筆意與道玄＜天龍八部＞草本·忠恕＜越王宮殿長卷＞同趣. 雖逸格
而法律森然[7], 機鋒奮迅[8], 豈如後世畫人, 一味放縱狂怪[9], 託名[10]逸筆
以傳乎?(下略)

1) 일격(逸格)은 속세를 벗어난 풍격이다.
2) 도석(道釋)은 도교와 불교이다.
3) 면부(面部)는 얼굴, 안면을 이른다.
4) 분초(分杪)는 매우 사소하다, 작다, 영세한 것이다.
5) 규규(規規)는 얼빠진 모양, 식견이 좁은 모양이다.

6) "종심소욕從心所欲"은 마음에서 하고 싶은 대로 쫓아하는 것이다.

7) 삼연(森然)은 삼엄하다, 법도 등을 엄격하게 지키는 것이다.

8) 기봉(機鋒)은 예리한 어구(語句)나 재치 있고 날카로운 말을 두루 이른다. *분신(奮迅)은 분발하여 빨리 행동하다, 정신을 가다듬고 신속히 행동하다, 떨쳐 일어나는 것이다.

9) 광괴(狂怪)는 분방하고 기괴하다.

10) "탁명일필託名逸筆"은 일필이라는 명목을 사칭하는 것이다.

元鎭書法本自[1]遒勁, 旋就淸婉[2]; 畵品原初詳整[3], 漸趨[4]簡淡, 世人但尙老筆紛披[5], 而不知其早歲之精細, 陋[6]矣哉!

1) 본자(本自)는 본래 바로…이다.

2) 선취(旋就)는 그 자리에서 즉시로, 즉각, 제 때에 …하는 것이다. *청완(淸婉)은 맑고 유연함이다.

3) 원초(原初)는 최초, 원래, 이전이다. *상정(詳整)은 침착하고 매우 정교한 것이다.

4) 점추(漸趨)는 점점 …이 되어가는 것이다.

5) 노필(老筆)은 노련하고 능숙한 필법이다. *분피(紛披)는 어지럽게 퍼지는 모양이다.

6) 누(陋)는 (견문이) 좁은 것이다.

雲林子<雅宜山齋圖>爲陳徵君 惟寅作, 巨幅妙絶[1], 層累[2]無窮, 非晩年減筆可比. 不腆常語[3]同志曰: "雲林最好古淡[4], 非層疊則神不暢; 石田素稱蒼勁[5], 非細潤則妙不顯." 余品兩公畵筆, 左右其祖[6]以此.

1) 거폭(巨幅)은 대형화폭, 그림 따위의 걸작을 이른다. *묘절(妙絶)은 절묘하다, 묘하기 그지없는 것이다.

2) 층루(層累)는 층층으로 쌓다, 누적하는 것이다.

3) 불전(不腆)은 변변치 못하다, 보잘 것 없는 것이다. *상어(常語)는 속담, 속어이다.

4) 고담(古淡)은 수수하면서 고아하다, 단아한 것이다.

5) 창경(蒼勁)은 고아하고도 힘이 있는 것이다.

6) "좌우기단左右其祖"은 '좌우단左右祖'으로 '左祖'과 '右祖'이다. 한 쪽을 도와 편드는 것을 '左祖' '祖護'라 하며, 좌우 어느 쪽에도 편들지 않는 것을 '不爲左右祖'이라 한다. 한나라 때에 고조(高祖)가 죽은 후, 여후(呂后)의 일족이 정권을 독단하자, 주발(周勃)이 여씨(呂氏)들을 없애려고 '여씨를 도울 자는 오른쪽 어깨를 드

러내고, 유씨(劉氏; 한나라 왕실)를 도울 자는 왼쪽어깨를 드러내라'고 명령하자,
군사들이 모두 왼쪽 어깨를 드러낸 일에서 유래한 말이다.

古之名流韻士, 有不事畵學而偏饒畵趣者: 如唐之李林甫, 宋之蔡襄
晁無咎, 勝國¹⁾冷謙, 皇明 徐有貞 祝允明, 往往而是²⁾. 林甫山水精妙,
見高詹事詩句. 蔡襄工書畵頗自惜³⁾, 不妄爲人作, 見歐陽公<墓志>.
無咎閒居濟州 金鄕, 茸東皇< 歸去來園>, 自畵⁴⁾爲圖, 並書記⁵⁾其上.
冷謙讀書學道, 嘗畵<蓬萊仙奕卷>, 大類李思訓. 徐有貞亦有<秋山
圖>, 自賦詩句題之, 筆力極其豪放, 今藏吳中一大姓⁶⁾. 允明曾臨大
米<雲山卷>, 後有自書自跋, 不特瀟灑出塵⁷⁾, 兼得烘鎖之法⁸⁾. 善乎
鄧椿之言曰: "其爲人也多文, 雖有不曉畵者寡矣; 其爲人也無文, 雖
有曉畵者寡矣." 若文湖州之<晚靄橫看>, 其間山水樹石, 兼有王維
關仝筆法, 此又從墨竹一派而恢擴⁹⁾之, 無足多異. 勝國詞人¹⁰⁾, 以詩
賦名家者, 往往兼工書畵, 如張羽 徐賁 陳植 陳惟允等, 學問之外,
各以山水著聞, 此尙游方之內¹¹⁾者也. 獨冷謙以世外高眞¹²⁾, 而其<仙
奕卷>, 丹靑特立¹³⁾一世, 政如王 謝¹⁴⁾家子弟, 自有一種風致¹⁵⁾耶?

1) 승국(勝國)은 전조, 멸망한 전대의 왕조이다.
2) 왕왕(往往)은 도처에, 어지든지, 각 방면에, 종종 …한다는 뜻이다. 시(是)는 '視'
   와 통함으로 보인다는 뜻이다.
3) 자석(自惜)은 자기를 소중히 여긴다는 뜻이다.
4) 자획(自畵)은 스스로 제한함, 자신이 자신의 한계를 정하는 것이다.
5) 서기(書記)는 (글을) 쓰다, 적다, 기재하는 것이다.
6) 대성(大姓)은 명문 집안이나 권세가를 이른다.
7) 불특(不特)은 …뿐만 아니라는 것이다. *소쇄(瀟灑)는 소탈하다, 말쑥하고 멋스
   럽다, 자연스럽고 대범한 것을 형용하는 것이다. *출진(出塵)은 서화 시 따위가
   세속을 초월하다, 출중한 것이다.
8) 겸(兼)은 전부, 전체, 온통, 모두 등의 뜻이다. *"홍쇄지법烘鎖之法"은 바림 하여
   돋보이게 마무리하는 방법이다.

9) 회확(恢擴)은 확충함, 발전시키는 것이다.

10) 사인(詞人)은 사인, 문사이다.

11) "유방지내游方之內"는 국내에서 노닐다, 속세의 복판에 있는 것이다.

12) 세외(世外)는 속세를 떠나는 것이다. *고진(高眞)은 도교의 교의, 득도하여 신선이 된 사람을 이른다.

13) 단청(丹靑)은 붉은 색과 푸른 색인데, 화려한 색채, 그림 또는 초상화를 이른다. *특립(特立)은 뛰어난 것이다.

14) "왕사王謝"는 육조(六朝)시대 명문인 왕(王)씨와 사(謝)씨의 병칭인데, 후대에 명문세족을 이르는 말이 되었다. 진(晉)의 왕탄지(王坦之)와 사안(謝安)의 병칭이다.

15) 풍치(風致)는 풍모(風貌)나 인품(人品)을 이른다.

寶繪錄敍論[1]

明 張泰階 撰

總論[2]

原繪事[3]之作, 倣于神禹之鼎[4], 傳巖[5]之圖. 三代以還, 專門競出, 而晉魏帝王, 頗有精其業者. 但世代旣遐, 遺踪實罕, 不特楮素[6]之流傳有限, 而兵燹之閱歷[7]良多, 意其在桓玄書畫船中, 一時散佚盡矣. 自晉以後, 作述斯繁, 其中源委[8], 略可得而言云. 嘗謂繪事之氣運, 有見有伏, 若與世數共轉旋[9]者. 大抵遇賞鑒家則見, 遇村豎[10]則伏; 遇蕩子[11]則見, 遇守成[12]子則伏. 夫賞鑒家得一古繪, 必與諸名手徧相傳閱[13], 互出品題[14], 當時皆得指名[15]而物色[16]之, 故見; 若村豎則芻狗[17]棄之矣, 故伏. 蕩子不能守其成業[18], 凡祖父所藏, 往往沿門求售[19], 或落賈豎之手, 故見; 守成子旣[20]不忍棄先世簪履[21]之遺, 又不能免匹夫懷寶[22]之懼, 每有訪及者, 必攢眉[23]相對云: "某時被盜, 某時被火, 惟恐[24]勢家之奪." 有祕之金匱, 或一二百年不與人接, 故伏.

<hr>

1) 『보회록서론寶繪錄敍論』은 1631년에 명나라 장태계(張泰階)가 진기한 그림에 관하여 기록한 서론이다.
2) 「총론總論」은 『보회록서론』의 항목으로 총괄하여 전체적으로 논한 것이다.
3) 회사(繪事)는 회화에 관한 일, 그림을 그리는 것, 그림을 이른다.
4) 신우(神禹)는 하(夏)나라 '우禹임금'의 존칭이다. *정(鼎)은 금속으로 만든 발이 셋, 귀가 둘 달린 솥으로, 하나라 우왕이 구주(九州)의 금속을 모아 만든 아홉 개의 솥을 왕위 전승(傳承)의 보기(寶器)로 하였으므로, 국가·왕위·제업(帝業)의 뜻으로 쓰인다.
5) 부암(傳巖)은 땅이름인데, 전설에 상(商)나라 부열(傳說)이 노예일 때 살았던 곳으로 은거하는 곳이나 은사(隱士)를 두루 이르는 말이다.

6) 저소(楮素)는 종이와 비단에 그려진 그림이다.

7) 병선(兵燹)은 전화, 전쟁으로 인한 재해이다. *열력(閱歷)은 겪어 지내옴, 그 일이다.

8) 원위(源委)는 사건의 경위, 자초지종, 본말을 이른다.

9) 전선(轉旋)은 빙빙 돎, 공전하는 것이다.

10) 촌(村)은 촌스럽다, 상스럽다, 속된 것이다. *수(豎)는 젊은 종, 내시, 심부름하는 아이를 이른다.

11) 탕자(蕩子)는 객지로 떠도는 사람, 하는 일 없이 빈둥거리며 방탕하여 집안을 유지 못하는 사람이다.

12) 수성(守成)은 이미 성공한 화업이나, 가업을 실패하지 않도록 잘 지켜 나가는 것이다.

13) 전열(傳閱)은 회람하다, 돌려보는 것이다.

14) 품제(品題)는 품평에 대한 화제나 내용, 평론이나 발문을 이른다.

15) 지명(指名)은 이름이 드러나 알려짐, 시문이나 기예가 남들의 이목을 끄는 것을 이른다.

16) 물색(物色)은 물체의 색깔, 형상, 용모, 경색, 풍경, 자세히 봄, 분별하는 것이다.

17) 추구(芻狗)는 아무런 쓸모가 없게 되어 버린 물건이나 폐물을 비유하는데, 옛날 중국에서 제사지낼 때 쓰던 짚으로 만든 개인데, 쓰고 나면 버리는 물건이므로 이른다.

18) 성업(成業)은 성취한 가업으로 화업이나 업적을 이른다.

19) 연문(沿門)은 집집마다, 한 집 한 집 이라는 뜻이다. *구수(求售)는 팔기를 원함, 팔리기를 바라는 것이다.

20) 기(旣)는 '…뿐만 아니라'이다.

21) 선세(先世)는 선조, 조상을 이른다. *잠리(簪履)는 비녀와 신발이다.

22) 필부(匹夫)는 평범한 사나이, 무모한 사람, 미천한 사람을 이른다. *회보(懷寶)는 많은 보물을 보유하는 것으로, 자신의 재능을 감춤, 재능을 지니고 있는 것이다.

23) 찬미(攢眉)는 눈을 찡그린다는 뜻이다.

24) 유공(惟恐)은 '다만 …할까 두렵다'는 뜻이다.

竊以時候計之, 在宣和之世則見, 至靖康而伏. 當勝國之末則見, 至元亡則伏. 當成 宏¹⁾之交則見, 又數十年而伏. 從此以往, 或見或伏, 其歲月寧可預計²⁾哉? 蓋名筆僅存者, 海內原自寥寥, 偶爲一家緘之櫝中, 則舉世搜索, 俱屬烏有³⁾. 若嗜古者政當⁴⁾其伏, 輒謂唐 宋之筆, 今已不存, 如當世無李之說, 豈其然哉? 唐 宋以前, 姑勿具論, 卽如

子久發跡[5]于海虞[6], 倪迂擅美[7]于梁谿[8], 皆在耳目之間, 咫尺之近, 所
作固自不乏[9], 特爲成 宏諸公, 搜剔[10]已盡, 後來者, 極意訪之, 欲覓
一殘毫剩素[11]而不可得, 此世數之適然[12], 非徵求[13]之不力也.

1) "성굉成宏"은 성화(成化; 1465~1487)와 홍치(弘治; 1488~1505)년간을 이른다.
   '弘'은 청나라 건륭황제乾隆皇帝(高宗)의 이름이 홍력(弘曆)이라서 피휘(避諱)하
   여 '굉宏'으로 표기한 것이다.
2) 예계(預計)는 예상하다, 짐작하는 것이다.
3) 오유(烏有)는 존재하지 않음. 어찌 이런 일이 있을 수 있겠는가?의 뜻이다.
4) 정당(政當)의 정(政)은 정(正)과 같으니, 바로…한 상황에 처하는 것이다.
5) 발적(發跡)은 입신출세하다, 뜻을 이루거나 펼치는 것이다.
6) 해우(海虞)는 지명(地名)으로 강소성(江蘇省) 상숙시(常熟市)이다.
7) 천미(擅美)는 홀로 뛰어나게 아름다운 것이다.
8) 양계(梁谿)는 강소성(江蘇省) 무석시(無錫市) 서쪽에 있는 하천으로 혜산(惠山)에
   서 발원하여 태호(太湖)로 흘러든다. 무석의 별칭으로 쓰였다.
9) 고자(固自)는 원래, 본디, 아직도, 여전히…한 것이다. *불핍(不乏)은 드물지 않
   다, 매우 많은 것이다.
10) 수척(搜剔)은 샅샅이 가려내는 것이다.
11) 잔잉(殘剩)은 남다, 남아있는 것이다. *호소(毫素)는 붓과 종이로 필적이나 작품
    을 이른다.
12) 세수(世數)는 세대(世代)의 수, 수명, 천명이다. *적연(適然)은 당연하다, 물론이
    라는 뜻이다.
13) 징구(徵求)는 서면이나 구두의 형식으로 널리 구하다, 모집하는 것이다.

總之自六朝以迄於唐, 蹊徑[1]不遠, 往往以精姸[2]爲尚, 以深遠爲宗. 北
宋因之, 源流尚合, 至南渡則離而去之矣. 迨勝國諸賢, 趨向最高, 又
超兩宋而直追唐法, 故評畵者有宋不及元之論, 非孟浪也. 至於唐世
惟有王洽一家, 開百世雲山之祖, 南宮 房山轉相摹倣, 可謂形神俱
肖. 若倪迂之取法荊 關, 乃神似非形似也. 故精於鑒識者, 可掩卷而
辨其孰爲六朝? 孰爲唐 宋? 若止水[3]之鑑鬚眉, 纖毫不爽, 是豈贗鼎[4]
諸家所得夢見哉! 余生也晚, 似有夙緣[5], 雖身當其伏, 尚得竊窺一二,

故以蒐羅[6]之所獲, 與見聞之所到者, 一一表而出之, 使石室[7]所祕, 炳炳乎與夏鼎商圖[8]共垂永久, 庶幾古人之像貌[9]如生, 而裒集者之苦心, 亦藉以不朽哉.

1) 혜경(蹊徑)은 좁은 길, 오솔길로 일을 진행시키는 방법, 절차, 방도, 방책을 이른다.
2) 정연(精姸)은 훌륭함, 우수한 것이다.
3) 지수(止水)는 고인 물, 흐르지 않는 물이다.
4) 안정(贗鼎)은 가짜 솥으로 전하여 가짜나 위조품의 뜻으로 쓰인다.
5) 숙연(夙緣)은 전생에 맺어진 인연이다.
6) 수라(蒐羅)는 수집하는 것이다.
7) 석실(石室)은 돌로 만든 묘실로, 도서(圖書)와 보관용 공문서를 저장하는 곳이다.
8) "하정상도夏鼎商圖"는 하나라의 종정과 상나라의 그림이다.
9) 상모(像貌)는 용모이다.

六朝唐畫總論[1]

古來以繪事名者, 大抵皆作人物・花鳥・佛道・鬼神之類. 自顧 陸 張 吳輩出, 始創爲山水一格, 然而世代悠邈, 不可得而詳矣. 自唐以來, 其最烜赫[2]者, 如二李 閻相 右丞 盧鴻 荊 關之屬, 皆能匠心獨得[3], 自闢宗門, 爲當時膾炙[4]. 數子蹊徑, 不甚相遠. 但二李以工麗[5]勝, 右丞以秀潤勝, 較爲特出. 歷代收藏諸家, 不小概見[6]. 迨至[7]勝國之末, 其流傳源委, 始歷歷可考. 如袁淸容等數君子所藏各圖, 種種奪目[8], 止就吳中一隅言之, 若海內巨觀[9], 當不止此.

1) 「육조당화총론六朝唐畫總論」은 『보회록서론』의 항목으로 육조시대와 당나라 그림을 총괄하여 전체적으로 논한 것이다.
2) 훤혁(烜赫)은 이름이 나타나다, 명성이 자자하다는 뜻이다.
3) "장심독득匠心獨得"은 기술이나 예술 면에서 독자적인 경지에 이르다.
4) 회자(膾炙)는 '회자인구膾炙人口'로 회(膾)나 구운 고기(炙)는 맛이 있어 누구 입에나 맞듯이, 어떤 일의 명성이나 평판이 뭇 사람의 입에 오르내림을 이른다.

5) 공려(工麗)는 정교하고 화려함이다.
6) 개견(槪見)은 슬쩍 보다, 대충 훑어보다, 대강 아는 것이다.
7) 태지(迨至)는 …에 이르기까지이다.
8) 탈목(奪目)은 눈부시다는 것이다.
9) 거관(巨觀)은 굉장하여 볼만한 경관, 큰 구경거리이다.

維時[1]精於賞鑒者, 如黃子久 王黃鶴 倪雲林 兪紫芝 吳仲圭 柯敬仲
鄧善之等, 無不互有品評, 遞相[2]甲乙, 而後聲價[3]始定. 所以子久自題
云: "近見<捕魚> <雲谿>二圖, 及<蓬萊飛雪圖>, 知古人下筆誠
非草草, 因此有悟." 紫芝之推尊子久則云: "高出[4]唐人." 仲圭自題亦
云: "近見二李 右丞諸作, 頗有悟入[5]." 總之[6]元季諸公, 靡不傍唐人
門戶, 然其所見, 只前此[7]數圖而已, 其餘無聞焉. 延至我明, 諸圖或
歸內府, 或爲王文恪 徐黙菴所購, 而所善吳匏菴 沈石田 文衡山 唐
子畏 祝希哲諸君子, 亦各出品題, 吟咏[8]殆徧. 故匏菴 衡山之評趙松
雪畵, 皆云: "摹倣唐法." 其評子久亦然. 且云: "不見唐人畵法之屢,
不知松雪之所自來." 據其語意, 沾沾[9]以及見唐畵爲幸[10]. 然亦只此[11]
數圖而已, 其餘無聞焉. 總之唐代去古未久, 風氣淳龐[12], 其用筆如木
鳶楮葉[13], 數年而成, 絶非後世所得夢見, 亦非臨摹所得彷彿. 北宋而
下, 瞠乎後矣[14]. 追索[15]宣和珍祕[16], 絶無品評.

1) 유시(維時)는 당시, 이 때를 이른다.
2) 체상(遞相)은 돌아가면서, 순번대로, 교대로, 교체하는 것이다.
3) 성가(聲價)는 명성이나 평판이다.
4) 고출(高出)은 빼어나다, 한결 높은 것이다.
5) 오입(悟入)은 불교에서 진리를 깨닫고 실상(實相)에 증입(證入)함을 이르는 말,
   또는 깨달음을 두루 이르는 말이다.
6) 총지(總之)는 요컨대, 결국, 필경, 한마디로 말하면, 총괄적으로 말하면 이라는
   뜻의 접속사로 쓰인다.
7) 전차(前此)는 이에 앞서, 이보다 먼저라는 뜻이다.

8) 음영(吟咏)은 시문 등을 읊는다는 뜻이다.
9) 첨첨(沾沾)은 으스대는 모양, 자득한 모양, 경망한 모양이다.
10) 위행(爲幸)은 다행으로 생각하는 것이다.
11) 지차(只此)는 지금 바로, 즉시, 이것으로, 이상으로, 여기까지, 여기에서, 이대로, 그대로 등의 뜻이 있다.
12) 순방(淳龐)은 순박하고 인정이 두텁다는 것이다.
13) 목연(木鳶)은 솔개 모양으로 만들었다는 전설상의 목제 비행기이다. *저엽(楮葉)은 닥나무 잎으로 모방한 것이 진품과 흡사함을 비유하는 말이다. 춘추시대(春秋時代) 송(宋)나라 사람이 상아로 닥나무 잎을 만들었는데, 너무 정교하여 진짜 닥나무 잎과 구별하지 못하였다는 고사에서 유래한다. 『韓非子』「喩老」에 나온다. 이후에 모방한 것이 아주 진짜와 흡사 한 것을 비유하여 '막변저엽莫辨楮葉'이라고 한다.
14) "당호후의瞠乎後矣"는 뒤에서 눈만 휘둥그렇게 뜨고 바라봄, 감히 따라잡으려고 하는 생각조차도 하지 못함을 형용한다.
15) 추색(追索)은 재촉하다, 추구하고 탐색하는 것이다.
16) 진비(珍祕)는 귀중하게 간직하다, 비장하는 것이다.

自後¹⁾繼盛於元末, 而子久爲人倫之最; 再盛於成 宏而衡山爲精鑒²⁾之首. 近世圖之僅存者, 往往屬之巨姓³⁾, 而其間⁴⁾好事, 遂取宋 元遺筆稍稍⁵⁾可觀者, 盡蒙⁶⁾以<捕魚>等圖之名, 而觀者亦從不⁷⁾窺見唐人眞蹟, 未免疑信相半⁸⁾, 認僞作眞, 亦已誤矣. 又有一種不解事⁹⁾者, 謂唐畵爲絶無. 或云唐人筆意, 皆極粗率¹⁰⁾. 又或見倪迂取法¹¹⁾荊 關, 遂云荊 關似倪. 是何異盲子¹²⁾未嘗見日, 或告之曰: "日圓如規," 乃揣以爲鏡, 又揣以爲盤盂, 愈擬而愈失其眞者哉! 噫.

1) 자후(自後)는 이후로 …이다.
2) 정감(精鑒)은 정밀하게 감별하는 것이다.
3) 거성(巨姓)은 명족, 권문세가를 이른다.
4) 기간(其間)은 그 사이, 그 기간, 어느 일정기간을 이른다.
5) 초초(稍稍)는 잠시, 잠깐, 조금, 약간이다.
6) 몽(蒙)은 '몽夢'과 통용된다.
7) 종불(從不)은 지금까지 …아니하다는 뜻이다.

8) 미면(未免)은 아무래도 …이다. *"의신상반疑信相半"은 '반신반의半信半疑'이다.
9) 해사(解事)는 여러 가지 일을 이해하다, 사리를 안다는 뜻이다.
10) 조솔(粗率)은 거칠고 경솔하다, 초라하다, 볼품없는 것이다.
11) 취법(取法)은 본받다, 본뜨다, …에서 방법을 구하다, 본보기로 하는 것이다.
12) 하이(何異)는 무엇이 다른가? 무슨 차이가 있는가? *맹자(盲子)는 장님이다.

又[1]

每見元季諸君, 以繪事名者, 動[2]稱法唐, 而唐人眞蹟後世多未習見[3],
卽元人刻意摹古, 而今亦茫[4]不知其所自矣. 又或哆譚[5]兩宋, 終不及
唐, 何哉? 遡元之袁淸容諸家是大收藏, 元之四大家, 是正法眼[6]. 蓋
緣[7]彼時嗜古者多, 晉 唐遺蹟, 未至澌滅殆盡[8], 用是[9]耳目習熟, 聞見
充拓, 其於持論如印沙畫地[10], 不少依回, 非若今時之影響疑似[11], 以
好古自負者也. 不意[12]前賢已逝, 眞僞日淆, 如楊昇之<蓬萊飛雪>,
在元爲長叔厚所藏, 國初已入天府[13], 而今之爲<飛雪>爲<雪霽圖>
者, 何多歧也? 又王右丞之<捕魚圖>, 在元爲姚子章所藏, 至今尙在
吳門, 而世之贗托[14]者, 何龐雜也? 其楊畫原有[15]趙文敏 黃子久兩家
臨本, 故猶得倣其形似而圖之. 惟<捕魚>一圖, 爲巨室[16]所祕, 當世[17]
特聞而未見, 一時鑿空杜撰[18], 大非[19]右丞面目矣. 嘗見邇來拙繪, 往
往作天神夜叉[20]之狀, 或譏其不肖, 其人忿然作色[21]曰: "汝未見天神,
而何以知其肖不肖也?" 今之未睹唐畫而幷信其非唐者, 夫亦類是哉.
大抵唐世之法, 工妍秀潤, 雖斤斤規矩[22], 而意趣生動自在其中. 二李
右丞原屬一轍[23], 降而荊 關, 標格[24]非遠. 迨宋初名手, 爲董 巨爲營
邱, 已自別一門庭[25], 各一蹊徑, 不啻河漢之遙隔[26]矣. 況下此者, 卽
詹詹[27]焉叔敖其衣冠[28], 又誰得而似之乎? 今旣詳著源委[29], 剖辨毫芒[30],
譬之從來幽室[31], 一炬燎然, 恐今之習爲黎邱氏[32]以炫彼游閒公[33]者,

亦爽然自失[34]矣.

1) 「우又」는 『보회록서론』의 항목으로 육조시대와 당나라 그림을 또 논한 것이다.
2) 동(動)은 '종종', '언제나', '늘', '걸핏하면' 등의 뜻이다.
3) 습견(習見)은 눈에 잘 띄다, 흔히 보이다.
4) 망(茫)은 무지하다, 막연한 것이다.
5) 차담(哆譚)은 입을 크게 벌리고 말하는 것이다.
6) 시정(是正)은 시정하거나 바로잡는 것이다. *법안(法眼)은 불타 오안의 하나로 관찰하는 눈, 예민하고 조예가 깊은 안목을 이른다.
7) 요(繇)는 '從'이나 '由'와 통하며, '…로부터', '…로 말미암아' 등의 뜻이다.
8) "시멸태진澌滅殆盡"은 거의 다 없어진다는 뜻이다.
9) 용시(用是)는 그러므로 이 때문에 이다. *습숙(習熟)은 사물을 숙지하다, 사물에 익숙하다는 것이다.
10) "인사획지印沙畫地"는 '인인니印印泥'와 '추획사錐劃沙'로 중봉필을 가리킨다.
11) 의사(疑似)는 애매모호하다, 확신한 것 같기도 하고 아닌 것 같기도 한 것이다.
12) 불의(不意)는 뜻밖에, 생각 밖에 라는 뜻이다.
13) 천부(天府)는 궁중(宮中)의 부고(府庫)이다.
14) 안탁(贗托)은 '贗託'으로 남의 명의를 빌리는 것인데, 여기서는 '가탁假託' 즉 거짓으로 인증하는 것이다.
15) 원유(原有)는 이전부터 있었다, 고유하는 것이다.
16) 거실(巨室)은 저택, 호족, 명문가이다.
17) 당세(當世)는 현재, 이 세상, 집권자, 권세가를 이른다.
18) 착공(鑿空)은 착공하다, 구멍을 뚫다, 근거 없이 공론하다, 견강부회하는 것이다. *두찬(杜撰)은 근거나 출처가 확실치 못한 저술을 하다, 허구를 조작하는 것을 비유하는 말이다.
19) 비(非)는 '…에 맞지 않다.'는 것이다.
20) 야차(夜叉)는 용모가 추악한 사람이나 험상궂은 사람이다.
21) "분연작색忿然作色"은 벌컥 화를 내며 얼굴색을 붉히는 것이다.
22) 근근(斤斤)은 지나치게 따지는 것이다. *규구(規矩)는 규칙, 법칙, 표준이다.
23) 일철(一轍)은 같은 수레바퀴 자국이라는 뜻으로, 지향하는 바가 같음. 또는 전철(前轍)을 밟는 것이다.
24) 표격(標格)은 품격, 풍격, 기품이다.
25) 문정(門庭)은 문과 정원, 가문, 집안을 이른다.
26) 불시(不啻)는 '다만 …뿐만 아니라', '마치…와 같다'는 뜻이다. *하한(河漢)은 은하수, 허황된 말, 남의 말을 믿지 않거나 무시하는 것이다. *요격(遙隔)은 멀리 떨어져 있다는 뜻이다.

27) 첨첨(詹詹)은 말이 많고 수다스런 모양이다.

28) "숙오의관叔敖衣冠"은 '우맹의관優孟衣冠'으로 예술에서 단순한 모방으로 외양과 형식만 비슷한 것을 가리키는 말로, 옛것을 흡사하게 모방하는 것이다. 전국시대 초(楚)의 재상 손숙오(孫叔敖)가 죽은 뒤 배우인 우맹이 손숙오의 의관을 차리고서 그의 흉내를 냈는데, 초장왕(楚莊王) 및 신하들이 분간을 못하여 손숙오가 되살아났다고 한 고사에서 유래한 말이다.

29) 원위(源委)는 사건의 경위, 본말, 자초지종이다.

30) 부변(剖辨)은 분석하여 밝히는 것이다. *호망(毫茫)은 털끝, 지극히 작은 것을 비유하는 말이다.

31) 종래(從來)는 지금까지, 여태껏, 이제까지이다. *유실(幽室)은 깊숙하고 어두운 방이다.

32) 여구씨(黎邱氏)는 '여구괴黎邱鬼'로 여구(黎邱)에 나타난다는 귀신인데, 남의 아들이나 형제의 모습으로 나타나 사람을 놀린다고 한다. 여기서는 독자성이 없이 남의 그림을 흉내내는 자를 이른다.

33) 유한공(游閒公)은 여유롭고 한가로운 사람이다. 『史記』「貨殖傳」에 "한가한 귀공자들이 관과 칼로 치장하고 수레와 말을 끌고 다니는 것 역시 부귀를 과시하는 것이다. 遊閒公子, 飾冠劍, 連車騎, 亦爲富貴容也."라는 구절이 있다.

34) "상연자실爽然自失"은 '茫然自失'로 멍하니 어찌 할 바를 모르는 것이다.

宋畫總論[1]

自唐以下, 趙□□馳聲江左[2], 黃要叔著美蜀中, 依然唐人風致, 故非趙宋[3]所能囿也. 至若北苑有大方[4]之目, 營邱擅神繪之稱, 郭恕先入淵微[5]之室. 殆宋室弁冕[6], 豈以下諸子所能班[7]乎? 子瞻謂當世無李, 意者諸圖先入內府, 緣未寓目[8]也. 然以耳目未到, 而遂信爲絶無, 眉山氏可謂淺矣. 至如趙大年之神情超邁[9], 王晉卿之體裁瞻麗[10], 范中立之運筆沖恬[11], 郭河陽之樹石蒼勁[12], 俱有唐世作者之遺風焉. 周文矩圖繪士女[13]而尤長于閨幃[14], 李龍眠刻畫衣冠而兼肖其神理[15], 誠大手筆[16]也. 米氏父子雲山獨步, 冠絶[17]一時. 道君睿藻[18]昭垂, 輝煌百代, 可稱高逸[19]. 趙千里兄弟以右丞之精神, 佈二李之慧智, 芳姿[20]勁骨, 不啻²¹⁾兼長. 至於劉 李 馬 夏並屬精能²²⁾, 此南宋之再盛也. 以宋繼唐, 詎可謂之貂續²³⁾哉. 按首句趙下原缺二字, 不知何人, 或係趙幹. 至無李²⁴⁾論乃米芾之言, 與蘇軾無關.

1) 「송화총론宋畫總論」은 『보회록서론』의 항목으로 송나라 그림을 논한 것이다.
2) 첫 구절 '趙'자 아래에 빠져 있는 2자를 유검화(兪劍華)는 조간(趙幹)일 것이라고 했으나, 조창지(趙昌之)이다. 강좌(江左)는 옛날 양자강 하류 남쪽 지역을 말함.
3) 조송(趙宋)은 송나라 조정을 가리킨다. 황실의 성이 조씨(趙氏)이기 때문에 '조송'이라 한다.
4) 대방(大方)은 대도(大道), 상도(常道), 식견이 넓거나 전문적인 지식이 있는 사람, 기본 법칙이나 방법을 이른다.
5) 연미(淵微)는 깊고 미묘하다는 뜻이다.
6) 변면(弁冕)은 옛날 관의 한 가지, 빼어나다, 수령이 되다, 첫 자리를 차지하는 것이다.
7) 반(班)은 같이 보다, 동일시하는 것이다.
8) 연(緣)은 '… 때문에', '…에 의하여'이다. *우목(寓目)은 훑어보다, 주시하는 것이다.
9) 초매(超邁)는 초월하다, 뛰어넘는 것이다.
10) 섬려(贍麗)는 화려하다, 웅대하다, 아름다운 것이다.
11) 충념(冲恬)은 온화하고 담백하다는 뜻이다.
12) 창경(蒼勁)은 고아하고도 힘이 있다는 뜻이다.
13) 사녀(士女)는 그대. 처녀총각. 후대 광범위하게 신사숙녀를 가리킨다.
14) 규위(閨幃)는 내실에 친 휘장이다.
15) 신리(神理)는 정신과 이치이다.
16) "대수필大手筆"은 대단한 솜씨의 필력을 이른다.
17) 관절(冠絶)은 가장 훌륭하다.
18) 도군(道君)은 송나라 '휘종황제徽宗皇帝'이다. *예조(睿藻)는 천자가 지은 문장이다.
19) 고일(高逸)은 고아하고 탈속하다는 뜻이다.
20) 방자(芳姿)는 꽃다운 아름다운 자태이다.
21) 불시(不啻)는 '… 뿐만이 아님', '…와 다를 것이 없음', 똑같은 것을 이른다.
22) 정능(精能)은 정통하고 숙련되다.
23) 초속(貂續)은 훌륭한 것에 하찮은 것이 뒤를 잇다. 작위를 함부로 주는 것이다.
24) "지무이至無李"는 이성(李成)의 그림이 없다는 것이다. 이(李)는 '理'와 통합으로 지극히 허무한 이론으로 볼 수도 있으나, 전자가 옳다고 여긴다.

元畫總論[1]

畵至元代尙已. 趙松雪以精密爲期, 黃子久爲逸格之祖. 探微入妙,
無境不臻, 爲六朝, 爲唐 宋, 俱在筆端; 或二李或右丞, 供其呑吐[2].
不特橫絶一時, 抑且[3]前無作者. 王叔明有舅氏之風, 倪雲林擅幽絶[4]
之韻. 並稱四大家, 不誣已. 管道昇描寫獨工, 固是入林[5]之閨秀; 趙
仲穆精姸具體, 洵哉汗血[6]之虎兒. 可見繪事小技, 亦自有種哉. 吳梅
菴放誕[7]如竹林之達[8], 高尙書磊落如覂駕之駒[9]. 曹雲西標格蒼老[10],
唐子華顧盼生姿[11], 錢舜擧寫生獨步, 徐幼文矩度斤斤[12], 盛子昭臨風
自媚[13], 俱一時之儁, 未易裁也. 說者謂元過於宋, 良然[14]哉.

1) 『원화총론元畵總論』은 『보회록서론』의 항목으로 원나라 그림을 총론한 것이다.
2) 탄토(呑吐)는 삼키고 내뱉는 것으로, 출납 은현 취산 등 변화를 비유함, 속마음을
   모두 털어내 호소하는 것이다.
3) 억차(抑且)는 하물며, 더구나, 게다가 등으로 사용된다.
4) 유절(幽絶)은 수려하고 그윽하며 특이한 것이다.
5) 입림(入林)은 시골에 돌아와 은거하는 것이다.
6) 한혈(汗血)은 피와 땀이란 뜻으로 크게 노력함을 비유한다.
7) 방탄(放誕)은 방탄하다, 턱없이 허튼 소리만 하는 것이다.
8) 달(達)은 저명한, 뛰어난, 지위가 높은 것이다.
9) 뇌락(磊落)은 도량이 넓은 모양, 용모가 준수한 것이다. *봉가(覂駕)는 '泛駕'와
   같은 뜻으로 수레를 엎다. 말이 마구 달려 바른 길에서 벗어남을 형용하는 말이
   다. '泛駕之馬'는 수레를 뒤집어엎는다는 말로 전인의 사적을 따르지 않고 상궤
   에서 벗어난 행동을 하는 영웅을 이른다.
10) 창로(蒼老)는 그림 필치가 고아하고 힘이 있다, 세련되고 박력이 있다, 고담한 것
   이다.
11) 고반(顧盼)은 주의를 돌아보다, 고려하는 것이다. *생자(生姿)는 생기발랄한 자
   태이다.
12) 근근(斤斤)은 자질구레하거나 중요하지 않은 일을 지나치게 따지는 것이다.
13) 자미(自媚)는 스스로 즐기다, 스스로 오락을 찾는 것이다.
14) 양연(良然)은 확실히 이와 같다는 것이다.

雜論¹⁾

古人之畵大抵斤斤肖貌²⁾, 不爽尺寸³⁾, 樹石皴染⁴⁾, 純用正法, 非若後
世以偏鋒取勝也. 迨乎元代諸君, 資性⁵⁾旣高, 取途復正⁶⁾, 往往於唐法
中幻出而爲逸格, 而南宋以下未嘗⁷⁾過而問焉. 猗歟⁸⁾盛矣! 蓋彼時元
運方長, 賢人不立其朝, 所爲不試⁹⁾故藝者, 無怪¹⁰⁾乎繪事絶盛而前後
莫能比方也.

1) 「잡론雜論」은 『보회록서론』의 항목으로 그림에 관하여 잡다하게 논한 것이다.
2) 초모(肖貌)는 서로 닮다, 모습이 닮은 것이다.
3) 불상(不爽)은 차이가 없다, 틀림이 없다. *척촌(尺寸)은 법도나 절도를 이른다.
4) 준염(皴染)은 중국화 기법 중의 준법과 선염법을 말함.
5) 자성(資性)은 성질, 소질, 천품을 이른다.
6) 취도(取途)는 경유한 도로를 골라 가는 것이다. *복정(復正)은 본래의 옳은 상태
   로 되돌아오는 것이다.
7) 미상(未嘗)은 '일찍이 …한 적이 없다', '지금까지 아직 …못하다', '…이라고 할
   수 없다', '결코 …하지 않았다' 등이다.
8) 의여(猗歟)는 아름답구나! 찬탄을 나타내는 것이다.
9) 소위(所爲)는 까닭, 이유, 원인이다. *부시(不試)는 쓰지 않음, 쓰이지 않음, 시
   험을 거치지 않음이다.
10) 무괴(無怪)는 이상할 것 없는 것이다.

俗謂古畵不作對幅, 此直就上古而論也. 後世畵院輩出, 所作者皆進
大內¹⁾之筆, 往往作對幅矣. 勝國諸公, 稍變其體, 或取四事及二事以
爲題款²⁾, 總之春夏秋冬之別名耳. 如予家所藏趙千里四幅, 卽光堯置
之便殿吊屛³⁾者. 以後趙松雪 黃子久 高房山多因他人苦請, 時作四
幅以應之, 未可一律論也.

1) 대내(大內)는 궁중, 황궁을 이른다.
2) 제관(題款)은 책이나 서화의 표지에 작자의 이름 년 월 등을 기입하는 것이다.

  3) 조병(吊屛)은 족자이다.

宋初之畵一變而爲蒼老, 如董 巨與郭河陽其選也. 譬若[1]韓退之一出,
而唐文爲之改觀[2]. 嗣是而後, 代有作者, 如坡公以逸勝, 米老以趣勝,
渡江之後, 邃覺寥廖[3], 得無爲院體[4]拘束哉!

  1) 비약(譬若)은 예를 들면, 예컨대. 만약. 만일. 가령 등이다.
  2) 개관(改觀)은 변모하다, 변모를 일신하는 것이다.
  3) 요료(廖廖)는 매우 적다, 적막하고 공허한 것이다.
  4) 원체(院體)는 송대 화원의 작품이다.

盛唐之畵, 大都婉麗[1]·秀潤, 巧法相兼, 後來荊 關稍加蒼勁, 倪迂更
爲變通其法, 邃成逸格, 此乃獨出之宗派也.

  1) 완려(婉麗)는 유창하고 아름다운 것이다.

米南宮創爲雲山一格, 嘗於咫尺而有煙波千頃[1]之勢, 蓋由唐時王洽
先有此法, 而米氏邃紹其傳, 至其神情酣暢[2], 筆墨圓融[3], 則過於王
矣.

  1) 연파(煙波)는 안개 따위가 자욱한 수면이다. *천경(千頃)의 ‘頃’은 논밭의 면적단
     위로 1경은 백무(百畝)이다. 따라서 ‘千頃’은 매우 광활함을 말한다.
  2) 신정(神情)은 안색, 표정, 기색을 이른다. *감창(酣暢)은 호쾌하다. 호방한 것을
     이른다.
  3) 원융(圓融)은 융통함, 변통함, 원만하여 두루 융화(融和)하는 것이다.

范中立淸曠超遠[1], 王晉卿結構精微, 未可輕置軒輊[2]. 郭河陽蒼然老
筆, 前代所罕, 其出入荊 關者歟?

1) 청광(淸曠)은 고요하고 가없이 넓다, 시원스럽다, 탁 트이는 것이다. *초원(超遠)
은 아득히 멀다, 요원하다, 초탈하다, 자유롭다, 소원한 것이다.
2) 헌지(軒輊)의 '軒'은 수레의 높은 부분을 이르고, '輊'는 수레의 낮은 부분을 말하
는 것으로 경중, 대소, 고조, 우열, 상하가 있음을 말하는 것이다.

南宋畵師無甚表表¹⁾者, 劉 李 馬 夏, 俱負重名²⁾, 而李 馬爲最, 但較
之北宋,

門庭自別, 其風氣使然歟?
1) 표표(表表)는 특이하다, 걸출한 것이다.
2) 부(負)는 누리다, 향유하다. *중명(重名)은 훌륭한 명성, 명예를 중시하는 것이다.

趙魏公秀潤可方摩詰, 婉熟可方李氏父子, 兼以顧 陸皆在其筆端, 凡
有摹倣, 無不盡善¹⁾, 豈止²⁾領袖有元, 千年以來一人而已.

1) 진미(盡美)는 지극히 아름다움. 또는 완미(完美)함이다. '盡善盡美'로『論語』「八
佾」에 "공자께서 소를 평하여, 아름다움을 다하고 또한 훌륭함을 다했다고 하시
고, 무를 평하여 아름다움은 다했으나 훌륭함을 다하지는 않았다. 子謂韶盡美矣,
又盡善也. 謂武盡美矣, 未盡善也."라고 한 구절이 있다.
2) 기지(豈止)는 '어찌…에 그치겠는가?', '어찌…뿐이겠는가?'의 뜻이다.

子久逸格之祖也, 蓋緣享壽遐遠¹⁾, 藝業²⁾愈精, 所爲登峯造極³⁾者, 雖
與王蒙旗鼓相當⁴⁾, 而王蒙終遜一籌⁵⁾也. 倪迂深自貴重, 不輕點染, 譬
如藐姑射⁶⁾神人不食煙火⁷⁾, 故姿態特異.

1) 향수(享壽)는 장수하는 복을 누리는 것이다. *하원(遐遠)은 아득히 먼 것이다.
2) 예업(藝業)은 기예 또는 학업이다.
3) "등봉조극登峰造極"은 최고봉에 이르다, 학문기능이 최고수준에 이른다는 뜻이다.
4) "기고상당旗鼓相當"은 세력이 대등하다, 대등한 형세이다, 막상막하이다.
5) 일주(一籌)는 산가지의 하나로 하나의 계책이다.
6) 막고야(藐姑射)는 신화 상의 산으로 산서성(山西省) 임분시(臨汾市) 서쪽에 있는

옛 석공산(石孔山)을 이른다고도 한다. 『莊子』「逍遙游」에 "막고야산에 신인이 살
고 있는데, 그 살결은 얼음과 눈 같이 희고 아름다움은 처녀 같다. 藐姑射之山有
神人居焉, 肌膚若氷雪, 綽約若處子"라는 구절이 있다.
7) 연화(煙火)는 (도교에서의) 화식. 불에 익힌 음식이다.

高房山運筆天成, 宛然[1]南宮父子, 不止[2]衣冠之肖似也. 梅道人體撰[3]
雖高, 而疎處亦復不免, 所以不利時目歟? 元代逸格之入妙者, 如雲
西老人 方壺羽客及唐子華皆夙[4]具異稟[5], 下筆自超.

1) 완연(宛然)은 마치, 흡사, '완전히…와 같다'이다.
2) 부지(不止)는 '…뿐만 아니라'이다.
3) 체찬(體撰)의 '體'는 시문이나 작품의 체재이고, '撰'은 갖추고 있는 재능과 기량
이다.
4) 숙(夙)은 일찍, 옛날부터, 이전부터이다.
5) 이품(異稟)은 선천적으로 타고난 비범한 재능이다.

盛氏原係專門之學, 而子昭尤稱白眉[1]. 其繪事能綜唐 宋之妙, 然正
爲欲兼衆美[2]而獨擅[3]之, 所以不免步趨[4]隨人而自棄家珍[5]也.

1) 백미(白眉)는 삼국시대 촉한(蜀漢)의 마량(馬良)이 오형제 중 가장 뛰어났는데,
그의 눈썹에 흰 눈썹이 있었다는 고사에서, 여럿 중 가장 뛰어난 사람이나 많은
것 중에서 가장 뛰어난 것을 이르는 말이다.
2) 중미(衆美)는 각종 우수한 점과 좋은 점이다.
3) 독천(獨擅)은 혼자 정통하다, 독점하는 것이다.
4) 불면(不免)은 면할 수 없다, '아무래도 …가 되다'이다. *보추(步趨)는 걷다, 추종
함, 본받음, 모방하는 것이다.
5) 가진(家珍)은 집안의 보배인 가보(家寶)이다.

王孟端兼精衆體, 故摹仿入神[1], 而尤心醉倪迂, 蓋緣藝業相符而好尙[2]
不遠也.

1) 입신(入神)은 입신의 경지에 들다, 절묘하다, 매우 뛰어난 것이다.

2) 호상(好尙)은 좋아하고 따르다, 애호하고 숭상하다, 욕망, 취향을 이른다.

古今之畵, 唐人尙巧, 北宋尙法, 南宋尙體, 元人尙意, 各各隨時不
同, 然以元繼宋, 足稱後勁[1].

1) 후경(後勁)은 후진(後陣)에 배치한 정예군대로 뒤를 계승할 유력한 사람을 이른다.

周文矩專精士女, 刻畵宮室, 似乎尋常淺近[1], 而點染肖物, 命意[2]淵
微, 不下顧 陸家法. 或曰近世十洲 仇君類之. 不知仇之所長, 特依
傍[3]松雪門戶, 故運筆多靈. 至於周之摹景入神, 上掩前代, 則非後世
所能班也.

1) 심상(尋常)은 항상, 언제나 등이다. *천근(淺近)은 평이함, 심오하지 않음, 천박
   하고 저속함, 은폐되지 않음이다.
2) 명의(命意)는 함의, 뜻, 취지, 작문 회화 등의 주제를 결정하는 것이다.
3) 의방(依倣)은 의지하다, 의거하다, 모방하는 것이다.

衡山初年多用偏鋒, 故聲名特噪, 洎[1]晚年漸趨醇正, 間用吳梅菴筆
意, 一種天然秀善・渾厚和平之氣, 撲人眉宇[2], 一望而知爲端人正士[3]
之作也. 大都取精松雪而出入大癡・黃鶴之間. 或曰: 唐有摩詰, 元
有松雪公, 其接武[4]乎. 若以荊・關之峭勁[5], 北苑之皴法補之, 更無遺
憾矣.

1) 박(洎)은 이르다 미치는 것이다.
2) 박(撲)은 몰두하는 것이다. *미우(眉宇)는 눈썹 언저리 부분으로 표정을 이른다.
3) 단인(端人)은 정직한 사람이다. *정사(正士)는 덕행이 바른 선비이다.
4) 접무(接武)는 두발이 서로 닿을 만큼 서로 가깝다, 발걸음이 이어짐, 앞뒤로 이어
   지는 것이다.
5) 초경(峭勁)은 뛰어나고 강건함이다.

裝潢誌[1]

明 周嘉冑 撰

聖人立言[2]敎化, 後人抄卷雕板[3], 廣佈海宇, 家戶頌習, 以至萬世不泯. 上士[4]才人, 竭精靈[5]於書畵, 僅賴楮素以傳, 而楮質素絲之力有限, 其經傳接非人[6], 以至[7]兵火喪亂, 黴爛蠹蝕[8], 豪奪計賺[9], 種種惡劫, 百不傳一. 於百一[10]之中, 裝潢非人, 隨手損棄[11], 良可痛惋[12]. 故裝潢優劣, 實名蹟存亡係焉. 竊謂裝潢者, 書畵之司命[13]也. 是以切切[14]於玆, 探討有日[15], 頗得金針之祕[16], 乃一一拈志, 願公海內. 好事諸公, 有獲金匱之奇[17], 梁間之祕[18]者, 欲加背飾, 乞先於此究心[19], 庶[20]不虞損棄. 俾[21]古蹟一新, 功同再造[22], 則余此志也. 敢謂有補於同心, 冀欲策微勳[23]於至藝, 以附冥契[24]之私云.

1) 『장황지裝潢誌』는 명나라 주가주(周嘉冑)가 표구에 대하여 기록한 것이다. *'장황裝潢은 글씨나 그림을 표구함. 표구에 쓰는 종이는 황벽즙(黃蘗汁)으로 누렇게 물을 들여서 사용하기 때문에 이른다. 일설에는 서화의 둘레를 비단으로 장식하여 선을 두른 안쪽이 마치 연못(潢)처럼 생겼기 때문에 이른다고 한다. 장정(裝幀)하거나 제본하는 것이다. 우리나라는 처음에는 '裝潢'이라는 용어를 그대로 사용하였으나, 조선시대에 단장한다는 '粧'자로 바꾸어 '粧潢'이라고 부르게 되었다.

2) 입언(立言)은 후세에 모범이 될 만한 훌륭한 말을 하다. 인생의 3가지 큰 일로 '立德' '立功' '立言'을 말한다.

3) 조판(雕板)은 판목에 글자를 새기는 것으로 책을 만드는 것을 이른다.

4) 상사(上士)는 학문에 뛰어난 훌륭한 선비를 이른다.

5) 정령(精靈)은 만물을 생성하는 원천이 되는 정력과 기운, 정신, 영혼이다.

6) 비인(非人)은 사람 같지 않은 사람으로 여기서는 서화를 보관할 줄 모르는 사람이다.

7) 이지(以至)는 '…까지', '…에 이르기 까지', '…로 하여', '…때문에'라는 뜻이다.

8) 미란(黴爛)은 곰팡이가 피어 썩는 것이다. *두식(蠹蝕)은 좀먹거나 벌레 먹는 것이다.

9) 계잠(計賺)은 꾀를 써서 남을 속여 빼앗는 것이다.

10) 백일(白一)은 백중의 하나를 말한다.

11) 손기(損棄)는 깨지거나 찢어서 버리다, 훼손시켜 버리는 것이다.

12) 통완(痛惋)은 실의하여 원망하고 애석해한다는 뜻이다.

13) 사명(司命)은 사람의 생명을 관장하는 신, 운명을 맡음, 또는 생사의 권한을 가진 자를 이른다.

14) 절절(切切)은 절절하다, 매우 간절한 것이다.

15) 탐토(探討)는 탐색하여 강구함이다. *유일(有日)은 여러 날이 되었다는 것이다.

16) 금침지비(金針之祕)는 서화를 표구하는 비법을 이른다.

17) "금궤지기金匱之奇"의 '금궤'는 궁중에서 진기한 서화를 보관해 두는 곳이다. 『漢書』「高帝記」에 "공신에게 부절을 갈라서 주어 맹세로 삼고, 이것을 다시 붉은 글씨로 쓰고 철로 새겨 금으로 만든 상자나 돌로 만든 집에 넣어 종묘에 보관하였다. 與工臣剖符作誓, 丹書鐵契, 金匱石室, 藏之宗廟."라는 구절을 보면 금으로 상자를 만들고 돌로 집을 만들어 거듭 봉하게 한 것은 조심하여 소중히 보관한다는 뜻이다.

18) "양간지비梁間之祕"는 은밀

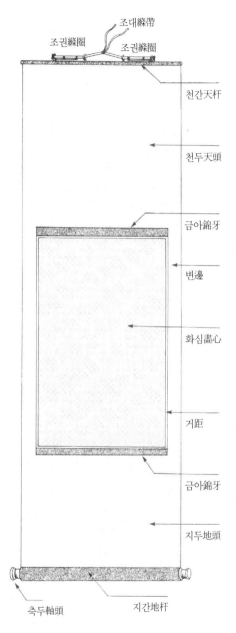

【일색장표一色裝裱의 명칭】

하게 불전 대들보의 두공 안에 보관해 둔 서예의 명첩을 가리킨다. 미불(米芾)의 『書史』 상권에 "옛날 월주에 하나의 절이 있었다. 이 절에서 불전을 보수할 때 대들보 두공 안에서 하나의 함이 나왔다. 거기에는 법첩을 쌍구한 것이 수십 종류가 나왔는데, 기록할 만한 것은 왕희지의 〈七十帖〉…등이었다. 昔越州一寺, 修佛殿, 于梁栱內藏, 函古摹帖數十本, 所可記者, 王右軍七十帖…"이라는 구절이 있다.

19) 구심(究心)은 전심으로 연구하는 것이다.

20) 서(庶)는 거의, 대체로의 뜻이다.

21) 비(俾)는 …을 하다, …을 시키는 뜻이다.

22) 재조(再造)는 다시 고쳐서 만듦, 재생함, 소생시키는 것이다.

23) 미훈(微勳)은 조그마한 공훈이나 공적이다.

24) 명계(冥契)는 서로 말은 주고받지 아니하지만 은연히 마음과 마음이 묵묵히 들어맞는 것이다.

審視氣色[1]

書畫付裝, 先須審視氣色. 如色暗氣沉, 或煙蒸塵積, 須浣淋令淨, 然浣淋傷水亦妨神采[2], 如稍明淨, 仍之爲妙.

1) 「심시기색審視氣色」은 『장황지』의 항목으로 작품의 기색을 자세히 살피는 것이다.

2) 신채(神采)는 예술작품 따위의 정취나 운치·기운과 광채를 이르는 말이다.

洗[1]

洗時先視紙質鬆緊, 絹素歷年遠近, 及畫之顏色黴損受病處, 一一可意調護[2]. 損則連托紙洗, 不損須揭淨, 只將畫之本身副油紙置案上, 將案兩足墊高, 一邊瀉水, 用糊刷[3]灑水淋去塵汚, 至水淨而止. 如黴氣重積汚深, 則用枇杷核[4]錘浸滾水, 冷定洗之, 卽垢汚盡去, 或皂角[5]亦可用, 則急將淸水淋解枇杷·皂角之餘氣, 否則反爲畫害. 愼之! 洗後將新紙印去水氣, 令速乾爲善.

1) 「세洗」는 『장황지』의 항목으로 먼지나 때 등을 씻어서 깨끗하게 하는 것이다.
2) 가의(可意)는 주의하는 것이다. *조호(調護)는 보호(保護)하는 것이다.
3) 호쇄(糊刷)는 표구용 솔·풀을 칠하는 솔이다.
4) 비파핵(枇杷核)은 비파나무 열매 씨이다. 비파나무는 장미과의 상록(常綠) 소교목(小喬木). 남쪽에서 과수 및 관상수로 재배하고 가지가 굵으며 잎의 뒷면과 더불어 연한 황갈색 털이 밀생한다. 10~11월에 꽃이 피고 다음해 6월에 황색으로 열매가 익는다.
5) 조각(皁角)은 쥐엄나무 열매를 싸고 있는 껍질이다. '皁'는 '皂'의 속자이다. 쥐엄나무는 콩과에 딸린 낙엽교목(落葉喬木). 산과 들에 저절로 나는데 열매의 껍데기는 조각(皁角) 또는 조협(皁莢), 가시를 조각자(皁角刺), 씨를 조각자(皁角子)라고 하여 각기 한약재로 사용된다.

揭[1]

書畫性命全關於揭. 絹尚可爲, 紙有易揭者, 有紙薄糊厚難揭者, 糊有白芨[2]者尤難. 恃在良工苦心, 施迎刃之能[3], 逐漸耐煩致力[4]於毫芒微眇[5]間, 有臨淵履冰[6]之危. 一得秦功[7], 便勝淝水之捷[8].

1) 「게揭」는 『장황지』의 항목으로 뒤에 배접된 종이를 한 겹 떼어내는 것이다.
2) 백급(白芨)은 백반을 섞은 풀이다.
3) "유인지능遊刃之能"은 '遊刃有餘'로 『莊子』「養生主」에서 포정이 소를 잡는데 나오는 고사이다. 사물을 투철하게 관찰해 기예가 매우 익숙해서 자유자재하게 운용함을 이르는 말이다.
4) 내번(耐煩)은 번거로움을 견디다, 인내하는 것이다. *치력(致力)은 힘쓰다, 애쓰는 것이다.
5) 호망(毫芒)은 털끝으로 지극히 작은 것의 비유이다. *미묘(微眇)는 미미하다, 경미하다, 미묘한 것이다.
6) "임연이빙臨淵履冰"은 깊은 연못에 임하여 살얼음을 밟는 것으로, 매우 신중하고 조심스러운 것을 비유하는 말이다.
7) "일득진공一得秦功"은 '한 번 진(秦)나라에서 공적을 얻으면'이란 말인데, '일단 떼어내기에 성공하면'이란 뜻이다.
8) "비수지첩淝水之捷"은 '淝水之戰'으로 비수는 안휘성(安徽省)에 있다. 전진왕(前秦王) 부견(符堅)이 동진(東晉)에서 크게 패한 옛 싸움터이다.

補[1]

補綴須得書畫本身紙絹質料一同者, 色不相當[2], 尙可染配. 絹之粗細, 紙之厚薄, 稍不相侔, 視則兩異. 故雖有補天之神[3], 必先煉五色之石. 絹須絲縷相對[4], 紙必補處莫分.

1) 「보보補」는 『장황지』의 항목으로 보수하는 것이다.
2) 상당(相當)은 서로 맞먹음, 서로 같은 것이다.
3) "보천지신補天之神"은 하늘이 도와준 신묘한 재주이다.
4) 상대(相對)는 서로 어울림, 서로 걸 맞는 것이다.

襯邊[1]

補綴旣完, 用畫心[2]一色紙, 四圍飛襯[3]出邊二三分許, 爲裁瓖用糊之地, 庶分毫[4]無侵於畫心.

1) 「친변襯邊」은 『장황지』의 항목으로 그림의 가장자리에 비단이나 종이를 대는 것이다.
2) 화심(畫心)은 족자에서 작품 부분을 '화심'이라고 한다.
3) 비친(飛襯)은 솔로 쓸어서 붙이는 것이다.
4) 분호(分毫)는 극히 적은 분량, 아주 미세한 것을 이른다.

小托[1]

畫經小托, 業已[2]功成, 沈疴[3]旣脫, 元氣復完, 得之華 扁[4]之靈, 不但復還舊觀[5], 而風華[6]氣韻益當翩翩[7]遒上矣.

1) 「소탁小托」은 『장황지』의 항목으로 그림의 뒷면에 풀물로 한 장을 붙여서 그림 전체와 화선지가 하나가 되게 하는 방법이다. *소탁(小托)은 배접하는 것이다.

2) 업이(業已)는 이미, 벌써 등이다.

3) 침아(沉疴)은 고질병, 지병이다.

4) 화편(華扁)은 고대 명의(名醫)인 화타(華佗)와 편작(扁鵲)을 이른다.

5) 구관(舊觀)은 원래의 모양, 원상, 옛 모습이다.

6) 풍화(風華)는 풍채와 재화이다.

7) 편편(翩翩)은 가볍게 날아오르는 모양, 행동이나 풍채가 멋지고 보기에 좋은 것이다. *주상(遒上)은 웅건하여 무리에서 뛰어난 것이다.

全¹⁾

古畫有殘缺²⁾處, 用舊墨不妨³⁾以筆全之, 須乞高手施靈⁴⁾. 友人<u>鄭千里</u>全畫入神, 向爲余全<u>趙千里</u><芳林春曉圖>, 卽<u>天水</u>復生, 亦弗能自辨. 全非其人, 爲患⁵⁾不淺.

1) 「전전」은 『장황지』의 항목으로 완전무결하게 수정하는 것이다. *전(全)은 요즘은 '全色' 이나 '全補顏色'이라하니, 채색을 완벽하게 수정하는 것이다.

2) 잔결(殘缺)은 훼손되거나 없어진 것이다.

3) 불방(不妨)은 무방하다, 괜찮다.

4) 고수(高手)는 기예에 뛰어난 명수(名手)를 이른다. *시령(施靈)은 영연(靈筵)을 설치함. '靈筵'은 신령한 자리나 시체를 두는 곳인데, 여기서는 훼손된 부분을 신묘하게 고치는 솜씨를 이른다.

5) 위환(爲患)은 재앙을 초래하다. 화를 빚어내는 것이다.

式¹⁾

中幅如整張連四²⁾大者, 天³⁾一尺九寸, 地⁴⁾九寸五分. 上玉池⁵⁾六寸五分, 下四寸二分. 邊之闊狹酌用⁶⁾. 小幅宜短, 短則式古, 便於懸挂. 畫心三尺上下者俱嵌邊⁷⁾. 太短則挖嵌⁸⁾, 用極淡月白細絹. 畫如設色深者, 宜用淡牙色⁹⁾, 取其別於畫色也. 小畫天一尺八寸, 地九寸, 上玉池六寸, 下四寸. 大畫隨宜推廣¹⁰⁾式之, 惟忌用詩堂¹¹⁾. 往與<u>王百穀</u>切

論[12]之, <u>百穀經裝數百軸</u>, 無一有詩堂者. 小幅短亦不用詩堂, 非造極[13]
者, 不易語此.

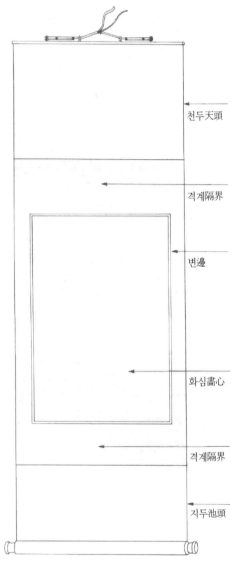

1) 「식式」은 『장황지』의 항목
   으로 두루마리의 격식을 말
   한 것이다.
2) 정장(整張)은 전지이다.
   *연사(連四)는 일명 '연사
   지連史紙'라고도 하며 원산
   지는 절강, 강서, 복건 등
   이다. 원료는 어린 대나무
   를 취하여 풀을 칠하고 석
   회로 처리한 다음 다시 표
   백하여 풀을 짜낸 다음 손
   으로 떠서 종이를 만든다.
   당·송 때는 월죽(越竹)을
   사용하여 만든 것이 제일
   유명하다.
3) 천(天)은 족자에서 화심(畫
   心)의 상격수(上隔水) 윗부
   분에 붙인 넓은 비단으로
   '천두天頭'라고 한다.
4) 지(地)는 족자에서 화심(畫
   心)의 하격수(下隔水) 아랫
   부분에 붙인 넓은 비단으로
   '지두地頭'라고 한다.
5) 옥지(玉池)는 두루마리나
   권의 작품 바로 옆이나 상
   하에 붙이는 비단이나 헝겊
   으로 '격수隔水'라고 한다.
6) 활협(闊狹)은 넓이로 폭을
   말한다. *작용(酌用)은 적
   당히 조절하는 것이다.
7) 감변(嵌邊)은 화심(畫心)
   바로 위아래에 선을 끼어

천두天頭

격계隔界

변邊

화심畫心

격계隔界

지두池頭

【이색장표二色裝裱의 명칭】

넣는 것으로 통칭 '鑲邊'이라 한다.

8) 알감(挖嵌)은 비단을 파내서 끼어 넣는 것이다.

9) 담아색(淡牙色)은 담황색이다.

10) 수의(隨宜)는 적당한대로, 좋을 대로 하는 것이다. *추광(推廣)은 확대시키는 것이다.

11) 시당(詩堂)은 작품을 표구할 때 작품 바로 위나 아래에 작품에 대한 시제나 발문을 써서, 함께 표구하기도 하는데 그 부분을 '시당'이라고 한다.

12) 왕백곡(王百谷)은 왕치등(王稚登)을 가리키며, 명대 문학가로 선대는 강소(江蘇)에 살았는데, 소주(蘇州)로 이사하였고, 그림과 글씨를 잘 하였다. *절론(切論)은 격절(激切)한 의론이다.

13) 조극(造極)은 절정에 도달하다, 매우 높은 경지에 도달하는 것이다.

壞攅¹⁾

嵌攅²⁾必俟天潤³⁾, 裁嵌⁴⁾合縫, 善手⁵⁾施能.

1) 「괴찬壞攅」은 『장황지』의 항목으로 화심 옆에 선을 두르는 것을 말한다. *괴찬(壞攅)은 작품의 가장자리에 선을 끼워 넣거나 두르는 것이다.

2) 감찬(嵌攅)은 구멍을 파서 끼워 넣는 것이다.

3) "감찬필사천윤嵌攅必俟天潤"은 감찬은 반드시 습한 날을 기다려서 해야 한다는 것이다. 습기가 많은 날은 풀의 건조가 더뎌서 풀의 인장력이 약해지기를 기다리는 방법이다. 날씨가 건조한 상태에서 비단 이음작업을 할 경우에는 빠른 건조로 인하여 한쪽으로 휘어지는 경우가 생기기 때문이다.

4) 재찬(裁攅)은 재단하여 끼워 넣는 것이다.

5) 선수(善手)는 솜씨가 좋은 사람, 명수(名手)이다.

覆¹⁾

覆背紙必純用棉料²⁾, 厚薄隨宜, 亦須上壁³⁾與畵心同⁴⁾過, 灑水潤透, 用糊相合, 全在用力多刷, 令紙表裏如抄⁵⁾成一片者, 乃見超乘⁶⁾之技. 或用上號⁷⁾竹料連四, 以好棉料紙托爲覆背用亦妙. 竹料砑易光⁸⁾, 舒捲之間, 與畵有益, 切忌用連七及扛連[9].

1) 「부복」는 『장황지』의 항목으로 배접지를 덧씌우는 것을 이른다. 뒤집는 것은 '복'
   으로 발음한다.
2) 면료(棉料)는 목화를 재료로 만든 질이 좋은 종이의 일종으로 '연사지連史紙'라고
   도 한다.
3) 상벽(上壁)은 배접하여 판이나 벽에 올려붙이는 것이다.
4) '幨'은 없는 글자이고 '擦'의 오자(誤字)인 듯하다. 아니면 '幀'의 오자일 것이다.
5) 초(抄)는 종이를 뜨는 것이다.
6) 초승(超乘)은 수레에 빨리 올라타는 것인데, 용맹하고 민첩함과 출중함을 형용한다.
7) 상호(上號)는 상품으로 불리는 최고급을 이른다.
8) "죽료아역광竹料砑易光"은 고운 대나무를 원료로 만든 종이는 배접에 사용하면
   배접후 문지르면 쉽게 광택이 난다.
9) "연칠連七·강연扛連"은 종이 명칭으로 종이가 윤기가 없고 퍼석하여 질긴 성질
   이 없다.

上壁[1]

上品之蹟無甚大者, 中小之幅, 必須竪貼. 若橫貼, 則水氣有輕重, 燥
潤有先後, 糊性不純和[2], 則不能望其全勝矣. 上壁値[3]天潤, 乃爲得
時. 乾卽用薄紙黏蓋, 以防蚊蠅點汚[4], 飛塵[5]浮染. 停壁逾久逾佳, 俾[6]
盡歷陰晴燥潤, 以副得手應心[7]之妙.

1) 「상벽上壁」은 『장황지』의 항목으로 배접한 것을 판이나 벽에 올려붙이는 것이다.
2) 순화(純和)는 순수하게 골고루 섞이는 것이다.
3) 치(値)은 '…을 만나다', '…에 부딪치다', '때를 맞이하다'는 것이다.
4) 점오(點汚)는 오점을 남기다, 더럽히는 것이다.
5) 비진(飛塵)은 날리는 먼지이다.
6) 비(俾) '…을 하게하다', '…을 시키다', '어떤 효과를 내게 하다'는 것이다.
7) "득수응심得手應心"은 마음먹은 대로 되다, 순조롭게 진행되다, 매우 익숙해 있
   어 자유자재로 한다는 것이다.

下壁¹⁾

上壁宜潤, 貴其滋調, 下壁宜燥, 庶屏瓦²⁾患. 燥潤失宜³⁾, 優劣係焉.

1) 「하벽下壁」은 『장황지』의 항목으로 배접하여 말린 것을 벽에서 떼어내는 것이다.
2) 와(瓦)는 물체중간이 기와 같이 일어난 부분이다.
3) 실의(失宜)는 타당하지 않다, 부적당한 것이다.

安軸¹⁾

安軸用秫米糉子²⁾加少石灰, 鍾黏如膠, 以之安軸, 永不脫落. 灌礬汁³⁾者, 軸易裂, 又易脫.

1) 「안축安軸」은 『장황지』의 항목으로 족자에 축목(軸木; 굴대)을 만드는 것이다.
2) 갱미(秫米)는 멥쌀이다. *종자(糉子)는 '糉'은 '椶'자와 같은 글자로 종려나무 씨이다. 종려나무는 야자과에 속하는 상록교목(常綠喬木), 큰 잎은 부채 살처럼 갈라졌으며, 노르스름한 잔 꽃은 종어(椶魚)라 하여 요리에 사용한다. 다른 곳에는 '椶'자가 '棕'으로 되어 있다. 종자(糉子)는 쌀을 댓잎이나 갈댓잎으로 싸서 세모뿔 따위의 모양으로 만들어낸 떡의 일종이다.
3) 반즙(礬汁)은 백반 액이다.

上桿¹⁾

軸桿檀香爲上, 次用婺源²⁾老杉木舊料, 採取木性定者堪用. 杉性燥, 檀辟蠹, 他木無取. 須令木工製極圓整, 兩頭一齊, 分毫不逾矩度, 捲則無出入³⁾之失.

1) 「상간上桿」은 『장황지』의 항목으로 족자의 상부에 반달 모양의 축대를 만드는 것이다.
2) 무원(婺源)은 강서성(江西省)에 있는 현 이름이다.
3) 출입(出入)은 들락날락하는 것으로 오차, 차이이다.

上貼[1]

畵貼槪用鯽魚背式[2], 余間用方而委角者. 靠裏一面令稍凹以適圓桿之宜[3], 此余究心之微而然. 繩圈[4]如不能金銀者, 銅條亦可, 須稍粗加[5]磨拭堪用. 圈眼勿大, 大小一同, 轉脚入木. 上貼亦不易事, 如人着冠, 切須留意, 瓊瑤[6]在握, 亦自可喜. 再展菁華, 則色飛[7]神爽矣. 若不三雅[8]酬興, 亦須七碗熏心[9].

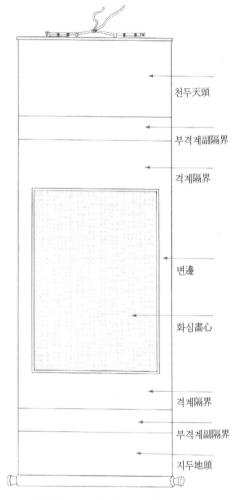

【삼색장표三色裝裱의 명칭】

천두天頭

부격계副隔界

격계隔界

변변邊

화심畵心

격계隔界

부격계副隔界

지두地頭

1) 상첩(上貼)은 『장황지』의 항목으로 상부의 축 즉 반달을 붙이는 것이다.
2) "즉어배식鯽魚背式"은 붕어 등과 같은 양식으로 한 쪽은 평평하고 한 쪽 면은 둥글게 하는 방식이다.
3) 적의(適宜)는 적당하다, 적합하다, 딱 맞게 하는 것이다. *원간(圓桿)은 둥근 막대기이다.
4) 승권(繩圈)은 족자를 걸거나 말아서 묶을 때 사용하는 끈을 연결시키는 고리이다.
5) 수(須)는 대개, 대략, 아마의 뜻이다. *가(加)는 어떤 동작을 하는 것이다.
6) 경요(瓊瑤)은 아름다운 옥이다.
7) 색비(色飛)는 신채 밖으로 드러난 용모나 풍채가

높이 오르는 것이다. *신상(神爽)은 정신이 상쾌한 것이다.

8) 삼아(三雅)는 한(漢)나라의 유표(劉表)가 가지고 있었다는 '백아伯雅'·'중아仲雅'·'계아季雅'의 세 가지 술잔인데, 전의되어 술잔을 이른다.

9) 칠완(七碗)은 '칠완차七碗茶'의 준말이다. 일곱 잔의 차가 지닌 각각의 효험을 이르는 말인데, 전의되어 차를 마시는 것을 칭송하는 대표적인 전고(典故)이다. *훈심(熏心)은 마음을 빼앗기는 것이다.

貼籤¹⁾

宋徽宗 金章宗多用磁藍紙²⁾, 泥金³⁾字, 殊臻莊偉之觀, 金粟牋⁴⁾次之, 長短貼近圈繩處, 毋得過與不及, 此定式也.

1) 「첩첨貼籤」은 『장황지』의 항목으로 첨지를 붙이는 것이다. *첨지(籤紙)는 찌, 찌지로 책이나 족자에의 표제(表題)하는 종이이다.
2) 자람지(磁藍紙)는 자주(磁州)에서 생산되는 쪽빛 종이 같으나 전고가 없다.
3) 이금(泥金)은 금박을 아교에 섞어서 만든 금색 물감이다.
4) 금속전(金粟牋)은 금속산(金粟山)의 대장경을 쓴 종이를 가리킨다.

囊¹⁾

包首²⁾易殘, 最爲畵患. 裝褙³⁾始就, 急用囊函.

1) 「낭囊」은 『장황지』의 항목으로 표구된 그림을 넣어두는 자루를 이른다.
2) 포수(包首)는 표구된 뒷면의 머리 부분을 이른다.
3) 장치(裝褙)는 고적 서화를 표구하다.

染古絹托紙¹⁾

古絹畵必用土黃²⁾染紙托襯, 則氣色湛然³⁾可觀, 經久逾妙, 土出鍾山之麓, 因近孝陵, 禁取艱得, 染房⁴⁾多有藏者, 最忌橡子⁵⁾水染紙, 久則透出絹上作斑漬可恨[6]. 舊紙浸水染俱不堪用.

1) 「염고견탁지染古絹托紙」는 『장황지』의 항목으로 옛 비단 배접지를 물들이는 방
법이다. *탁지(托紙)는 안(밑)에 바르는 종이이다.
2) 토황(土黃)은 황토색 흙이다.
3) 담연(湛然)은 맑고 깨끗한 모양이다.
4) 염방(染房)은 염색 하는 집, 염색소이다.
5) 상자(橡子)는 상수리나무의 열매로 도토리이다.
6) 가한(可恨)은 밉상·가증·원망스러운 것이다.

治畫粉變黑[1]

畫用粉或製不得法, 或經穢氣熏染[2], 隨變黑色矣. 生紙用粉猶易變
黑. 用法治之其白如故[3]. 法用白淨醶塊[4]調水, 卽浣衣者, 以新筆塗黑
處, 不可使暈[5]開. 將連七紙[6]覆蓋, 捲收, 過半月取看, 其黑氣盡透連
七紙上. 如未退淨, 再如法治, 輕則一二次退, 年久者三·四次無不
潔淨如新. 再用新烹淡茶塗一次, 以去醶氣.

1) 「치화분변흑治畫粉變黑」은 『장황지』의 항목으로 호분으로써 그린 것이 검게 변
한 것을 처리하는 방법이다.
2) 예기(穢氣)는 얼룩이나 악취이다. *훈염(熏染)은 점점 물드는 것이다.
3) 여고(如故)는 원래와 같다, 전과 같다는 것이다.
4) 염괴(醶塊)의 '醶'은 산(酸)으로 수산화나트륨(가성소다) 즉 양잿물 덩어리이다.
5) 훈(暈)은 바림하다, 우리다, 자국 없이 무리지우는 것이다.
6) 연칠지(連七紙)는 '연사지連史紙'의 일종으로, 명(明)나라 영락(永樂; 1403~
1424) 중 나라에서 강서(江西) 서산(西山)에 관국(官局)을 설치하여 종이를 만들
었는데, 가장 두텁고 좋은 것을 '연칠連七'·'관음지觀音紙'라고 한다.

忌[1]

覆背紙切不可以接縫當中[2], 舒捲久有縫處則磨損畫心

1) 「기忌」는 『장황지』의 항목으로 금기해야 할 것이다
2) 당중(當中)은 중간이다.

手卷[1]

每見宋裝名卷, 皆紙邊, 至今不脫. 今用絹折邊不數年便[2]脫, 切深恨
之. 古人凡事期必永傳, 今人取一時之華, 苟且[3]從事, 而畫主及裝者
俱不體認, 遂迷古法. 余裝卷以金粟牋用白芨糊折邊永不脫, 極雅致.
白芨止可用之於邊.　覆紙選上等連四料潔而厚者錘過則更堅緊質重.
包首通後, 必長托用長案接連[4]幰之. 如卷太長, 則先表[5]前半, 壓定俟
乾, 再表後半. 必以通長無接縫爲妙. 砑令極光. 卷貼與卷心桿[6], 用
料不多, 必用檀香. 卷貼兩頭刻凹些須以容包首. 折邊之痕, 視之一
平可愛. 帶襻[7]用金銀撒花[8]舊錦帶, 舊玉籤, 種種精飾[9], 纔一入手, 不
待展賞, 其潔緻璀煌[10], 畫論叢刊本作璨[11] 先已爽心目矣. 綾錦包袱, 袱用
匣或檀惑楠 美術叢書本作本[12] 或漆, 隱書畫之品而軒輊[13]之.

1) 「수권手卷」은 『장황지』의 항목으로 족자에 관한 것이다.
2) 수권(手卷)은 족자인데, '두루마리'라고도 한다. *편(便)은 '비록…일지라도', '설
   령…하더라도'라는 뜻이다.
3) 구차(苟且)는 그럭저럭 되는대로 살아가다, 그럭저럭 되는대로 하다, 소홀히 하
   다, 대강대강 해치우는 것이다.
4) 접연(接連)은 붙여서 연결하는 것이다.
5) 표(表)는 붙이는 것으로, '裱'와 통하며, 표구나 장황을 이른다.
6) 권첩(卷貼)은 족자를 말 때 사용되는 윗면의 반달이다. *권심간(卷心桿)은 아랫
   면의 족자축이다.

7) 대반(帶襻)은 띠와 끈, 헝겊으로 만든 단추를 거는 고리를 말한다.

8) 살화(撒花)는 들쑥날쑥한 꽃봉오리로써 장식한 도안이다.

9) 정식(精飾)은 정밀하게 꾸미는 것이다.

10) 치(緻)는 정교하다, 세밀한 것이다. *최황(璀煌)은 구슬이나 옥의 광채가 찬란한 모양, 반짝반짝 빛나는 모양이다.

11) "최황璀煌"에서 '煌'자가 『畵論叢刊』에는 '璨'자로 되어 있다.

12) "혹남惑楠"에서 '楠'자가 『美術叢書』본에는 '本'자로 되어 있다.

13) 헌지(軒輊)의 '軒'은 수레의 앞이 높은 것이고, '輊'는 수레의 앞이 낮은 것인데, 고저(高低)·상하(上下)·대소(大小)·경중(輕重)·우열(優劣)이 있음을 형용하는 말이다.

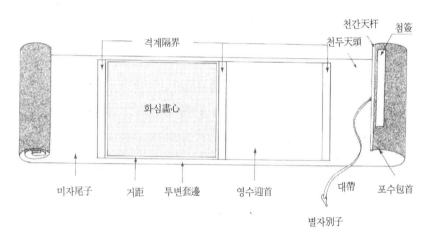

【수권표手卷裱의 명칭】

冊葉[1]

前人上品書畫冊葉, 卽絹本一皆[2]紙挖紙瓖, 今庸劣之跡, 多以重絹外折邊, 內挖嵌, 至松江穢跡[3], 又奢以白綾[4], 外加沉香絹邊[5], 內裏藍線, 逾巧逾俗. 俗病難醫, 顧我同志恪遵[6]古式, 而黜今陋. 但裏紙層層用連四勝外用綾絹十倍. 朴於外而堅於內. 此古人用意處. 冊以厚實爲勝, 大者紙十層, 小者亦必六七層, 裁折[7]之條, 後同碑帖.

1) 책엽(冊葉)은 『장황지』의 항목으로 서화첩(書畵帖)을 만드는 방법이다.
2) 일개(一皆)는 하나같이 모두, 전부, 일률적으로, 예외 없이 등의 부사로 사용된다.
3) 예적(穢跡)은 추악한 행적(行跡)으로 여기서는 지저분한 화첩을 이른다.
4) 백릉(白綾)은 줄무늬가 있는 두껍고 윤이 나는 흰 비단이다.
5) 견변(絹邊)은 (비녀 따위를 장식하는데 쓰는) 얇은 비단이다.
6) 각준(恪遵)은 정성을 다하여 힘써 지키는 것이다.
7) 재절(裁折)은 마름질하는 것이다.

碑帖[1]

余於金石遺文[2]尤更苦心. 每拓一碑授裝, 心力爲竭. 先錄其文, 籌定[3] 每行若干字, 每字若干行, 及擡頭[4], 年月, 首尾, 附題, 小跋, 前後副 葉, 皆擇名箋[5], 一一畵定[6]程式, 然後恭貌婉言致之. 裝者之能, 惟在 裁折. 折須 畵論叢刊本缺[7] 前後均齊, 裁必上下無跡. 裁折善而能事畢 矣. 碑已條悉, 帖亦如斯.

1) 비첩(碑帖)은 『장황지』의 항목으로 비첩을 표구하는 방법이다.
2) 금석(金石)은 금석문자로 옛날의 종정문(鐘鼎文)이나 비석에 새겨진 글자이다.
   *유문(遺文)은 옛사람이 생전에 지은 글이 남아 있는 것이다.
3) 주정(籌定)은 계획하여 결정하다.
4) 대두(擡頭)는 옛날 서신 공문서 따위에서 상대방의 이름을 언급할 때 상대방에게
   존경을 표시하기 위하여 귀인(貴人)의 성명위에 한 자의 간격을 비워두는 서식이
   다. 글을 바꾸어 써야 할 글자를 본문과 같은 위치로 하는 것을 '平擡頭'라 하고,
   본문보다 한자 위에 올리는 것을 '單擡頭'라 하며, 두 자 올리는 것을 '雙擡頭'라
   고 한다.
5) 전(箋)은 편지를 쓰거나 간단한 마음을 쓰는 데 사용되는 종이이다.
6) 획정(畵定)은 그어서 정하다. 한정하는 것이다.
7) "절수전후균제折須前後均齊"에서 '須'자가 『畵論叢刊』에는 누락되어 있다.

墨紙[1]

碑帖本身[2]紙或綿・或竹, 及搨法或烏金[3] 蟬翅・雪花等色, 俱一一染
搨配同一色, 裝成則渾成無跡.

> 1) 묵지(墨紙)는 『장황지』의 항목으로 탁본한 것을 표구할 때 사용하는 종이에 관
> 한 것이다.
> 2) 본신(本身)은 그 자신. 그 자체를 이른다.
> 3) 오금(烏金)은 먹의 다른 명칭이다.

硬殼[1]

碑帖冊葉之偉觀[2]而能歷久無患者, 功係硬殼, 工倍料增, 不敢屬望[3]
於裝者. 余裝有碑帖百餘種, 冊葉十數部, 皆手製硬殼, 糊用白芨明
礬少加乳香黃蠟, 又用花椒百部[4]煎水投之. 紙用秋闈敗卷[5], 純是縣
料, 價等劣紙, 以之充用可謂絶勝. 間用金膏紙, 擇風燥之候, 用厚糊
刷紙三層, 以石砑之, 疊疊如是, 曝之烈日[6], 乾以大石壓之聽用[7]. 其
堅如木, 但裝者艱裁, 而可永無蠹蝕[8]脫落等患. 帖冊賴此外護, 內獲
無咎, 功莫大焉. 各種綾絹隨宜加飾.

> 1) 「경각硬殼」은 『장황지』의 항목으로 겉표지를 단단하게 하는 방법이다.
> 2) 위관(偉觀)은 훌륭한 볼거리, 경치, 장관, 위관 등을 이른다.
> 3) 촉망(屬望)은 바라다, 희망을 걸다, 마음을 두는 것이다.
> 4) 백부(百部) '파부초婆婦草'라고 하는 여러해살이 풀이다.
> 5) 추위(秋闈)는 명청(明淸)시대에 실시된 향시로 가을에 실시되었으므로 이렇게 이
> 른다. *권(卷)은 시험 답안지이다.
> 6) 열일(烈日)은 강하게 내리 쬐는 태양이다.
> 7) 청용(聽用)은 기다려서 사용한다는 것이다.
> 8) 두식(蠹蝕)은 좀이 먹는 것이다.

又方[1]

糯米浸軟[2], 擂細[3]濾淨, 淋去水, 稠稀[4]得所, 入豆粉[5]及篩過石灰各少許[6]打成糊, 以之打硬殼·裝帖冊等用更堅. 外面裝裏仍用麵糊, 切記[7]成器後初年須置近人氣處, 或淋榻被閣[8]上尤妙. 不可令其發蒸, 待一年後, 於中藥性定, 其堅如石, 永不蒸蛀也.

1) 「우방又方」은 『장황지』의 항목으로 겉표지를 단단하게 만드는 또 다른 방법이다.
2) 나미(糯米)는 찹쌀이다. *침연(浸軟)은 물에 담가서 부드럽게 하는 것이다.
3) 뇌세(擂細)는 잘 갈아 부수는 것이다.
4) 조희(稠稀)는 된 것과 묽은 것의 농도를 이른다. *득소(得所)는 걸맞은 지위(자리)를 얻는 것이다.
5) 두분(豆粉)은 콩가루이다.
6) 소허(少許)는 소량, 얼마간, 약간을 이른다.
7) 절기(切記)는 단단히(꼭) 기억하는 것이다.
8) 상탑(牀榻)은 침대의 총칭이다. *피각(被閣)은 이불장이다.

治糊[1]

先以花椒熬湯[2], 濾去椒, 盛淨瓦盆內放冷. 將白麵逐旋輕輕糝上, 令其慢沉, 不可攪動[3], 過一夜明早攪勻[4]. 如浸數日, 每早必攪一次, 俟令過性, 淋去原浸椒湯[5], 另放一處, 却入白礬末乳香少許, 用新水調和, 稀稠[6]得中, 入冷鍋內, 用長大擂槌[7]不住手擂轉不令結成塊子, 方用慢火[8]燒, 候熟, 就鍋切作塊子, 用元浸椒湯煮之, 攪勻再煮, 攪不停手, 多攪則糊性有力. 候熟取起面上用冷水浸之, 常換水可留數月, 用之平貼不瓦, 黴候不宜久停, 經凍全無用處.

1) 「치호治糊」는 『장황지』의 항목으로 풀을 만드는 방법이다.
2) 화초(花椒)는 산초(山椒)나무로 가시가 있고 열매는 검은 색으로 조미료나 약재

로 쓴다. *오탕(熬湯)은 은은한 불로 오래 끓이는 것이다.

3) 교동(攪動)은 뒤섞다, 요란하게 휘젓는 것이다.

4) 교균(攪勻)은 골고루 섞이게 잘 젓는 것이다.

5) 탕(湯)은 즙, 국물 찌꺼기이다.

6) 희조(稀稠)는 농도가 묽고 짙은 것을 이른다.

7) 뇌퇴(擂槌)는 절굿공이, 막자, 유봉을 이른다.

8) 만화(慢火)는 약한 불이다.

用糊[1]

裱之於糊, 猶墨之於膠, 墨以膠成, 裱以糊就. 膠用善則靈液淸虛, 糊用佳則捲舒溫適[2]. 調用[3]之宜, 妍嬬攸賴. 良工用糊如水, 止在多刷, 刷多則水沁透紙, 凝結如抄[4]成者, 不全恃糊力矣. 如墨用膠輕只資錘擣之力耳.

1) 「용호用糊」는 『장황지』의 항목으로 풀을 사용하는 방법이다.

2) 온적(溫適)은 부드러우며 알맞은 것이다.

3) 조용(調用)은 전용하다, 이동하여(조달하여)쓰다, 조화롭게 사용되는 것이다.

4) 초(抄)는 종이를 만드는 공정의 하나로 초지(抄紙; 종이를 뜸)를 이른다.

紙料[1]

紙選涇縣連四或供單或竹料連四, 復背隨宜充用. 余裝軸及卷冊碑帖皆純用連四, 絶不夾一連七. 連七性强不和適. 用連四如美人衣羅綺, 用連七如村姑着布. 夫南威 絳樹[2]登歌舞之筵, 方藉錦綺以助妍, 豈容曳布趑趄[3], 以取村枯之誚?

1) 「지료紙料」는 『장황지』의 항목으로 종이의 원료에 관한 것이다.

2) 남위(南威)와 강수(絳樹)는 고대의 미녀이다. '남위南威'는 '南之威'로 『戰國策』 「魏策」에 "진문공(晉文公)이 남지위를 얻고 3일간이나 조회를 하지 않았다. 그런

뒤에 남지위를 쫓아내고 이르길 '후세에 반드시 여자 때문에 나라를 망치는 자가
있을 것이다.'라고 하였다."는 내용이 있다. 이것을 인용하여 남지위가 미녀의 대
명사로 사용된다. '강수絳樹'는 위문제(魏文帝)의 『답번흠서答繁欽書』에 "지금 세
상에서 제일 아름다운 춤을 강수보다 잘 추는 사람이 없고, 맑은 노래는 송갈(宋
葛)보다 더 잘 부르는 이가 없다."고 하였고, 유견오(庾肩吾)의 〈영미인시詠美人
詩〉에도 "강수와 서시(西施)는 모두 아름다운 용모와 자태를 겸비한 미인이다."
라고 하였다.
3) 자저(趑趄)의 '趑'는 '趑'의 속자이며, 걷기 힘들다, 머뭇머뭇하는 모양이다.

綾絹料[1]

宣德綾佳者勝於宣和, 糊窗綾其次也. 嘉興[2]近出一種綾, 闊二尺, 花
樣絲料皆精絶, 乃從錦機改織者, 固書畵之華衰[3]也. 蘇州機窄以之作
天地有接縫可厭, 須令改機加重定織者堪用. 白門[4]近亦織綾可用, 但
花不高拱, 須經上加一絲織爲妙, 屢語之終不能也. 絹用蘇州 鐘家巷
王姓織者, 或松江絹皆可爲挖嵌包首等用[5], 天地皂綾雖古雅, 皂不耐
久易爛, 余多用月白[6]或深藍.

> 1) 「능견료綾絹料」는 『장황지』의 항목으로 비단의 재료에 관한 것이다.
> 2) 가흥(嘉興)은 절강성(浙江省)의 현 이름이다.
> 3) 곤(衰)은 많다, 성한 것이다.
> 4) 백문(白門)은 남경(南京)의 다른 이름이다.
> 5) 등용(等用)은 당장 필요한 것이다.
> 6) 월백(月白)은 옅은 남색으로 달빛 같아서 월백으로 불린다.

軸品[1]

•••••••• ••••••
軸以玉雖偉觀不適, 用犀爲妙. 書論叢刊本作"軸以玉雖偉觀. 然不適用. 犀爲妙."
余以牙及紫檀倩[2]濮仲謙倣漢玉雕花, 間用白竹雕者, 及梅綠竹・斑

竹爲之, 又命漆工倣金銀片倭漆及諸品塡漆等製各種款樣³⁾, 殊絢爛
可觀, 皆余創製.

1) 「축품軸品」은 『장황지』의 항목으로 족자 축에 관한 것이다.
2) 천(倩)은 남에게 부탁하는 것이다.
3) 관양(款樣)은 양식, 격식, 스타일을 이른다.

佳候¹⁾

已涼天氣未寒時, 是最善候也. 未黴之先候亦佳. 冬燥而夏溽, 秋勝
春, 春勝冬夏, 夏防黴, 冬防凍.

1) 「가후佳候」는 『장황지』의 항목으로 표구하기에 좋은 날씨에 관한 것이다.

裱房¹⁾

裱房惡地濕而憚風燥. 喜溫潤²⁾而愛虛明. 裝板³⁾須高, 利畵堅幰. 必安
地屛, 杜濕上蒸.

1) 「표방裱房」은 『장황지』의 항목으로 표구하기에 좋은 방에 관한 것이다.
2) 온윤(溫潤)은 따뜻한 습기가 적당하여 온화한 것이다.
3) 장판(裝板)은 표구할 때 사용되는 널빤지이다.

題後¹⁾

前所條列, 頗極詳嚴²⁾, 蓋爲古迹神妙者, 氣脈將絶, 倘付託得人³⁾, 使
可超劫⁴⁾回生, 再歷年月, 垂賞於世⁵⁾, 豈不偉歟? 故余切切婆心⁶⁾, 不
辭煩瀆⁷⁾, 若近代庸迹, 尋常付裝, 何煩深究? 但有切要⁸⁾二條: 畵主必

自經心[9], 托畫須用綿紙自備去, 庸工必以扛連紙托, 或連七紙. 用扛連如藥用砒霜, 永世不能再揭, 畫命絶矣, 連七如用輕粉[10], 雖均是毒, 尚可解救[11]. 扛連雖與綿紙等價, 庸工必不肯易, 此可痛恨者一也. 又畫心勿令裁傷, 庸工或因邊料不敷, 裁畫就邊, 或重裱時不揭邊縫從裏裁截, 又將新邊箝進一分, 畫本身逾蹙, 致傷[12]款印, 所可痛恨者二也. 苟無此二患, 雖劣裱惡式, 尚可保畫之本身, 拈裝者愼之!

【복배覆背의 명칭】

- 이자耳子
- 지관부분
- 첨지籤紙
- 능관부분
- 견포수絹包首
- 이자耳子
- 천관天串 연접부
- 양료鑲料의 변邊
- 양료鑲料의 변邊
- 화심畵心의 뒷면
- 지관地串 연접부
- 각반角絆
- 능관부분
- 지관부분

1) 「제후題後」는 『장황지』의 항목으로 뒤에 붙인 후기이다.
2) "파극상엄頗極詳嚴"은 매우 상세하고 엄정한 것이다.
3) 당(倘)은 '만약…이라면'이라는 뜻이다. *득인(得人)은 적당한 사람을 얻는 것이다.
4) 겁(劫)은 재난이다.
5) 수세(垂世)는 세상에 널리 전하는 것이다.
6) 파심(婆心)은 노파심으로 지나치게 염려하는

마음이다.
7) 번독(煩瀆)은 감히 괴롭히다, 번거로움과 죄스러움이다.
8) 절요(切要)는 절실하다, 대단히 필요하다, 긴요한 것이다.
9) 경심(經心)은 조심하다, 주의하다, 유의하는 것이다.
10) 경분(輕粉)은 '염화제일수은鹽化第一水銀'이다.
11) 해구(解救)는 구제, 구출하는 것이다.
12) 치상(致傷)은 상하게 되는 것이다.

裱背十三科[1]

『輟耕錄』云: 畫有十三科[2]. 裱背亦有十三科: 一織造綾·錦·絹·帛[3], 一染練[4]上件, 一抄造紙箚[5], 一染製上件顔色, 一糊料[6]麥麵一糊·藥· 礬·蠟, 一界尺[7]·裁板·桿帖, 一軸頭, 或金, 或玉, 或石, 或瑪瑙[8]·水晶·珊 瑚沉檀·花梨·烏木, 隨品品用之. 一刷糊, 一鉸鍊, 一縧, 一經帶, 一刀裁. 數內闕其一, 則不能成全畫矣. 其糊刷·裁尺[9]亦皆有名. 糊刷櫻軟者 謂之平分, 櫻硬者謂之糊棚, 大小得中者謂之黏合, 狹小者謂之寸金. 裁尺極等闊者曰滿手, 次等曰三指, 又次等曰兩指, 最狹者曰單指.

『美術叢書』

1) 「표배13과裱背十三科」는 『장황지』의 항목으로 표구에 필요한 13가지 재료를 말한 것이다.
2) "화유13과畫有十三科"는 동양화(東洋畫)를 구분하는 술어로 청나라 초 도종의(陶宗儀)의 『철경록輟耕錄』에서 1. 불보살상(佛菩薩像), 2. 옥제군왕도상(玉帝君王道像), 3. 금강귀신나한성승(金剛鬼神羅漢聖僧), 4. 풍운용호(風雲龍虎), 5. 숙세인물(宿世人物), 6. 전경산림(全景山林), 7. 화죽영모(花竹翎毛), 8. 야려주수(野驢走獸), 9. 인간공용(人間功用), 10. 계화루대(界畫樓臺), 11. 일체방생(一切旁生), 12. 경종기직(耕種機織), 13. 조청감록(雕靑嵌綠) 등의 13과로 구분한 것이다.
3) 능(綾)은 여러 종류의 문양으로 짠 견직물로서 얼음결과 같은 무늬가 있는 비단인데, 이것은 궁중의 서화용으로 많이 사용하였고, 문양이 들어간 것은 표구 비단으로 중국에서 현재까지 사용되고 있으며, '금錦'보다 얇고 부드러워 궁중의상 중에서도 가볍고 부드러운 옷에 많이 사용되었다. *금(錦)은 염색한 색실로 문양

을 넣어 짠 두꺼운 직물로 품질이 최고급인 비단인데, 금사(金絲)나 은사(銀絲) 등을 넣어 짜서 궁중용으로 많이 사용하였으며, 불교 예식 때 큰스님들의 가사장삼을 만들어 입었던 예가 많아, 고급 표구를 할 때 스님들의 가사장삼을 뜯어 표구 비단으로 사용한 예가 많다. *견(絹)은 비교적 성글고 얇으며, 무늬가 거의 없이 희게 짜서 서화용에 많이 사용되는 비단이다. *백(帛)은 명주실로 짠 비단의 총칭이다.

4) 염련(染練)은 직물을 염색하는 것이다.

5) 초조(抄造)는 종이를 뜨는 것으로, 종이를 만드는 것이다. *지차(紙箚)는 종이와 종이 쪽, 용지, 문서 등을 이른다.

6) 호료(糊料)는 풀을 만드는 재료이다.

7) 계척(界尺)은 곧은 직선 자이다.

8) 마노(瑪瑙)는 광물 이름인데, 석영(石英)의 일종으로 종류가 많으며, 기명(器皿) · 장식품을 만드는데 쓰인다.

9) 재척(裁尺)은 재단하는 마름자이다.

繪事微言論鑒藏[1]

明 唐志契 攢

賞鑒[2]

看古人書畫如對鼎彝[3], 如讀誥誡[4], 不可毫涉粗浮[5]之氣. 蓋古畫紙絹皆脆, 舒捲不得法, 最易損壞. 風日須避之, 燈下不可看, 恐爲煤爐燭淚[6]所汚. 飯後醉餘須滌手, 展玩不可以指甲剔損. 諸如此類[7], 不能枚擧[8]. 然必欲事事[9]勿犯, 又恐强作情態[10]. 惟遇眞能賞鑒及閱古甚富者, 方可[11]與談, 若對傖父[12]輩惟有珍祕[13]不出耳.

1) 『회사미언논감장繪事微言論鑒藏』은 1643년 전후에 명나라 당지계가 『회사미언』에서 서화의 감상과 수장에 관하여 논한 것이다.
2) 「상감賞鑒」은 『회사미언논감장』의 항목으로 그림 감상에 관하여 논한 것이다.
3) 정이(鼎彝)는 고대 종묘에 갖추어 놓은 솥으로, 예전의 공적 있는 사람의 사적을 제기에 새겨 놓았다.
4) 고계(誥誡)는 훈계하는 것이다.
5) 조부(粗浮)는 거칠고 경솔함이다.
6) 매신(煤爐)은 그을음과 타고남은 재이다. *촉루(燭淚)는 초가 탈 때 녹아 흐르는 초물, 촛농이다.
7) "제여차류諸如此類"는 모두가 이렇다, 대개 이런 것들과 같다는 뜻이다.
8) 매거(枚擧)는 일일이 세다.
9) 사사(事事)는 만사, 모든 일, 일을 하는 것이다.
10) 정태(情態)는 정황, 정상, 표정과 태도, 아리따운 자태, 인정과 태도를 가리킨다.
11) 방가(方可)는 '…야말로 …라 할 수 있다', '그래야 비로소 …이 된다'는 뜻이다.
12) 창부(傖父)는 시골뜨기, 비천한 사람을 이른다.
13) 유유(惟有)는 '오직 …함으로써야', '오직…하여야만' *진비(珍祕)는 귀중하게 간직하다, 비장하는 것이다.

看畵訣[1]

山水第一, 竹樹蘭石次之, 人物花鳥又次之. 人物顧盼語言, 花果迎風帶露, 鳥獸蟲魚精神逼眞, 山水林泉淸閒幽曠, 屋廬[2]深邃, 橋約[3]得宜, 石老而潤[4], 水淡而明, 山勢崔嵬, 泉流灑落, 雲煙出沒, 野徑紆迴, 松偃龍蛇, 竹含風雨, 山脚[5]入水, 澄淸水源, 來歷分曉. 有此數端, 雖不知名, 實是妙手. 若人物如尸如塑, 花果類粉捏[6]雕刻, 蟲魚鳥獸但取皮毛, 山水佈置遍塞, 樓閣模糊錯雜, 橋樑强作斷形, 逕無夷險, 路無出入, 石止一面, 樹少四週, 或大小不稱, 或遠近不分, 或濃淡失宜・點染無法, 或山脚無水源・水源無來歷, 雖名款[7]定是俗筆, 爲後人塡寫. 至於臨摹贗手[8], 落墨設色, 自然不難辨也.

1) 「간화결看畵訣」은『회사미언논감장』의 항목으로 그림을 보는 요결이다.
2) 옥려(屋廬)는 거실이나 방을 이른다.
3) 교작(橋約)은 나무다리, 작은 다리이다.
4) 윤(潤)은 신운이 포만하다, 기품이 포만하다, 신비롭고 고상한 운치가 포만하다.
5) 분날(粉捏)은 호분을 반죽하여 바르는 것이다.
6) 산각(山脚)은 산기슭이다.
7) 명관(名款)은 유명한 작가의 낙관이다.
8) 안수(贗手)는 고대 명인의 필적을 위조하는 사람이다.

識畵火候[1]

有火候兮方識透[2], 筆眼若有天生就; 若使[3]火候欠功夫[4], 滿紙雲煙如朦瞍[5]. 品畵高低有十程, 一程不到九難明; 若使十程都走到, 世間無復畵欺人. 寫畵高低有百般[6], 般般[7]俱中世人看. 但得名公一點化[8], 方知趣不在毫端. 世人評畵俱任耳, 不會動筆誌姸媸[9]. 畵得一分識一分, 到了十分微若絲; 若使[10]一分有不到, 縱使[10]聰明那得知.

1) 「식화화후識畵火候」는 『회사미언논감장』의 항목으로 그림의 수양과 노력정도를 판별하는 것이다. *화후(火候)는 불의 세기와 시간으로 수양과 학력의 정도를 이른다.
2) 식투(識透)는 확실하게 앎, 간파하는 것이다.
3) 약사(若使)는 '가령 …하게 한다면', '설사 …할지라도'이다.
4) 공부(功夫)는 시간, 틈, 여가이다.
5) 몽수(矇瞍)는 장님이다.
6) 백반(百般)은 여러 가지로, 갖가지, 가지가지, 백방으로 등을 이른다.
7) 반반(般般)은 여러 가지의, 이러저러한 것이다.
8) 점화(點化)는 점화하다, 신선이 법술을 사용하여 변화시키다, 교화하는 것을 비유한다.
9) 동필(動筆)은 붓에 손을 대다, 글을 쓰는 것이다. *연치(妍媸)는 미(美)와 추(醜)이다.
10) 종사(縱使)는 '약사若使'와 뜻이 같고 '설사(설령)…할지라도'라는 뜻이다.

古今優劣[1]

書學必以時代爲限, 畵則六朝首推魏 晉, 宋 元不及晉與唐遠矣. 畵則不然, 佛道人物·士女·牛馬後代不及古人, 山水·林石·花鳥前人不及後人.

1) 「고금우열古今優劣」은 『회사미언논감장』의 항목으로 그림에는 옛날의 우열과 지금의 우열이 있음을 말한다.

名家收藏[1]

凡收藏不必錯雜, 大者懸掛齋壁, 小者則爲卷冊置几案間, 邃古[2]如顧 陸 張 吳必不有親筆矣, 唯歷代錚錚有名者, 所宜收藏. 其不甚[3]著名者, 非所宜蓄. 若鄭顚仙 張復陽 鍾欽禮 蔣三松 汪小村 張平山 汪海雲皆畵中邪學, 尤非所尙.

1) 「명가수장名家收藏」은 『회사미언논감장』의 항목으로 그림을 소장하는 데 유명한 작가를 논한 것이다.
2) 수고(邃古)는 먼 옛날이다.
3) 불심(不甚)은 그다지 …하지 않다, 대단하지 않은 것이다.

絹素¹⁾

古畫絹色墨氣自有²⁾一種古香可愛. 惟佛像有香煙熏黑, 多是上下二色, 偽作者其色黃而無精采. 古絹自然破者必有鯽魚口, 須³⁾連二三絲, 偽作則直裂. 唐絹絲粗而厚, 或有搗熟⁴⁾者, 有獨梭絹四尺餘者. 五代絹極粗如布. 宋有院絹, 勻淨⁵⁾厚密, 亦有獨梭絹五尺餘, 細密如紙者. 元絹及明內府絹俱與宋絹同. 元時有密機絹, 松雪 子昭畫多用此. 又嘉興府 宓家以絹得名, 今此地尚有佳者. 董太史筆多用砑光⁶⁾白綾, 未免有晉賢氣.

1) 「견소絹素」는 『회사미언논감장』의 항목으로 그림을 그리는 비단을 말한 것이다.
2) 자유(自有)는 '저절로 …이 있다', '자연히 …이 있다', '본래(응당) …이 있다'이다.
3) 수(須)는 '반드시', '틀림없이', '원래', '본래', '마침내', '결국' 등의 부사이다.
4) 도숙(搗熟)은 두드려서 삶은 것이다.
5) 균정(勻淨)은 굵기나 농도 따위의 정도가 고르다, 균일한 것이다.
6) 아광(砑光)은 광을 내는 것이다.

古畫不入常格¹⁾

畫有法則不拘拘如時人²⁾先落墨後染套子³⁾, 蓋⁴⁾亦有先染三四層, 後以濃淡積成者, 不但規模宏遠, 而意象畢新, 雖近時名公⁵⁾見之, 亦若不知其所以成者. 此法在晉 唐已有之, 不直宋 元也. 金陵 朱狀元府中有李成<夜景>, 淡墨如霧, 石如雲動, 樹色隱現不一. 又有范寬<雨

景>, 深暗如暮夜[6]晦暝, 土石不分, 雖絹素深古, 而筆氣髣髴可探. 今
人未見古人眞蹟, 雖說亦不解也.

1) 「고화불입상격古畵不入常格」은 『회사미언논감장』의 항목으로 옛날 그림은 일반
   적인 격식에 넣어서 평가해서는 안 된다는 것이다.
2) 구구(拘拘)는 구애되는 모양이다. *시인(時人)은 당시의 사람, 당대의 사람이다.
3) 투자(套子)는 '구투舊套'로 옛 습관, 예전 양식을 이른다.
4) 개(蓋)는 문장의 첫머리에 놓는 어기조사로, 위 문장을 이어받아 이유나 원인을
   나타낸다.
5) 명공(名公)은 유명한 대신, 유명인사로 유명한 화가를 이른다.
6) 모야(暮夜)는 깊은 밤, 깜깜한 밤중이다.

古畵無價[1]

畵有價: 時畵之或工或麤, 時名之或大或小分焉, 此相去不遠者也,
亦在人重與不重耳. 至古人名畵, 那有定價? 昔有持荊浩山水一卷售
者, 宋內侍樂正宣用錢十萬購之. 後爲王伯鸞所見, 加三十萬得之,
猶以爲幸. 伯鸞曾爲翰林待詔, 詮定院畵優劣, 故一時畵家都以黃氏
按黃似爲王之誤[2] 愛憎爲宗, 以其能賞識也. 又王酉室得沈啓南直幅四軸,
極其精妙. 吳中有一俗宦聞其美而謀之, 願出二百金, 王終不與. 後
王西園一見坐臥畵間兩日. 酉室謂畵遇若人眞知己也, 因述二百金之
說. 西園以一莊[3]可值千金易焉. 又興化 李相公失謝樗仙畵一軸, 曾
帖招字[4], 報信者五十兩, 則畵價可知, 諸如此者不得盡言, 請瞥目不
得執畵求價也.

1) 「고화무가古畵無價」는 『회사미언논감장』의 항목으로 고화는 가치를 말할 수 없
   다는 것을 논한 것이다.
2) 내유검화가 살펴보니, "황씨黃氏"에서 '黃'자가 '王'자의 오자(誤字) 같다.
3) 일장(一莊)은 사건이나 일 따위의 한 가지, 한 건(件)이다.

4) 초자(招字)는 광고, 벽보를 이른다.

院畫無款[1]

<u>宋畫院</u>[2]衆工, 凡作一畫, 必先呈稿本[3], 然後上其所畫山水・人物・
花木・鳥獸, 多無名者. <u>明</u>內畫水陸及佛像亦然, 金碧輝煌[4]亦奇物
也. <u>唐伯虎</u>常笑人[5]以無名人畫輒塡寫假款, 如見牛必<u>戴嵩</u>, 見馬必<u>韓
幹</u>之類. 豈非削圓方竹, 重漆古琴[6]乎?

1) 「원화무관院畫無款」은『회사미언논감장』의 항목으로 원나라 그림은 낙관이 없다
   는 것이다.
2) 화원(畫院)은 옛날 내정(內廷)에서 그림 그리는 일을 맡아 보던 관아이다.
3) 고본(稿本)은 (그림을 그리는)본, 초본, 밑그림이다.
4) 금벽휘황(金碧輝煌)은 황금빛과 푸른빛이 휘황찬란하다. 건축물이나 그 장식물
   이 눈부시게 화려한 것이다.
5) 소인(笑人)은 남을 비웃다, 남을 빈정거리는 것이다.
6) 고금(古琴)은 칠현금(七絃琴)이다.

金碧山水[1]

畫院有金碧山水, 自<u>宣和</u>年間已有之,『<u>漢書</u>』不云:"有金碧氣無土沙
痕乎?"蓋金碧者石靑石綠也, 卽靑綠山水之謂也. 後人不察, 於靑綠
山水上加以泥金, 謂之金筆山水. 夫以金碧之名而易之金筆可笑也.
以風流瀟灑[2]之事而同於描金之匠, 豈不可笑之甚哉! 一幅工緻[3]山水
加以泥金, 則所謂氣韻者能有纖毫[4]生動否? 且名山大川有此金色痕
迹否? 後卽有一二名家爲之, 亦欺人而求售耳. 乃觀者不察, 一聞<u>李
將軍</u>之筆, 遂不惜千金以購之, 將自己實有賞心[5]者乎? 抑炫人以博
識者之賞乎? 請問[6]之好事家.

1) 「금벽산수金碧山水」는 『회사미언논감장』의 항목으로 청록 산수를 논한 것이다.
   *금벽산수(金碧山水)는 금니(金泥)와 석청(石靑), 석록(石綠)을 주로 사용하여 그
   린 산수화로, 화려하고 장식적인 효과가 두드러진 그림으로 '청록산수화'라고도
   한다.
2) 소쇄(瀟灑)는 소탈한 것이다.
3) 공치(工緻)는 정교하고 섬세하다는 것이다.
4) 섬호(纖毫)는 미세한 사물(부분)을 이른다.
5) 상심(賞心)은 마음을 즐겁게 하는 것이다.
6) 청문(請問)은 상대에게 해답을 구할 때 쓰는 경어이다.

名人畫圖語錄[1]

屠赤水[2]云: "沈石田倣諸舊筆意[3]奪眞, 獨於倪迂不似, 蓋老筆過之也."

1) 「명인화도어록名人畫圖語錄」은 『회사미언논감장』의 항목으로 그림에 관하여 명
   인들이 말한 것을 기록한 것이다. *어록(語錄)은 그림에 관한 짤막한 말을 기록
   한 것이다.
2) 도적수(屠赤水)는 명나라 사람으로 호가 도륭(屠隆)이며, 자는 장경(長卿)이다. 15
   세 때부터 문장을 지어 일류가 되었다. 그의 저서로 『고반여사考槃餘事』가 있다.
3) 필의(筆意)는 서화나 문장에서의 취지, 작가의 의도, 작품에 나타나는 작가가 뜻
   을 경영하고 필획을 운행해 표현한 신태, 의취, 풍격, 공력 등을 가리킨다.

戴冠卿[1]云: "畫不可無骨氣[2], 不可有骨氣; 無骨氣便是粉本[3], 純骨氣
便是北宗. 不可無顚氣[4], 不可有顚氣; 無顚氣便少縱橫自如之態, 純
是顚氣便少輕重濃淡之姿. 不可無作家氣[5], 不可有作家氣; 無作家氣
便嫩, 純作家氣便俗. 不可無英雄氣[6], 不可有英雄氣; 無英雄氣便似
婦女描繡, 純英雄氣便似酊店帳簿."

1) 대진(戴緝)은 명나라 오현(吳縣) 사람으로 호가 관경(冠卿)이고, 글씨와 그림을
   잘 했다.

2) 골기(骨氣)는 사람의 정신 기질인데, '골'은 힘이고, '기'는 세(勢)이다. 작품에서
   힘 있는 필획과 결구·날카로운 풍모와 소산하고 유려한 특색을 갖춘 것이다.
3) 분본(粉本)은 초벌 그림, 밑그림, 모사한 그림이다.
4) 전기(顚氣)는 미친 기질, 전도(顚倒)시키는 기운을 이른다.
5) "작가기作家氣"는 모방이나 묘사하는 솜씨는 정교하나 창조적인 정신이 부족함을
   이르는 말이다.
6) "영웅기英雄氣"는 영웅의 기질을 이른다.

張振羽[1]云: "畫有四宜: 宜文[2], 宜淸, 宜逸, 宜咫尺隔別[3]. 畫有五忌:
忌冗, 忌雜, 忌套[4], 忌俗, 忌濃淡無分."

1) 장핵(張翮)은 명나라 숭정(崇禎; 1628~1644) 때, 강소(江蘇) 오현(吳縣) 사람으
   로 호가 진우(振羽)이다. 산수와 인물을 잘 그렸다.
2) 문(文)은 '문채文彩'를 이른다.
3) "지척격별咫尺隔別"은 아주 가까운 거리도 구분해서 그려야 한다는 것이다.
4) 투(套)는 흉내다, 본뜨다, 모방하다, 틀에 맞추는 것이다.

强二水云: "古畫非脫落不堪用, 不須褙裱. 蓋經一次褙裱, 失一次精
神[1]. 亦不必重洗, 亦不可剪裁過多, 一恐失神, 一恐後日難再裱也."
按强二水爲明代蘇州名裱工.

1) 정신(精神)은 영혼이나 마음, 사물을 느끼고 생각하는 능력이나 그러한 작용, 사
   물의 핵심, 생기나 안색, 고상한 풍격, 사물의 근본적인 의의나 사상, 우주의 근
   본을 이루는 비물질적인 실재 등의 여러 가지 뜻이 있다.

李仰懷[1]云: "畫山水不可太熟, 熟則少文; 不可太生, 生則多戾; 練熟
還生, 斯妙矣."

1) 이사달(李士達)은 명나라 오현(吳縣) 사람으로, 호는 앙회(仰懷), 앙괴(仰槐)이
   다. 만력(萬曆; 1573~1619) 때 진사하였고, 인물 산수화를 잘 그려서 명성이 있
   었다.

<u>袁玄石云</u>: "山水有五美. 蒼[1], 逸[2], 奇[3], 圓[4], 韻[5]. 山水有五惡. 嫩[6], 板[7], 刻[8], 生[9], 癡[10]."

1) 창(蒼)은 '창망蒼茫'으로 넓고 멀며 아득한 것이다.
2) 일(逸)은 '표일飄逸'로 뛰어난 것이다.
3) 기(奇)는 '기발奇拔'로 특출한 것이다.
4) 원(圓)은 '원만圓滿'으로 완벽하다, 훌륭한 것이다.
5) 운(韻)은 '운치韻致'로 풍치가 좋은 것이다.
6) 눈(嫩)은 '눈약嫩弱'으로 부드럽고 연한 것이다.
7) 판(板)은 '매판呆板'으로 딱딱하다, 융통성이 없다, 고지식하다, 어색하다, 판에 박은 듯하다, 서투르다, 단조롭다는 등등의 의미이다.
8) 각(刻)은 '각박刻薄'으로 냉혹하다, 박정한 것이다.
9) 生(생)은 생소하다, 서투르다, 미숙한 것이다.
10) 치(癡)는 '치체癡滯'로 기색이나 표정이 목석같다, 판에 밖은 것 같은 것이다.

<u>徐仲修[1]云</u>: "山有翠微[2]不可無路, 岸有人家不可無渡[3], 石有自然最忌作怪, 寫人認眞[4]定犯俗態." 『繪事微言』

1) 서상덕(徐尙德)은 명나라 강소(江蘇) 양주(揚州) 사람으로 자가 중수(仲修)이고, 그림을 잘 그렸다.
2) 취미(翠微)는 담청색, 초록빛이 적은 것, 산 중턱의 경사가 완만한 곳, 담청색의 산색(山色)을 이른다.
3) 도(渡)는 나루터, 도선장이다.
4) 인진(認眞)은 진지함, 사실로 여김, 확실하게 인식하는 것인데, 여기서는 지나치게 사실적으로 그리는 것을 말한다.

芥子園畫傳論設色各法[1]

清 王槩 等 撰

石青[2]

畫人物可用滯笨之色[3], 畫山水則惟事輕淸[4]. 石靑只宜用所謂梅花片
一種, 以其形似故名. 取置乳鉢中, 輕輕着水乳細, 不可太用力, 太用
力則頓成靑粉[5]矣. 然卽不用力, 亦有此粉, 但少耳. 硏就時傾入磁盞,
略加淸水攪勻[6], 置少頃, 將上面粉者撇起[7], 謂之油子[8]. 油子只可作靑
紛用, 着人衣服. 中間一層是好靑, 用畫正面靑綠山水. 着底一層顔色
太深, 用以嵌點夾葉[9]及襯絹背[10], 是之謂頭靑·二靑·三靑. 凡正面
用靑綠者, 其後必以靑綠襯之, 其色方飽滿. 有一種石靑, 堅不可碎
者, 以耳垢少許彈入, 便硏細如泥, 墨多疏亦用此, 出『巖栖幽事[11]』.

1) 『개자원화전논설색각법芥子園畫傳論設色各法』은 『개자원화전』에서 설색법을 논
   한 것이다.
2) 「석청石靑」은 『개자원화전논설색각법』의 항목으로 석청을 설명한 것이다. *석청
   (石靑)은 '군청群靑'이다.
3) "체분지색滯笨之色"은 무거운 색을 이른다.
4) 경청(輕淸)은 산뜻한 빛을 이른다.
5) 청분(靑粉)은 '백군白群'이라고도 한다.
6) 교균(攪勻)은 골고루 저어서 섞는 것이다.
7) 별기(撇起)는 걸러서 쏟아 붓는 것이다.
8) 유자(油子)는 '수비법水飛法'에서 제일 위에 뜬 호분기가 있는 웃물을 이른다. 군청
   을 수비법으로 걸러낸다. 제일 위의 웃물을 '백군白群'이라하고, 중간층의 것을 '박
   분薄群'이라고 하는데, 이 중간색이 '군청群靑'이다. 밑에 가라앉은 것은 거칠며 색
   도 짙은데 '감군청紺群靑'이라고 한다. 본문 아래에서 '두청頭靑'·'2청二靑'·'3청
   三靑'도 같은 수비법으로 걸러내는 것이다.
9) "감점협엽嵌點夾葉"은 나뭇잎에 윤곽을 그리고 그 안에 군청으로 칠하는 것이다.

10) 친견배(襯絹背)는 비단의 뒷면에서 물감을 칠하는 것이다. 예를 들면 청록산수 (青綠山水)는 백군(白群)·박군(薄群)과 백록(白綠) 등을 써서 착색하면 색이 엷 어서 먹 선이나 준(皴)들이 없어지지 않지만, 짙은 군청(群青)을 쓰면, 먹으로 그 린 준이 없어진다. 따라서 짙은 색을 뒷면에 사용하면 일종의 풍만한 색이 화면 에 나타나게 된다.

11) 『암서유사巖栖幽事』는 명나라 진계유(陳繼儒)가 지은 책이다.

石綠[1]

硏石綠[2]亦如硏石青法, 但綠質甚堅, 先宜以鐵椎[3]擊碎, 再入乳鉢內, 用力硏方細. 石綠用蝦蟆背者佳, 亦水飛作三種, 分頭綠·二綠·三 綠, 用亦如用石青之法.

青綠加膠, 必須臨時, 以極清膠水投入碟內, 再加清水溫火上略鎔用 之, 用後卽宜撤去膠水, 不可存之於內, 以損青綠之色. 撤去用滾水 少許, 投入青綠內, 並將此碟子安滾水盆內, 須淺不可投入, 重湯燉 之, 其膠自盡浮於上, 撤去上面清水則膠淨矣. 是之謂出膠法, 若出 不淨, 則次遭取用, 青綠便無光彩, 若用則臨時再加新膠水可也.

1) 「석록石綠」은 『개자원화전논설색각법』의 항목으로 석록을 설명한 것이다.
2) 석록(石綠)은 '녹청綠青'이다.
3) 철추(鐵椎)는 쇠망치이다.

朱砂[1]

用箭頭者良, 次則芙蓉塊疋砂[2], 投乳鉢中硏極細, 用極清膠水, 同清 滾水傾入盞內. 少頃將上面黃色者撤一處, 曰砵標[3], 着人衣服用. 中 間紅而且細者, 是好砂, 又撤一處用畵楓葉·欄楯·寺觀等項. 最下色深而黷者, 人物家或用之, 山水中無用處也.

1) 「주사朱砂」는 『개자원화전논설색각법』의 항목으로 주사를 설명한 것이다. *주사
   (朱砂)는 붉은 색 광물성 안료이다. 『본초석명本草釋名』에 "주사는 신주(辰州)·
   의주(宜州) 계주(階州)에서 나는데, 진사(辰砂)가 첫째라고 한다. 또 사(砂)는 돌
   위에서 생기는데 큰 덩어리는 달걀 같고, 작은 것은 석류(石榴)씨 같고, 모양은
   부용두(芙蓉頭)·전족(箭鏃) 같다."고 한다.
2) 필사(疋砂)의 '필疋'은 '단蛋'의 잘못일 것이다. 새알을 단(蛋)이라 하니, 새알처럼
   생긴 주사(硃砂)를 이르는 말이다.
3) 주표(硃標)는 붉은 색을 수비(水飛)할 때 위에 뜬 황색 빛인데, 붉은 광물성 안료
   로 주사보다 약간 밝은 색이며 주사나 기타 식물성 안료와 마찬가지로 물을 섞어
   서 사용한다.

銀硃[1]

萬一無硃砂, 當以銀朱代之, 亦必用硃標. 帶黃色者, 水飛用之, 水花[2]
不入選. 近日銀朱多摻入小粉, 不堪用.

1) 「은주銀硃」는 『개자원화전논설색각법』의 항목으로 은주를 설명한 것이다. *은주
   (銀硃)는 수은(水銀)을 태워서 만든 '주사硃砂'로, 주묵(朱墨)이나 인주(印朱)를
   만드는데 사용되는 짙은 주홍빛 안료이다.
2) 수화(水花)는 물때로 채색을 침전시킬 때 위에 뜨는 찌꺼기이다.

珊瑚末[1]

唐畵中有一種紅色, 歷久不變, 鮮如朝日, 此珊瑚屑也. 宣和內府印
色, 亦多用此, 雖不經用不可不知.

1) 「산호말珊瑚末」는 『개자원화전논설색각법』의 항목으로 산호말을 설명한 것이다.
   *산호말(珊瑚末)은 산호분말로 만든 담황색의 물감이다. 그 것 대용으로 소명반
   (燒明礬)분말에 소량의 주(朱)를 섞은 것도 있다.

雄黃[1]

揀上號通明雞冠黃[2], 研細水飛之法, 與硃砂同. 用畵黃葉與人衣, 但
金上忌用, 金箋着雄黃, 數月後卽燒成慘色矣.

1) 「웅황雄黃」은 『개자원화전논설색각법』의 항목으로 웅황을 설명한 것이다. *웅황
  (雄黃)은 '석웅황石雄黃'이라고도 한다. 안료(顏料)의 한 종류로 천연적인 삼황화
  이비소(三黃化二砒素)로 계관석(鷄冠石)과 같이 산출되는 누런 덩어리이다. 나무
  의 기름 같은 광택이 있으며, 이름은 황이지만 실제는 매우 붉은색에 가까운 오
  렌지색을 띤다.
2) "통명계관황通明雞冠黃"은 웅황(雄黃)의 덩어리가 투명한 닭 벼슬 같은 것을 말
  한다.

石黃[1]

此種山水中不甚用, 古人却亦不廢. 『妮古錄[2]』載石黃用水一碗, 以舊
蓆片覆水碗上置灰, 用灰火煅之. 待石黃紅如火, 取起置地上, 以碗
覆之, 候冷細研, 調作松皮及紅葉用之.

1) 「석황雄黃」은 『개자원화전논설색각법』의 항목으로 석황을 설명한 것이다. *석황
  (石黃)은 광물이름으로 웅황(雄黃)과 비슷하여서 웅황을 '석황'이라고 할 정도이
  다. 그림물감으로서 웅황과 석황을 나누는 것은 다만 정하고 거친 구별이 있다.
2) 『이고록妮古錄』은 명(明)나라 진계유(陳繼儒)가 지은 중국서화를 논한 책으로 모
  두 4권이다. 내용이 서화·비첩·건축·도자·골동에 관하여 기록하였지만, 그
  림이나 글씨에 대한 것이 유독 많다. 평론이나 감상에 꽤 깊이가 있고 유문(遺聞)
  이나 일사(軼事)도 참고할 만하다.

乳金[1]

先以素盞[2]稍抹膠水, 將枯徹金箔以手指 剗去指甲[3] 醮膠一一粘入, 用

第二指團團摩搨⁴⁾. 待乾, 粘碟上. 再將淸水滴許, 搨開⁵⁾屢乾屢解, 以極細爲度. 膠水不可着多, 多則浮起, 不容細擂, 只以濕而可粘爲候. 再用淸水將指上及碟上一一洗淨⁶⁾, 俱置一碟中以微火⁷⁾溫之. 少頃金沉, 將上黑色水盡行傾出, 曬乾碟內好金. 臨用時稍稍加極淸薄膠水調之, 不可多, 多則金黑無光. 又法將肥皂核⁸⁾內剝出白肉⁹⁾, 鎔化¹⁰⁾作膠, 似更輕淸¹¹⁾.

1) 「유금乳金」은 『개자원화전논설색각법』의 항목으로 금을 녹이는 방법을 설명한 대목이다.
2) 소잔(素盞)은 바닥이 흰 접시이다.
3) "전거지갑翦去指甲"은 손톱을 깎는 것이다. *지갑(指甲)은 손톱이다.
4) "단단마탑團團摩搨"은 빙글빙글 돌려서 문지르는 것이다.
5) 탑개(搨開)는 반죽하는 것이다.
6) 세정(洗淨)은 씻어 버리는 것이다.
7) 미화(微火)는 약한 불이다.
8) 비조핵(肥皂核)은 굵은 쥐엄나무의 씨이다.
9) 백육(白肉)은 열매나 씨 속의 흰 살 같은 부분이며,
10) 용화(鎔化)는 데워서 녹이는 것이다.
11) 경청(輕淸)은 부드럽고 깨끗한 것이다.

傅粉¹⁾

古人率用蛤粉²⁾, 法以蛤蚌殼煅過³⁾, 硏細, 水飛用之. 今閩中⁴⁾下四府堊壁⁵⁾, 尙多用蚌殼灰, 以代石灰, 猶有古人遺意. 今則畫家, 槪用鉛粉矣. 其製以鉛粉⁶⁾將手指乳細, 蘸極淸膠水於碟心⁷⁾摩擦, 待摩擦乾, 又蘸極淸膠水. 如此十數次, 則膠粉渾鎔⁸⁾, 搓⁹⁾成餠子¹⁰⁾, 粘碟一角曬乾. 臨用時以滾水洗下, 再輕輕滴膠水數點, 撇上面者用, 下則拭去. 硏粉必須手指者, 以鉛經人氣¹¹⁾, 則鉛氣¹²⁾易耗¹³⁾耳.

1) 「부분傅粉」은 『개자원화전논설색각법』의 항목으로 호분(胡粉)의 사용법을 설명한 대목이다.

2) 합분(蛤粉)은 대합조개 가루이다. 일본에서는 굴 조개의 껍데기로 만든다고 한다.

3) 합방각(蛤蚌殼)은 대합조개의 껍질이다. *하과(煆過)는 흠뻑 태우는 것이다.

4) 민중(閩中)은 지금의 '복건성福建省'을 이른다.

5) "사부악벽四府堊壁"은 네 관서(官署)에 백회(白灰)를 바른 벽이다. *사부(四府)는 네 관서로 전한(前漢)의 사부는 승상부(丞相府)·어사부(御史府)·거기장군부(車騎將軍府)·전장군부(前將軍府)이고, 후한(後漢)은 대장군부(大將軍府)·태위부(太衛府)·사도부(司徒府)·사공부(司空府) 등이다.

6) 연분(鉛粉)은 흰 빛을 내는 채색인데, 산화한 납으로 만든 흰 가루이다.

7) 설심(碟心)은 접시 가운데이다.

8) 혼용(渾鎔)은 섞어서 녹이는 것이다.

9) 차(搓)는 비비다. 문지르다, 꼬는 것이다.

10) 병자(餅子)는 떡이다.

11) 인기(人氣)는 사람의 냄새나 기운을 이른다.

12) 연기(鉛氣)는 '연분기鉛粉氣'이다.

13) 모(耗)는 줄어드는 것이다.

調脂[1]

諺云: "藤黃莫入口, 臙脂莫上手." 以臙脂上手, 其色在指上經數日不散, 非用醋洗不退. 須用福建臙脂, 以少許滾水略浸, 將兩筆管如染坊[2]絞布法, 絞出濃汁, 亦須澄出木縣之細渣滓[3] 溫水燉乾用之.

1) 「조지調脂」는 『개자원화전논설색각법』의 항목으로 연지(臙脂)를 조제하는 것이다.

2) 염방(染坊)은 염색업자이다.

3) 그 방법도 반드시 면포로 가는 찌꺼기를 깨끗하게 걸러내야 한다.

藤黃[1]

『本草』「釋名」, 載郭義恭『廣志』, 謂 "岳 鄂[2]等州, 崖間海藤花藥敗落石上, 土人收之, 曰沙黃. 就樹採摘, 曰蠟黃." 今訛爲銅苗[3], 爲蛇矢[4], 謬甚. 又周達觀『眞臘記[5]』云: "黃乃樹脂[6]. 番人以刀斫樹, 枝滴下次

年收之者." 其說雖與郭異, 然亦皆言草木花與汁也. 從無蟒蛇矢[7]之
說. 但氣味酸, 有毒, 蛀牙齒[8], 貼之卽落, 舐之舌麻, 故曰莫入口耳.
當揀一種如筆管者, 曰筆管黃, 最妙.

舊人畫樹率以藤黃水入墨內, 畫枝幹, 便覺蒼潤[9].

1) 「등황滕黃」은 『개자원화전논설색각법』의 항목으로 등황을 설명한 것이다.
2) 악악(岳鄂)은 '악주岳州'와 '악주鄂州'를 가리킨다. *악주(岳州)는 지금의 호남성
   (湖南省) 악양현(岳陽縣)이다. *악주(鄂州)는 지금의 호남성(湖南省) 무창현(武昌
   縣)이다.
3) 동묘(銅苗)는 장차 구리가 되려고 하는 물건이다.
4) 사시(蛇矢)는 뱀의 똥으로 '시矢'는 '시屎'와 통용된다.
5) 주달관(周達觀)은 원나라 사람인 주처(周處)로 자가 달관(達觀)이며, 그의 저서에
   『진랍풍토기眞臘風土記』가 있다. 진랍(眞臘)은 캄보디아를 이른다.
6) 수지(樹脂)는 나무의 진을 가리킨다.
7) 망사시(蟒蛇矢)는 구렁이의 똥을 이른다.
8) 주아치(蛀牙齒)는 벌레 먹은 이빨이다.
9) 창윤(蒼潤)은 푸르고 축축함, 그림이 고아하고 필력이 있으며 윤택함을 형용하는
   것이다.

靛花[1]

福建者爲上, 近日棠邑産者亦佳, 以漚藍不在土坑, 未受土氣, 且少
石灰, 故色迥異他産. 看靛花法, 須揀其質極輕, 而青翠中有紅頭[2]泛
出者. 將細絹篩攄去草屑, 茶匙少少滴水, 入乳鉢中, 用椎細乳. 乾則
再加水潤, 則又爲擂. 凡靛花四兩, 乳之必須人力一日, 始浮出光彩,
再加淸膠水洗淨杵鉢, 盡傾入巨盞內澄之, 將上面細者撇起[3], 盞底色
麤而黑者, 當盡棄去. 將撇起者, 置烈日中, 一日曬乾乃妙, 若次日則
膠宿矣. 凡製他色, 四時皆可, 獨靛花, 必俟三伏. 而畫中亦惟此色用

處最多, 顔色最妙也.

1) 「전화靛花」는 『개자원화전논설색각법』의 항목으로 전화를 설명한 것이다. *전화(靛花)는 쪽으로 만든 검푸른 물감으로 '남藍'이라하고 '청대靑黛'라고도 한다. 『본초本草』에서 "쪽의 질이 수면에 뜨는 것이 전화이다. 藍質浮水面者爲靛花." 라고 하였다.
2) 홍두(紅頭)는 붉은 광택이다.
3) 별기(撇起)는 거품 따위를 걷어내는 것이다.

草綠[1]

凡靛花六分, 和藤黃四分, 卽爲老綠[2]. 靛花三分, 和藤黃七分, 卽爲嫩綠[3].

1) 「초록草綠」은 『개자원화전논설색각법』의 항목으로 초록을 설명한 것이다. *초록(草綠)은 '청靑'과 '황黃'을 섞은 색이다.
2) 노록(老綠)은 진한 풀색이다.
3) 연록(嫩綠)은 엷은 풀색이다.

赭石[1]

先將赭石揀其質堅而色麗者爲妙. 有一種硬如鐵與爛如泥者, 皆不入選. 以小沙盆[2]水硏, 細如泥, 投以極淸膠水, 寬寬飛之, 亦取上層, 底下所澄靈而色慘者棄之.

1) 「자석赭石」은 『개자원화전논설색각법』의 항목으로 자석을 설명한 것이다. *자석(赭石)은 광물성 갈색 안료의 원료로 '대자색岱赭色'이라고도 한다. 리모나이트(limdnite)라는 각종 산화철로 이루어진 테라코타(terra cotta)색의 물질로서 수성으로 식물성 안료와 잘 배합되는 특징이 있다. 불에 강하여 가열하거나 찬 상태로도 사용이 가능하다.
2) 사분(沙盆)은 유약(油藥)을 칠하지 않은 분이다.

赭黃色[1]

藤黃中加以赭石，用染秋深樹本葉色蒼黃[2]，自與春初之嫩葉澹黃有
別. 如着秋景中, 山腰之平坡, 草間之細路, 亦當用此色.

1) 「자황색赭黃色」은 『개자원화전논설색각법』의 항목으로 자황색을 설명한 것이다.
   *자황색(赭黃色)은 붉은 빛을 띤 황색으로 '주황색朱黃色'이다.
2) 창황(蒼黃)은 쓸쓸한 맛이 드는 황색이다.

老紅色[1]

着樹葉中丹楓鮮明, 烏桕冷豔[2], 則當純用硃砂. 如柿栗諸夾葉[3], 須用
一種老紅色, 當於銀朱中加赭石着之.

1) 「노홍색老紅色」은 『개자원화전논설색각법』의 항목으로 노홍색을 설명한 것이다.
   *노홍색(老紅色)은 침울한 느낌이 드는 칙칙한 '암홍색暗紅色'을 가리킨다.
2) 오구(烏桕)는 오구나무를 가리키며 가을에 단풍이 홍자색(紅紫色)으로 곱게 물들
   면 보기 좋다. *냉염(冷豔)은 흰 꽃이나 눈의 아름다움을 형용하는 말인데, 여기
   선 차가운 계절에 느끼는 아름다움을 말한다.
3) 협엽(夾葉)은 윤곽선을 그린 다음 그 사이에 색칠을 하는 나뭇잎으로, 점엽(點葉)
   과 비교된다.

蒼綠色[1]

初霜木葉, 錄欲變黃, 有一種蒼老黯澹[2]之色. 當於草綠中, 加赭石用
之, 秋初之石坡上徑, 亦用此色.

1) 「창록색蒼綠色」은 『개자원화전논설색각법』의 항목으로 창록색을 설명한 것이다.
   *창록색(蒼綠色)은 쓸쓸하고 어두운 녹색이다.
2) 창노(蒼老)는 황량하고 쓸쓸하며 오래된 것이다. *암담(黯澹)은 어둑어둑 함, 침

침한 것이다.

和墨¹⁾

樹木之陰陽, 山石之凹凸處, 於諸色中陰處凹處, 俱宜加墨, 則層次
分明²⁾, 有遠近向背矣. 若欲樹石蒼潤³⁾, 諸色中盡可加以墨汁, 自有一
層陰森⁴⁾之氣, 浮於丘壑間. 但硃色只宜澹着, 不宜和墨.

1) 「화묵和墨」은『개자원화전논설색각법』의 항목으로 먹을 섞는 것을 설명한 것이다.
2) "층차분명層次分明"은 포개져 있는 과정이 똑똑히 드러나는 것을 이른다.
3) 창윤(蒼潤)은 푸르고 축축한 것을 이른다.
4) 음삼(陰森)은 울창한 것을 이른다.

點苔¹⁾

古人畵多有不點苔者, 苔原設以蓋皴法之慢亂, 旣無漫亂, 又何須挖
肉做瘡²⁾, 然卽點苔, 亦須於着色諸件一一告竣之後, 如叔明之渴苔³⁾,
仲圭之攢苔⁴⁾, 亦自不苟也.

1) 「태점苔點」은『개자원화전논설색각법』의 항목으로 태점에 관하여 설명한 것이다.
2) "알육주창挖肉做瘡"은 긁어서 부스럼을 만드는 것으로 쓸 데 없는 짓을 해서 사
   태를 망치는 것을 비유한다.
3) "숙명지갈태叔明之渴苔"는 왕몽(王蒙)이 사용한 태점으로 갈묵(渴墨)의 측필로
   찍은 것을 말한다.
4) "중규지찬태仲圭之攢苔"는 오진(吳鎭)이 사용한 태점이니 축축한 먹으로 모여든
   것처럼 찍은 것을 이른다.

熔碟[1]

凡顔色碟子[2], 先以米泔水[3]溫溫煮出, 再以生薑汁及醬塗底下, 入火煨頓[4], 永保不裂.

1) 「연설煉碟」은 『개자원화전논설색각법』의 항목으로 물감접시를 제련하는 방법이다.
2) 안색설자(顔色碟子)는 그림물감을 타는 접시이다.
3) 미감수(米泔水)는 입쌀 뜨물이다.
4) 외돈(煨頓)은 구워 두는 것이다.

洗粉[1]

凡畫上用粉處黴黑[2], 以口嚼苦杏仁[3]水洗之, 一二遍卽去.

1) 「세분洗粉」은 『개자원화전논설색각법』의 항목으로 더러워진 호분을 씻어내는 것이다.
2) 미흑(黴黑)은 곰팡이로 검어진 것이다.
3) 고행인(苦杏仁)의 행인(杏仁)은 살구 씨인데, 단 맛이 나는 것과 쓴 맛이 나는 것이 있다. 여기서는 쓴 맛이 나는 것을 사용하는 것이다.

揩金[1]

凡金箋金扇上, 有油不可畫, 以大絨一塊揩之, 卽受墨矣. 用粉揩固去油, 但終有一層粉氣. 亦有用赤石脂[2]者, 終不若大絨之爲妙也.

1) 「개금揩金」은 『개자원화전논설색각법』의 항목으로 금지의 기름기를 빼는 것이다.
2) 적석지(赤石脂)는 풍화된 돌로 제남(濟南)·오군(吳郡)에서 나며 색이 선홍색이다.

礬金¹⁾

凡金箋金起²⁾難畵, 及油滑膠滾³⁾, 畵不上⁴⁾者. 但以薄薄輕礬水刷之,
卽好畵矣. 如好金箋畵完時, 亦當上以輕礬水, 則付裱無迸裂粘起⁵⁾之
患. 『芥子園畵傳』第一集

1) 「반금礬金」은 『개자원화전논설색각법』의 항목으로 금지에 반수(礬水; 백반 물)
   를 칠하는 것이다.
2) 금기(金起)는 금이 벗어져 일어나는 것이다.
3) 유활(油滑)은 기름이 미끄러운 것이다. *교곤(膠滾)은 아교가 부풀어 오른 것이다.
4) "화불상畵不上"은 그릴 수가 없는 것이다.
5) 병열(迸裂)은 갈라지는 것이다. *점기(粘起)는 벗겨지는 것이다.

延素賞心錄¹⁾

清　周二學 撰

裝潢書畫, 好手²⁾難得. 倘幸購劇蹟, 兼獲法裝, 卽縑楮蘇脫, 宜斟酌³⁾
修整, 不可重背. 至古人寸巒尺壑⁴⁾, 流傳後世, 完好者什不得一, 惟
治積年黴白, 揭去背紙, 正托白粉平案, 用秋下陳天水湔洗⁵⁾. 治屋漏⁶⁾
黃蹟, 亦如前揭托, 先用前水灑滲, 次漬鐙草盤結⁷⁾, 依跡輕吸, 蹟旣
浮動, 卽斜縈案再用前水淋漓遞灌, 並塵垢盡出. 按揭洗良法, 能不
損粉墨, 不傷古澤; 若紅黑黴點及油汚, 譬之雜毒入心, 不能去也.

1) 『연소상심록延素賞心錄』은 약 1725년 전후에 주이학(周二學)이 그림과 글씨의
　　표구에 관하여 기록한 것이다.
2) 호수(好手)는 정통한 사람, 능력이 뛰어난 사람, 명수를 이른다.
3) 짐작(斟酌)은 매사를 거듭 고려하고 선택하여 결정하는 것을 이른다.
4) "촌만척학寸巒尺壑"은 화폭이 작은 산수화를 말한다.
5) 하진(下陳)은 후원(後苑)을 가리킨다. *천수(天水)는 빗물이다. *전세(湔洗)는 빨
　　아서 헹구는 것이다.
6) 옥루(屋漏)는 신주를 모신 방의 서북 귀퉁이, 집안의 서북쪽 어둡고 구석진 곳,
　　지붕에 빗물이 세는 것이다.
7) 등초(鐙草)는 '등심초燈心草'로 골풀인데, 줄기 속의 가느다란 심으로 등잔(燈盞)
　　의 심지를 만든다. *반결(盤結)은 얼기설기 얽힌 것이다.

補綴¹⁾破畫, 法備前人, 無可增損. 惟有經裱多次, 上下邊際爲惡手濫
割, 必須覓一色紙絹接闊一分, 才不逼畫位. 要之書畫以紙白版²⁾新爲
貴, 若紙敝墨渝, 無論近代卽晉 唐 宋 元烜赫有名之蹟, 亦當減色.

1) 보철(補綴)은 보수하다, 보완하여 수정하는 것이다.
2) 백판(白版)은 칠을 하지 않은 판자로 여기서는 종이 바탕을 이른다.

畫背紙用元幅[1]精勻漫薄[2]涇縣連四硾熟[3], 兩紙合一, 糊就風乾, 視畫
之長短闊狹裁割, 勿以零剩補湊[4], 交接細止一線[5], 稍闊便橫梗[6]畫面.
托畫亦用前紙, 更揀密膩者, 不但質韌[7]護畫, 他日復裱, 且易揭起, 可
供書畫家揮染[8]. 裱用宣德小雲鸞綾. 天地以好墨染絶黑, 或澹月白[9].
二垂帶不必泥古, 墨界雙線, 舊裱亦竟有不用者. 上下及兩邊宜用白.
大畫狹邊, 小畫闊邊. 如上嵌金黃綾條, 旁用沉香皮條邊等, 古人取
以題識[10]. 鄙意[11]劇蹟審定, 未宜岕字[12], 此式不必效之. 短幀尺幅, 必
用仿宋院白細絹獨幅乞嵌[13]. 其上下隔水[14], 須就畫定分寸, 不得因齋
閣[15]之高卑意爲增減, 更不得妄加賮池[16]. 軸首[17]用綿薄落花流水舊錦[18]
爲佳. 次則半熟細密縹絹[19]最熨帖[20]. 撇竹卽狹畫必釘紫銅[21]四鈕, 貫
金黃絲繩, 縛用舊織錦帶, 軸身用粘 音杉 木規員[22]刳空. 軸頭[23]覓宜
哥 定窰[24], 及靑花白地宣甆[25], 與舊做紫白檀·象牙·烏犀·黃楊[26]
製極精樸者用之. 凡軸頭必方鑿入柄, 捲舒才不鬆脫, 不可過壯, 尤
忌纖長.

1) 원폭(元幅)은 큰 폭이다.
2) "정균만박精勻漫薄"은 정묘하고 가지런하게 종이 전체가 얇은 것이다.
3) 추숙(硾熟)은 두드려서 정련하는 것이다.
4) 보주(補湊)는 모아서 보충함, 충분히 모아서 보태는 것이다.
5) 일선(一線)은 한 올의 실로 가늘고 긴 것과 매우 미세한 것을 형용하는 것이다.
6) 횡경(橫梗)은 가득하거나 막는 것이다.
7) 인(韌)은 부드럽고 질기다는 것이다.
8) 휘염(揮染)은 휘호하는 것이다.
9) 월백(月白)은 남색을 띤 백색, 옅은 남색이다.
10) 제지(題識)는 서화에 작가의 이름·연·월·일 등을 기입하는 것으로 '제관題款'
    이라고 한다.
11) 비의(鄙意)는 '저의 생각은 …이다'라고 하는 겸사로 '우견愚見'과 같다.
12) 개자(岕字)의 '岕'는 더러워지는 '첨오沾汚'로, 대개 군더더기 글자를 가리킨다.
13) 알감(乞嵌)은 '알감挖嵌'으로 그림을 떼어내고 붙이는 것이다. '挖'과 '嵌'은 하나
    의 일을 진행하는 과정에 두 단계를 거친다. 먼저 한 장을 정면으로 올려놓고 화

심(畫心)의 둘레에 적당히 맞추어 반으로 작게 나누어서 속이 비게 긁어내는 것
이 '挖'이다. 다음에 화심 주위에 솔로 풀물을 바르고, 다시 화심을 빈 공간에 바
짝 붙이는 것이 '嵌'이다.

14) 격수(隔水)는 두루마리(족자) 등의 표구에서 화심(畫心)과 천지(天地) 사이 위아
래에 비단을 끼워 넣는 공간이다. *족자에는 천두(天頭)·인수(引首)·화심(畫
心)·타미(拖尾)로 공간을 나눈다. *두루마리 격수의 색상은 가장자리 테두리 색
과 같아야하고, 위아래는 6 : 4의 비율로 해야 한다.

15) 재각(齋閣)은 서재(書齋)이다.

16) 담지(膽池)는 서화나 서책의 권축 상단에 비단을 붙이는 곳으로 '詩堂'이라고도
한다.

17) 축수(軸首)는 수직으로 걸도록 표구된 맨 아래의 축봉(軸棒)을 감싼 부분이다. 양
쪽 끝은 축두(軸頭)라고도 하며, 대개 장식적으로 금속·도자기·상아·옥 등을
사용하여 만든다.

18) 면박(綿薄)은 부드럽다는 것이다. *"낙화유수落花流水"는 떨어지는 꽃과 흘러가
는 물, 저물어 가는 봄의 경치를 형용하는 말이고, 살림이나 세력이 영락함을 비
유하는 말이다. *구금(舊錦)은 고대의 비단이다.

19) 표견(縹絹)은 청백색의 비단이다.

20) 위첩(熨貼)은 적절하다, 알맞은 것이다.

21) 자동(紫銅)은 붉은색을 띤 질이 좋은 동이다.

22) 축신(軸身)은 '축간軸杆'으로 두루마리의 심목(心木; 족자 하단에 대는 가로나무)
인데, '축봉軸棒'이라고도 한다. 삼목(杉木)은 삼나무로 '粘'자가 후에 '삼杉'으로
사용된다. 규(規)는 꾀하다, 계획하는 것이다. *원(員)은 폭이나 너비를 이른다.

23) 축두(軸頭)는 족자의 하단에 대는 가로굴대의 양쪽 끝 부분이다.

24) 관요(官窯)는 나라에서 운영하던 도요지이다. *가요(哥窯)는 도요(陶窯) 이름으
로 가마터는 절강성(浙江省) 용천현(龍泉縣)의 남쪽 70리 화류산(華琉山) 아래에
있다. 남송 때 도공인 장생일(章生一)과 장생이(章生二) 형제가 굽던 가마로 형의
것을 이른다. *장요(章窯)는 동생의 것이다. *정요(定窯)는 송(宋)나라 때 정주
(定州)에 있던 도자기 가마, 또는 그곳에서 구운 자기를 이른다.

25) "청화백지靑花白地"는 청화자기, 청화백자이다. *선자(宣瓷)는 명나라 선종(宣
宗) 덕종(德宗)년간에 만든 자기를 이른다.

26) 황양(黃楊)은 회양목이다.

橫卷引首[1]及隔水用宣德小雲鸞綾, 膽池用白宋牋, 藏經牋, 或宣德鏡
面牋. 如宋　元金花粉牋, 雖工麗卻不入品. 邊用精薄藏經牋, 闊止三

分. 其法以牋裁七分條, 兩頭斜翦, 再斜接一分, 黏畫背, 餘對折²⁾緊
貼卷邊際, 則邊狹而有力. 不但能護畫, 且無套邊蘇脫之患. 矮卷用
如前白綾³⁾鑲高. 然後接藏經牋. 次用細密縣薄院絹作邊, 或染皮條⁴⁾
黃, 或縹色⁵⁾, 亦如前邊法. 復背忌健厚, 止用精漫涇縣連四一層. 卷
首用眞宋錦及宋繡, 然不易得, 卽勝國高手翻鴻・龜紋・粟地等錦亦
精麗. 軸用白玉西碧爲上, 犀角製精者間用之以備一種. 須縮入平卷,
才便展舒. 勿仿古蠧⁶⁾出卷外. 古玉籤雖佳, 但歷久則籤痕透入畫裏爲
害不小, 不如用舊織錦⁷⁾帶作縛, 寧寬無緊. 冊葉⁸⁾用宣德紙空嵌, 或細
密縹白二色絹, 忌綾縹. 幀若扁闊, 必仿古推篷式, 不可對折. 面用眞宋
錦爲上, 次則豆瓣柟或香柟⁹⁾作胎¹⁰⁾, 黑漆¹¹⁾退光, 貴方平, 勿委稜角¹²⁾,
面籤用藏經牋或白宋牋, 隨作篆隷眞行書標題, 不得鎸刻.

1) 인수(引首)는 '迎首'라고도 한다. 두루마리에서 화심(畫心)에 붙여서 연결하는 윗
   면인데, 화제나 그림의 명칭을 쓰는 부분으로 사용된다. 일반적으로 고색의 화선
   지나 냉금전(冷金箋)으로 제작되고, 인수를 족자의 '書堂'이라고도 한다.
2) 대절(對折)은 마주 꺾거나 접는 것이다, 절반을 깎는 것이다.
3) 백릉(白綾)은 줄무늬가 있는 두껍고 윤이 나는 흰 비단이다.
4) 피조(皮條)는 가죽 끈이다.
5) 표색(縹色)은 엷은 남색, 옥색, 담청색을 이른다.
6) 촉(蠧)은 '直'과 통용된다.
7) 직면(織綿)은 채색 무늬가 있는 비단, 자수한 것 같이 도안 그림이 있는 채색 견
   직물이다.
8) 책엽(冊葉)은 서화첩, 글씨나 그림을 한 장씩 표장한 것을 한 책으로 한 것이다.
9) 두판남(豆瓣柟)과 향남(香柟)의 '柟'은 '楠'과 같으며 봄철에 누른 꽃이 피는 녹나
   무를 이른다.
10) 태(胎)는 옷 이불 따위의 사이에 끼우는 속이나 심이다.
11) 흑칠(黑漆)은 옻칠을 이른다.
12) 능각(稜角)은 모서리, 모난 귀퉁이, 규각으로 날카로움, 예리함을 이른다.

糊法用陳¹⁾天水一缸, 以潔白飛麪入水, 水氣作酸, 再易前水, 酸盡爲度. 旣曝乾, 入白礬²⁾少許, 和秋下陳天水打成團, 入鍋煮熟, 傾置一缸候冷, 浸以前水, 日須一易, 臨³⁾用入甕瓹, 干杵爛熟⁴⁾, 以前水匀薄, 大忌濃厚. 夏裱治糊十日之前, 春秋治糊一月之前. 過宿便失糊性. 裝潢鄭墨香云: "糊帚新則硬澀, 舊則脆脫, 利用在不新不舊之間." 說頗切理, 附入以備藝林⁵⁾採取.

1) 진(陳)은 오래된, 낡다, 묵다.
2) 백반(白礬)은 명반(明礬)은 정팔면체(正八面體)의 결정(結晶)으로, 수용액(水溶液)은 산성반응(酸性反應)을 일으키며 수렴성(收斂性)이 있는데, 그것을 구워서 만든 덩어리이다. 매염료(媒染料)로 쓰이고, 가루는 지혈수렴약(止血收斂藥)으로 쓰인다.
3) 임(臨)은 '장차 …할 때에 이르다'이다.
4) 난숙(爛熟)은 푹 익다, 매우 치밀하고 상세함, 익숙하다, 능란한 것이다.
5) 이비(以備)는 '… 함으로써 …에 대비하다'이다. *예림(藝林)은 예술계, 미술계를 이른다.

裝潢春和秋爽爲佳候, 忌黃梅積雨¹⁾, 癡風²⁾嚴寒. 裝潢之法, 但得腴潤³⁾不枯. 墨采不伏, 層糊疊紙中邊上下之均平; 展案擎叉, 轉折舒捲之熨帖; 卽未能如張 李祕妙, 亦今世之湯 凌高手也. 更須懸挂寶愛⁴⁾, 約四五日一易, 旣不病畫, 亦不損裱.

1) "황매적우黃梅積雨"는 매실이 익을 무렵에 내리는 긴 장마 비를 이른다.
2) 치풍(癡風)은 복건(福建)·천주(泉州)·복주(福州)·흥화(興化) 등지에서 음력 8월경에 부는 동북풍이다.
3) 단득(但得)은 다만 …하기만 하면이다. *수윤(腴潤)은 풍부하고 유기가 있다, 비옥하고 축축한 것이다.
4) 현괘(懸掛)는 걸다, 매다는 것이다. *보애(寶愛)는 귀여워하다, 사랑스럽다는 뜻이다.

畫案¹⁾有宋 元退漆斷紋, 週邊嵌銀絲方勝²⁾, 不用四足, 卽案面拖尾著
地, 一邊略飛捲, 便看畫成軸, 製最奇別, 他則紫檀鐵木爲上, 香柟 ·
花櫚次之. 長可六尺, 闊可二尺, 貴方棱³⁾, 忌委角, 有作兩架承案面
者亦雅重, 然必覆以靑氍毹⁴⁾或珊瑚色及瑩白毾㲪⁵⁾與精麗舊錦, 卷軸
才不惹潤. 壁桌覓純紫鐵木製極精古者, 不時拭抹, 久則滑澤發光如
鑑. 若俗製粗脚竊名⁶⁾董桌, 常爲文敏稱冤, 可更廢不用.

1) 화안(畫案)은 채색하여 꾸민 책상인데, 여기서는 그림을 그리는 책상, 표구할 때
   사용하는 책상이다.
2) 방승(方勝)은 비단을 접어서 마름모꼴로 만들어 옆으로 거듭 포갠 머리 장식물의
   하나, 또는 그런 모양이다.
3) 방릉(方棱)은 네모반듯한 모난 모양이다.
4) 청(靑)은 검다는 뜻이 있다. *구유(氍毹)는 털로 짠 융단이다.
5) 영백(瑩白)은 밝고 깨끗하다는 것이다. *용(㲪)은 푸른 장식용 털이다. *계(㲪)는
   융단, 양탄자이다.
6) 절명(竊名)은 부적당한 수단으로써 명성을 얻는 것이다.

小畫作匣用香柟木, 長短闊狹隨畫定製. 一匣容四扉, 一扉容五畫,
頂置提梁¹⁾, 橫開一門, 嵌入門上釘紫銅方鈕, 鈕中起柄²⁾入鑿便鎖. 鎖
貴精古, 覓宋鐵嵌金銀者最佳, 紫銅者次之. 匣後鏤四穴, 入指出扉,
省卻³⁾扉橫釘鈕. 殿⁴⁾製如方几, 高不過二尺. 兩匣並置, 旣取看不勞,
卽攜帶亦便. 大畫作厨, 用豆瓣柟, 次則香柟木, 高亦隨畫定製, 闊止
二尺, 深可尺餘, 一門開風, 一門藏準. 上落鉸釘⁵⁾用紫銅仿古梭子⁶⁾
式, 承殿止高六寸, 惟厨內忌粉漆及糊紙. 卷冊用舊錦作囊, 或紫白
檀作匣. 匣內襯⁷⁾宣德小雲鸞白綾, 以檀末糝新棉花爲胎⁸⁾, 不但展舒
發香, 且能辟蠹.

1) 제량(提梁)은 손잡이이다.
2) 예(枘)는 장부로 나무 끝을 구멍에 맞추어 박기 위하여 깎아 가늘게 만든 부분이다.
3) 성각(省卻)은 생략하다, 열다, 제거하는 것이다.
4) 전(殿)은 맨 뒤의, 최후라는 것이다.
5) 상락(上落)은 상하를 이른다. *교정(鉸釘)은 금속판 등을 잇는데 쓰이는 대가리가 굵은 못이다.
6) 사자(梭子)는 베틀 북이다.
7) 내친(內襯)은 덧대는 천이다.
8) 태(胎)는 옷 이불 따위의 사이에 끼운 속이나 심이다.

芥舟學畫編論工具和設色[1]

筆墨絹素瑣論[2]

作畫者譬諸戰陣[3], 筆爲戈矛, 墨爲芻糧, 絹素則地利也. 主帥與士卒俱已上下一心, 使如臂指[4], 更兼此數者相助, 自當所向無前[5]矣. 筆之所助, 能使曲折如意, 剛柔合宜, 而飛動軒爽之氣, 沉著痛快之神, 皆於是乎得之. 墨之所助, 能使淹潤[6]如濕, 秀結如金, 而霏微煙靄[7]之致, 幽深杳渺之觀, 亦於是乎得之. 至於絹素則承載筆墨, 發揮意思, 當前則腴潤而可玩, 向後則壽世[8]於無窮. 且興會[9]所至, 機趣[10]所發, 必有以引而出之者. 苟相助之不得, 尤足墮人意氣[11]. 作者不可以其無關緊要[12]而忽諸也.

1) 『개주학화편논공구화설색芥舟學畫編論工具和設色』은 청나라 심종건(沈宗騫)이 『개주학화편』에서 그림 그리는 공구와 설색에 관하여 논한 것이다.
2) 「필묵견소쇄론筆墨絹素瑣論」은 『개주학화편 논공구화설색』의 항목으로 필묵과 비단에 대하여 자질구레하게 논한 것이다.
3) 전진(戰陣)은 군사 작전에서 진을 치는 법이다.
4) 비지(臂指)는 지휘나 운용이 자유자재하여 팔이 손가락을 부리는 것 같은 것을 말한다.
5) 자당(自當)은 물론, 당연히, 응당 등의 뜻이다. *"소향무전所向無前"은 군대 따위가 가는 곳마다 적이 무너지는 것이다.
6) 엄윤(淹潤)은 '원윤圓潤'으로 원만하고 윤택함이다.
7) 비미(霏微)는 안개비가 가득 찬 모양이다. *연애(煙靄)는 구름과 안개이다.
8) 수세(壽世)는 세인의 수명을 연장시키는 것이다.
9) 흥회(興會)는 흥취, 흥미이다.

10) 기취(機趣)는 '천취天趣'로 자연스런(타고난) 정취나 풍취와 같은 것이다.
11) 의기(意氣)는 뜻하는 바와 기개(氣槪), 정신, 득의한 마음, 기상, 정서 등인데, 문학과 예술 작품의 기세를 가리킨다.
12) "무관긴요無關緊要"는 대수롭지 않다, 중요하지 않게 여기는 것이다.

今之作人物者大都皆用狼毫蟹爪¹⁾, 雖巨障²⁾長幅, 亦以此爲之. 不知筆身細必多貯水, 則不能緊歛, 而腕力何由得³⁾著, 遂無爽颯⁴⁾意思矣. 如作二三寸人物而極細緻者, 則用蟹爪筆落墨, 稍大者則筆亦如之. 純羊毫・兔毫兩種不可用. 他毫兼成者皆可, 但量其大小, 酌其剛柔. 用之旣服⁵⁾, 不必更易他種矣.

1) 낭호해조(狼毫蟹爪)는 이리 털로 만든 게의 발톱 모양의 화필이다.
2) 장(障)은 장애물, 병풍, 칸막이 등을 이른다.
3) "하유득何由得"은 '어디에서 …할 수 있는가?', '무엇에 연유하여 …하겠는가?'라는 의문사이다.
4) 상삽(爽颯)은 티끌이 날리는 모양, 나무 따위가 늙었어도 꿋꿋한 모양이다.
5) 복(服)은 익숙해지다, 적응하는 것이다.

藏墨家俱貴古製, 若書畵家所用則新而高者足矣. 蓋書畵皆取色澤¹⁾而畵爲尤重, 若墨舊膠退, 色反晦黯, 何取哉? 今新安佳製, 儘堪供用, 施之金箋²⁾而光澤豔者, 已是極好之品, 和以金屑而故高其價, 非所尙也.

1) 색택(色澤)은 빛깔과 광택이다.
2) 금전(金箋)은 금종이를 이른다.

紙之流傳¹⁾者愈古則愈佳, 唐以上不可知矣. 就金粟²⁾藏經紙一種而論, 越今已幾千載, 不過其色稍改, 而完好緊韌, 幾不可碎. 以此作畵, 雖傳之數千年無難也. 今則盈尺³⁾數金, 安得供我揮灑⁴⁾! 下而宋 元諸箋,雖不如藏經, 猶堪經久[5], 亦何可多得? 惟前明 宣德間最精硏於造紙, 而得留於今者, 時或[6]可遇, 亦難多得. 近時造紙涇縣最盛, 而宣城所造貢紙, 細膩光結, 已屬今時極品[7], 但柔順有餘而剛健不足. 作書畵者生於今必得如前古紙素則將擱筆已乎[8]. 余年來無他好, 惟展紙弄墨, 消磨時日, 安得如許[9]佳紙. 卽人所持來者亦尋常坊間[10]物耳. 向嘗[11]偶閱<米海嶽帖>有論漿埀紙[12]者, 乃繹其意選涇縣諸色紙中之最好者, 以白芨泡出漿水, 拭過槌之, 使光結可玩, 且宜筆墨, 則以供常用. 如偶遇宋 元諸箋, 及宣德所製者, 便是此腕難得之遭逢矣. 作畵家宜痛絶礬紙[13], 礬紙作畵, 筆意澁滯, 墨色浮薄, 且不百年而碎裂無寸完. 余蓄夏太常墨竹, 是散金礬紙本, 筆墨尙[14]好而紙本遍體[15]破碎, 不可裝潢. 惜哉!

1) 유전(流傳)은 세상에 널리 전해지는 것이다.
2) 금속(金粟)은 '물푸레나무'로 계화(桂花)의 다른 이름이다.
3) 영척(盈尺)은 한 자 남짓한 것을 이른다.
4) 휘쇄(揮灑)는 마음 내키는 대로 그림이나 글씨를 쓰다.
5) 경구(經久)는 오랜 시간을 경과하는 것이다.
6) 시혹(時或)은 때때로이다.
7) 극품(極品)은 일등품, 최상품이다.
8) 각필(擱筆)은 붓을 놓다, 글 쓰는 일을 중단하는 것이다. *이호(已乎)는 그만두는 것이다.
9) 여허(如許)는 이와 같다는 것이다.
10) 방간(坊間)은 거리, 골목으로 옛날에 주로 책방거리를 가리킨다.
11) 상(嘗)은 겪다, 경험하는 것이다.
12) "장타지漿埀紙"는 생지에 풀을 먹여 종이를 단단하게 하는 것이다.
13) 통절(痛絶)은 철저하게 거절하거나 경계하는 것이다. 반지(礬紙)는 명반을 칠한 종이이다.
14) 상(尙)은 꽤, '대체적으로 …하다'는 것이다.
15) 편체(遍體)는 온몸, 전신이다.

前人作畫多用絹, 而絹亦粗細不一. 非惡粗而貴細也, 工緻宜細, 寫意宜粗. 且絹之生熟[1]亦不一, 非貴熟而惡生也, 工緻宜熟, 寫意宜生. 大約不論粗細, 要以厚重者爲尙. 今之妄論者謂絹不如紙能經久, 究之紙之壽安能及絹哉? 夫絹之所以不久者礬重故耳. 今人不解用礬道理, 生絹上欲以膠礬糊沒其縷眼, 不糊沒又不可以作畫, 故絹地[2]不數年便碎裂無完, 於是咎絹之不能經久. 彼特不知唐 宋名蹟之存於今者, 獨非絹乎? 古絲·今絲不聞有異而千餘年尙存, 其故何歟? 嘗聞前人論云: "輕粉入絹素槌如銀版." 古者多用蛤粉[3], 今當以石灰代之. 石灰之性燥而能歷久不變色, 以大盆貯水入灰攪勻, 斗水[4]不過合灰, 以絹單層入水拖一過[5], 起水[6]不可絞, 絞則絹終帶縐絞[7]. 掛乾以熨斗[8]貼平疊方尺許[9], 木槌石底, 令有力者槌, 勿近四邊, 旣熟輪摺其未槌之處, 槌之如前. 令通體皆熟, 所謂色如銀版者也. 然後上幀, 先拭以膠水候乾, 再以礬水上之. 冬月膠淸, 夏月膠重. 礬之輕重亦隨之. 故盛暑時不宜用膠礬於絹以其重也. 生絹膠礬不得不[10]重而易裂, 熟絹膠礬得以[11]輕而不易裂. 則絹自應[12]槌之令熟, 而膠礬自應愈輕愈妙, 但故輕亦不能用. 礬如數而膠不足, 則墨痕水溢如暴紙. 膠如數而礬不足, 則墨痕上覆之便脫. 膠不足者易以見而量加之, 礬不足者難以辨. 須點墨於絹以水洗之不脫者可矣. 否則亦量加之, 此亦候膠礬之法也. 要知膠礬是伐絹之斧[13], 特不得已而用耳. 蓋絹性與紙異, 無膠礬則不利於筆, 有膠而無礬, 則不利於色, 能酌而用之使不過分, 其猶愈於今之紙也多多矣. 夫旣爲承載[14]筆墨之具, 不可不用意如法, 以圖永久. 詳言之以質同志.

1) 생숙(生熟)은 생견과 가공한 비단을 가리킨다.
2) 지(地)는 직물 종이 화문 글 등의 바탕이다.
3) 합분(蛤粉)은 굴 껍질 조개껍질 등을 태워 갈아서 만든 가루로 흰색물감인데 통

상 '호분胡粉'이라고 한다.
4) 두수(斗水)는 소량의 물이다.
5) 일과(一過)는 한 번 지나가다, 한 번 통과하는 것이다.
6) 기수(起水)는 양어장의 고기를 건지다, 잡는 것이다.
7) 추문(縐紋)은 주름이다.
8) 위두(熨斗)는 인두, 다리미를 이른다.
9) "방척허方尺許"는 한자 가량의 넓이를 이른다.
10) "부득불不得不"은 '…하지 않으면 안 된다', '반드시…해야 한다는 것이다.'
11) 득이(得以)는 …할 수 있다는 것이다.
12) 자응(自應)은 당연히, 물론, 응당 등의 뜻이다.
13) "벌견지부伐絹之斧"는 비단을 베는 도끼인데, 비단을 헤치는 물건을 비유하는 말
이다.
14) 승재(承載)는 받아서 싣는 것이다.

設色瑣論[1]

五色原於五行[2], 謂之正色, 而五行相錯雜以成者謂之間色[3], 皆天地自
然之文章[4]. 於時[5]也四序[6]之各異, 於物也賦性[7]之各殊, 於人也榮枯[8]·
老少·休咎[9]·淸濁[10]之各各不齊. 天地之所生, 皆由氣化[11]而非有意[12]
於其間. 然作者當以意體之, 令無不宛[13]合, 一若[14]由氣化所成者, 是
能以人巧合天工[15]者也. 今特條分縷析[16], 詳論其性情製合之法. 夫古
人作畵必表裏俱到, 筆畵已刻入縑素[17], 其所設色又歷久如新, 終古[18]
不脫, 且其古渾之氣, 若自中出, 想其作時必非若後人摽掠[19]外貌, 但
求一時美觀已也. 凡畵由尺幅以至尋丈[20]巨障, 皆有分量[21]. 尺幅氣色[22]
其分量抵丈許者三之一, 三四尺者半之. 大幅氣色過淡則遠望無勢,
而弊於瑣碎; 小幅氣色過重, 則晦滯[23]有餘而淸晰不足. 又當分作十
分看, 用重靑綠者三四分是墨, 六七分是色. 淡靑綠者六七分墨, 二
三分是色. 若淺絳山水[24]則全以墨爲主, 而其色則無輕重之足關矣.
但用靑綠者雖極重能勿沒其墨骨爲得[25]. 設色時須時時遠望, 層層加

上, 務使$^{26)}$重處不嫌濃黑$^{27)}$, 淡處須要微茫$^{28)}$, 草木叢雜$^{29)}$之致, 與煙雲縹緲$^{30)}$之觀, 相與映發$^{31)}$, 能令觀者色舞$^{32)}$矣. 且當知四時·朝暮明晦之各不同, 須以意體會, 務極其致. 又畵上之色原無定相, 於分別處則在前者宜重而在後者輕以讓之, 斯遠·近以明; 於勿圇$^{33)}$處則在頂者宜重而在下者輕以殺之, 斯高下以顯. 山石崚嶒$^{34)}$, 蒼翠$^{35)}$中自存脈絡; 樹林蒙密$^{36)}$, 蓊鬱$^{37)}$處不令模糊. 兩相接處故作分明, 獨欲顯時須敎迥別$^{38)}$. 設色竟, 懸於高處望之, 其輕重·明暗間無一毫遺憾, 乃稱合作矣.

1) 「설색쇄론設色瑣論」은 『개주학화편논공구화설색』의 항목으로 채색하는 방법에 관하여 자질구레하게 논한 것이다.
2) 오색(五色)은 '적赤'·'황黃'·'백白'·'청靑'·'흑黑'을 일컫는다. *오행(五行)은 우주 사이의 다섯 원기(元氣)인 '금金'·'목木'·'수水'·'화火'·'토土'를 이른다.
3) 간색(間色)은 둘 이상의 빛깔이 혼합으로 생기는 빛깔이다.
4) 문장(文章)은 뒤섞인 색채를 이른다. 『주례周禮』「고공기考工記」에 "청과 적을 문이라 하고, 적과 백을 장이라 하고… 靑與赤謂之文, 赤與白謂之章…"이라는 구절이 있다. *'문'은 청색과 적색으로 수놓은 무늬이다. *'장'은 분홍색으로 수놓은 무늬이다.
5) 어시(於時)는 옛날, 지난날이다.
6) 사서(四序)는 4계절, 사계이다.
7) 부성(賦性)은 타고난 성품이나 천성이다.
8) 영고(榮枯)는 초목의 무성함과 시드는 것으로, 연고와 성쇠, 번영과 영락, 융성과 쇠퇴를 이른다.
9) 휴구(休咎)는 길흉, 복과 화를 이른다.
10) 청탁(淸濁)은 맑음과 흐림, 청수와 탁수인데, 사물의 우열이나 고하, 천성과 탁성, 현인과 우인을 비유한다.
11) 기화(氣化)는 인체 내의 기운(원기)의 변화이다.
12) 의(意)는 기, 기운을 이른다.
13) 무불(無不)은 '…하지 않은 것이 없다', '모두 …이다'의 뜻이다. *완(宛)은 완전히, 마치, 흡사하다는 것이다.
14) 일약(一若)은 '…와 똑같다'는 뜻이다.
15) 인교(人巧)는 사람의 재주이다. *천공(天工)은 하늘이 하는 일, 하늘의 조화, 신묘한 경지에 이르는 기술, 하늘의 기능 등을 이른다.

16) "조분루석條分縷析"은 한 조목 한 조목 명확하게 분석하는 것이다.

17) 겸소(縑素)는 서화에 쓰이는 비단이다.

18) 종고(終古)는 영원히, 영구하다는 것이다.

19) 표략(摽掠)은 빼앗다, 강탈하는 것이다.

20) 척(尺)은 길이의 단위로 촌(寸)의 10배, 장(丈)의 10분의 1에 해당하는 길이이다. *이지(以至)는 '…에 이르기까지', '…로 하여 …때문에'이다. *심(尋)은 고대 길이의 단위로서 8척(尺)을 1심(尋)이라함. *장(丈)은 고대 길이의 단위로 1척(尺)의 10배이다. *"심장尋丈"은 8척(尺)에서 1장(丈) 사이의 길이를 말한다.

21) 분량(分量)은 무겁고 가볍거나, 많고 적거나, 깊고 얕거나, 크고 작은 정도를 말하는 것인데, 그림의 '비례법比例法'을 가리킨다.

22) 기색(氣色)은 태도와 안색, 동물의 모습과 빛깔, 풍경, 모습, 상태를 이른다.

23) 회체(晦滯)는 난삽하여 이해하기 어려움, 시운이 막히는 것이다.

24) "천강산수淺絳山水"는 수석이나 암석묘사에 엷은 적색을 가한 산수화로 남색을 병용하여 효과를 높이는 것이 보통이며, 수묵 담채로 그리는 산수화를 이른다.

25) "수극중능물기묵골위득雖極重能勿沒其墨骨爲得"은 매우 짙은 색을 사용하더라도 그 먹의 골력이 나타나야 한다는 것이다.

26) 무사(務使)는 '반드시 …로 될 수 있게 하다', '…을 보장하다'는 뜻으로 사용된다.

27) 농흑(濃黑)은 진한 흑색이다.

28) 미망(微茫)은 어슴푸레한 것이다.

29) 총잡(叢雜)은 어수선하다, 난잡하다, 뒤섞여 있는 것이다.

30) "연운표묘煙雲縹緲"는 경치가 멀고 어렴풋함이다.

31) 상여(相與)는 서로, 함께. *영발(映發)은 눈부시게 비치다, 빛나다.

32) 색무(色舞)는 '색비미무色飛眉舞'로, 풍채는 드날리고 눈썹은 춤추는 것으로, 기쁜 기색과 표정을 형용하는 말이다.

33) 홀륜(囫圇)은 완전함, 애매모호함이다.

34) 능증(崚嶒)은 산이 높고 험하다, 강직함이다.

35) 창취(蒼翠)는 검푸르다, 푸르고 싱싱함이다.

36) 몽밀(蒙密)은 빽빽이 무성하다, 우거짐이다.

37) 옹울(蓊鬱)은 초목이 무성한 모양이다.

38) 형별(迥別)은 아주 다르다, 판이하다는 것이다.

春景欲其明媚[1]，凡草坡樹梢[2]，須極鮮妍，而他處尤欲黯淡[3]以顯之．故作春景不可多施嫩綠[4]之色．今之爲春景者，穠艷[5]滿紙，皆混作初夏之景非也．點綴之筆但用草綠，若草坡向陽之處，當以石綠爲底，嫩緑爲面. 而巒頭石面則不得用靑緑. 夏景欲其葱翠[6], 山頂石巓, 須緑面加靑, 靑面加草緑. 凡極濃翠[7] 處宜層層傅上, 不可貪省漫堆, 致有煙辣氣息[8]. 凡著重色皆須分作數層, 每層必輕礬拂過, 然後再上. 樹上及草地亦然. 凡嵌靑緑者必以草緑拂過一二遍, 始合盛夏時神色而不沒其墨, 自然鬱勃[9]可觀. 秋景欲其明淨, 疎林衰草, 白露蒼葭, 固是淸秋[10]本色, 但作畫者多取江南氣候, 八九月間其氣色乃乍衰於極盛之後, 若遽作草枯木落之狀, 乃是北方氣候矣. 故當於向陽坡地[11]仍須草色芊緜[12], 山石用靑緑後, 不必加以草緑, 而於林木間間作紅黃葉或脫葉之枝, 或以赭墨間其點葉[13], 則蕭颯[14]之致自呈矣. 冬景欲其黯澹, 一切景物惟松柏竹及樹之老葉者可用老緑[15], 餘惟淡赭和墨而已. 凡寫冬景當先以墨寫成, 令氣韻已足, 然後施以淡色, 若雪景則以素地[16]爲雪, 有水處用墨和老緑, 天空處用墨和花靑[17], 若工緻重色, 則可粉鋪其雪處.

1) 명미(明媚)는 맑고 아름답다는 뜻이다.
2) 수초(樹梢)는 나뭇가지 끝이다.
3) 암담(黯淡)은 어둡고 쓸쓸함이다.
4) 눈녹(嫩緑)은 연한 녹색이다.
5) 농염(穠艶)은 꽃과 나무가 무성하고 아름다움, 아주 예쁨을 이른다.
6) 총취(葱翠)는 짙푸르다, 창취하다는 뜻이다.
7) 농취(濃翠)는 심록색이다.
8) "연랄기식煙辣氣息"은 연기의 매운 냄새인데, 먹의 예리하고 강한 풍격을 이른다.
9) 울발(鬱勃)은 왕성하다, 풍부하다, 대단히 많은 것이다.
10) 청추(淸秋)는 늦가을을 이른다.
11) 파지(坡地)는 산비탈의 경사진 밭이다.
12) 천면(芊緜)은 초목이 무성한 것이다.
13) 점엽(點葉)은 잎을 그리는데 점으로 찍어서 표현하는 기법이다.
14) 소삽(蕭颯)은 쓸쓸하다, 가을바람이 서늘하다, 초목이 마르다(시들다.)는 뜻이다.
15) 노록(老緑)은 진녹색이다, 암녹색이다.
16) 소지(素地)는 밑바탕이다.

17) 화청(花靑)은 그림에 채색의 하나로 쪽 풀로 만드는데, '남색' 또는 '쪽 빛'이라고
　　한다.

墨曰潑墨, 山色曰潑翠, 草色曰潑綠, 潑之爲用最足發畫中氣韻. 令
以一樹一石作人物小景, 甚覺平平, 能以一二處潑色酌而用之, 便頓
有氣象, 趙承旨<鵲華秋色>眞蹟正潑色法也.

作畫所用之色皆取經久不退者, 而不退之色惟金石爲尤, 故古人不單
用草木之色也. 但金石是板色, 草木是活色, 用金石者必以草木點活
之, 則草木得以附金石而久, 金石得以藉草木而活, 而製合之道又在
細心體會, 須物物識其性情而調用之.

花靑卽靛靑¹⁾, 蓋取其浮於面上之彩, 謂之花, 凡色皆有質, 此獨無之,
故不能自存. 取者以石灰爲其所附而成顆, 是卽所謂螺子黛²⁾也. 其色
靑翠靈活, 畫家之要色也. 先搗碎如沙, 用滾湯泡過, 先泡出黃黑水,
後泡出靑黑水. 所出者皆其翳, 雖泡數次而其本色仍牢附於灰. 入乳
鉢³⁾細硏後, 傾⁴⁾膠水攪勻⁵⁾於大盞, 候一時許, 傾其浮出之色於別盞,
以其底所矴者不必加膠, 仍如前細硏, 復以前浮出之色傾入, 候一時
許傾於別盞, 照此法凡數次, 其底色稍淡乃止. 蓋花靑旣是附灰而成
者, 則所出之色愈後愈佳, 且一二次不能盡出, 故必數次取也. 又其
色離灰而附於膠, 則灰之極細而不卽矴⁶⁾者尙留於色, 如何得盡? 且
亦不必太盡. 本色旣全無質, 若灰太盡則又嫌於膠重矣. 須合將傾出
之水總候半日許, 傾入磁盆, 復去其所矴者, 將磁盆安於護灰炭火⁷⁾上
頓, 將乾, 以物細細攪勻, 若聽其自乾而不細攪, 則上半多膠, 下半多
灰, 必攪於將乾之時, 則不盡之灰與膠之黏性相和矣.

1) 전청(靛靑)은 쪽으로 만든 식물성 검푸른 물감으로 '전화靛花'라고 하며, 쪽을 끓여서 회(灰)와 아교를 섞어서 만드는데 일반적으로 가장 많이 쓰는 청색이다.

2) "나자대螺子黛"는 눈썹 먹(빛)으로, 옛날 궁녀가 눈썹을 그릴 때 쓰던 안료이다.

3) 유발(乳鉢)은 약물을 빻거나 갈아서 가루로 만드는데 쓰는 절구 모양의 작은 그릇이다. '鉢'은 '缽'로도 쓴다..

4) 경(傾)은 그릇 따위를 뒤집거나 기울여 깡그리 쏟아 붓는 것이다.

5) 교균(攪匀)은 잘 젓다, 골고루 섞는 것이다.

6) 정(矴)은 닻돌인데, 가라앉는 것으로 보았다.

7) 회화(灰火)는 숯불이나 잿불이다.

藤黃¹⁾入花靑總謂之汁緑. 藤黃重者曰嫩緑, 輕者曰老緑. 施之固各有所宜, 總於重設色上多用嫩緑, 及嫩緑之極重者曰苦緑. 設色輕者多用老緑. 凡用藤黃必視設色之輕重爲多寡, 且以寧少爲貴者.

1) 등황(藤黃)은 해등(海藤)나무의 진으로 만든 식물성 황색 안료, 나무진을 굳혀서 막대기 형태로 만들어서 조금씩 물로 녹여서 사용한다.

古者用蛤粉¹⁾, 今製法不傳, 不如竟用鉛粉²⁾, 但有鉛氣未淨者, 變成黑色最大害事, 先將鉛粉入膠水研細, 攪成漿水, 候片時³⁾傾出面上粉水, 少頃復以面上淸水還入粉再攪, 如前傾出, 凡數次, 則輕而細者皆出, 而重滯之渣滓⁴⁾則去之, 將粉幷水上冒⁵⁾以紙, 放大飯鍋上蒸數次出黃色者佳, 蒸至黃色盡, 乃可用. 出靑色者是鉛氣最重不可用, 卽用亦必俟有黃色出再候黃色盡乃可用. 蒸訖必滿貯淸水冒紙於上, 安於靜處, 將乾則加水, 愈久愈妙.

1) 함분(蛤粉)은 대합조개 껍질을 구어서 가루를 만들어 아교와 섞어 흰색으로 사용하는데 '胡粉'이라 한다.

2) 연분(鉛粉)은 아연가루로 된 흰색 안료로 물속에 저장해 두었다가 필요시 아교에 섞어 사용한다. 시간이 지나면 어둡게 변질된다.

3) 편시(片時)는 잠깐, 잠시로 짧은 시간을 이른다.

4) 사재(渣滓)는 찌꺼기, 침전물이다.
5) 모(冒)는 덮어씌우는 것이다.

硃砂¹⁾不論塊子大小, 但要硏得極細, 分而用之. 向有說硃砂四兩須人工²⁾一日. 愚則以爲必須兩日, 不過硏愈多則黃膘³⁾亦多耳. 硏時須用重膠水, 工足後用滾湯入大盞攪勻, 安半日許傾出黃膘水, 炭火上烘乾, 作人物肉色及調合衣服諸樣黃色, 以其鮮明愈於赭石⁴⁾多多也. 出黃膘後再入淸膠水細細攪勻, 安一飯頃⁵⁾傾出, 復候出餘黃膘水, 可作工緻小人物衣服, 及山水中點用紅葉之類, 以其最細也. 其底所留者尙有大半, 再以極淸膠水傾入攪勻, 候盞茶頃⁶⁾傾出, 作大人物, 成片大紅色者用之. 其底色則仍如前法硏過, 凡傳成片大紅色, 當量用硃砂多少入膠水攪勻, 先傾出三之一, 傳於著絹乾, 用輕礬水⁷⁾拂過, 再傾出第二層傳上, 如第一層法. 然後將底所留傳上礬好, 以臙脂⁸⁾水套過, 則其色更覺鮮美矣.

1) 주사(硃砂)는 붉은 색 광물성 안료로 산호색의 부드러운 돌을 갈아서 물에 풀면 엷은 위 부분은 '주표硃標'이며, 좀 무겁고 짙은 부분은 '주사'이다.
2) 인공(人工)은 사람의 하루 품, 일손, 노력을 이른다.
3) 황표(黃膘)는 누런 기름때이다.
4) 자석(赭石)은 광물성 갈색 안료로 식물성 안료와 잘 배합되는 특징이 있다. 불에 강하여 가열하거나 찬 상태로도 사용할 수 있다.
5) "일반경一飯頃"은 한 끼의 식사시간으로 짧은 시간을 이른다.
6) "잔다경盞茶頃"은 차 한 잔 마시는 시간으로 짧은 시간을 이른다.
7) 반수(礬水)는 명반을 녹인 물로 아교가 섞여 있어서 먹이나 채색의 번짐을 막는 효과가 있다.
8) 연지(臙脂)는 자주와 빨강의 중간색인데, 화장을 하거나 그림 그릴 때 사용되는 것으로 선명한 붉은 색이다.

石靑有數種¹⁾, 但皮粗而成塊者皆可入畵, 其細不必如硃砂而漂製之
法則同, 故不多贅. 但硏至將細時, 必以滾湯泡過, 攪匀, 候一傾盡傾
去面上所浮出者, 然後再硏. 若不去則畵上久必有如油透者. 每見舊
畵上用靑綠處若油透筆痕外者, 皆緣於此.

1) 석청(石靑)은 광물성 청색 안료로 남동광(藍銅鑛)을 갈아 그 가루에 아교와 물을
   섞어 데워서 사용한다. '두청頭靑'·'2청二靑'·'3청三靑'은 수비(水飛)하여 걸러
   내어 구분한 것이다.

石綠¹⁾以沙少而色深翠者爲佳, 係是靑綠山水要色. 硏漂之法與石靑
同而加細焉. 其底之最粗者以嵌夾葉²⁾與墨疎苔³⁾及著人物衣服. 凡山
石靑多者用石綠嵌苔⁴⁾, 綠多者用石靑入石綠嵌苔. 若筆意疎宕⁵⁾, 則
設色亦宜輕. 合用靑綠以籠山石, 純用淡石綠以鋪草地坡面而苔可不
必嵌.

1) 석록(石綠)은 광물성 안료, 공작석(孔雀石)을 갈아서 만든 가루에 아교 물을 섞어
   사용하는데, 수비하여 '두록頭綠'·'2록二綠'·'3록三綠'으로 구분한다.
2) "감협엽嵌夾葉"은 윤곽선으로 그린 잎 안에 채색을 칠하여 매우는 것이다.
3) "묵소태墨疎苔"는 먹으로 드문드문하게 찍은 태점을 말한다.
4) 감태(嵌苔)는 태점을 찍는 것을 말한다.
5) 소탕(疎宕)은 선이 굵다, 대범한 것을 이른다.

谿山臥遊錄論印章設色[1]

淸 盛大士 撰

圖章[2]必期精雅, 印色務[3]取鮮潔, 畫非藉是增重[4], 而一有不精, 俱足爲白璧之瑕. 歷觀名家書畫中, 圖印皆分外出色[5], 彼之傳世久遠固不在是, 而終不肯稍留遺憾者, 亦可以見古人之用心矣. 按陶南村『輟耕錄』載印章制度極詳, 凡名印[6]不可妄寫, 或姓名相合, 或加印章等字, 或兼用印章字, 曰姓某印章, 不若只用印字最爲正也. 二名[7]者可回文[8]寫, 姓下着印字, 在右, 二名在左是也. 單名[9]者曰姓某之印, 却不可回文寫. 名印內不得着氏. 表德[10]可加氏字, 宜審之. 表字印[11]只用二字, 此爲正式. 近人或幷姓氏於其上, 曰某氏某. 若作姓某甫, 古雖有此稱係他人美己, 却不可入印. 漢人三字印非複姓及無印字者, 皆非名印. 蓋字印[12]不當用印字以亂名也. 此雖不可拘泥, 然亦何可不知其大略乎!

1) 『계산와유록논인장설색谿山臥遊錄論印章設色』은 약 1810년 전후에 청나라 성대사(盛大士)가 『계산와유록』에서 인장과 채색법을 논한 것이다.
2) 도장(圖章)은 도서와 인장(印章)인데, 전의되어 인장만을 이른다.
3) 무(務)는 '반드시, 꼭 …해야 한다'는 뜻이다.
4) 증중(增重)은 가중하다, 보다 강화하는 것이다.
5) "분외출색分外出色"은 유달리 뛰어남, 특색이 있는 것이다.
6) 명인(名印)은 이름을 새긴 도장이다.
7) 이명(二名)은 두 글자의 이름이나 한 사람의 두 가지 이름이다.
8) 회문(回文)은 인장의 글자를 배열하는 방식이다.
9) 단명(單名)은 외자의 이름이다.
10) 표덕(表德)은 자, 호, 덕행, 선행을 나타내는 일이다.
11) "표자인表字印"은 별명을 새긴 도장이다.
12) 자인(字印)은 자(字)를 새긴 도장이다.

各種顏色惟靑綠・金碧畵中須用石靑・硃砂・泥金・鉛粉, 至水墨設
色畵, 則以花靑・赭石・藤黃爲主, 而輔之以胭脂・石綠, 此外皆不
必用矣. 花靑須擇靛花之靑翠[1]中有紅頭泛[2]出者爲第一, 陶汰淨盡[3],
乳鉢椎細, 以無聲爲度. 加膠入巨盞內澄之, 取其輕淸上浮者, 置烈
日中晒乾[4], 不可隔宿[5]. 近日吳門有買製成花靑頗可[6]用, 然而庋久則
色終黯也. 赭石亦有製成者, 却未必佳. 宜取赭石中堅細而色麗者,
兩石相摩, 臨畵臨[7]用, 略加膠水, 則色澤鮮潤[8]而靈活. 藤黃宜用圓
而長者, 俗名圈黃, 『芥子園譜』所謂筆管黃[9]也. 藤黃有毒不可入口.
法製石綠, 先要硏細, 亦以無聲爲度, 總之愈細愈妙. 臨畵則入膠, 畵
畢則出膠. 出膠不淸, 綠色卽黯矣. 胭脂須澄出棉花之細渣滓以淸水
絞出濃汁, 臨畵時淺深濃澹, 斟酌用之, 以花靑和藤黃卽成草綠色,
花靑重者爲老綠, 花靑輕者爲嫩綠. 藤黃中加以赭石謂之赭黃[10], 亦
可加以胭脂, 以之畵霜林紅葉, 最得蕭疎冷艶[11]之致. 胭脂中加以花
靑卽成紺紫[12], 夾葉雜樹, 亦可點綴也. 石綠惟山坡及夾葉或點苔用
之, 却不可多用, 雪景可用鉛粉, 然不善用之, 頓成匠氣[13].

1) 청취(靑翠)는 짙푸른 녹색으로 산색이나 나무색을 비유한다.
2) 범(泛)은 물을 붓다, 엎다, 전복시킨다는 뜻이 있으므로 '범출泛出'은 쏟아버리는 것이다.
3) 도태(陶汰)는 '도태淘汰'와 같으므로 곡식이나 광물 따위를 일다, 씻어내다, 쳐내는 것이다. *정진(淨盡)은 완전히 없어짐, 조금도 남기지 않는 것이다.
4) 열일(烈日)은 강하게 내리쬐는 태양이다. *쇄건(曬乾)은 햇볕에 말리는 것이다.
5) 격숙(隔宿)은 하룻밤을 넘기다.
6) 파가(頗可)는 '상당히 …할 가치가 있다', '매우 그럴듯하다'는 뜻이다.
7) 임(臨)은 '막 …하려고 하다'는 뜻이다.
8) 색택(色澤)은 빛깔과 광택이다. *선윤(鮮潤)은 색상이 선명하고 광택이 있다는 것이다.
9) "필관황筆管黃"은 붓 자루 같이 생긴 등황을 말한다.
10) 자황(赭黃)은 황토 빛을 띤 '대자색代赭色'이다.

11) 소소(蕭疎)는 나뭇잎 따위가 드문드문하다, 성긴 것이다. *냉염(冷艷)은 차가우
면서 고운 것으로 눈이나 흰 꽃 등 차가운 분위기를 형용할 때 쓰이는 말이다.

12) 감자(紺紫)의 '감紺'은 감색으로, 붉은 빛을 띤 푸른 빛, 검푸른 빛이다.『論語』에
"군자는 감색(紺色)과 보라색으로 장식하지 않는다. 君子不以紺緅飾."는 구절이
있다. *'감자紺紫'는 검푸른 자주 빛깔이다.

13) 장기(匠氣)는 장인의 습성으로 예술적인 특색이 결핍된 것을 이른다. "성장기成
匠氣"는 매너리즘(mannerism)에 빠지는 것이다.

畫譚論製色[1]

清 張 式 撰

製色諸譜所載不甚同, 卽今[2]專門家雖各擅其法, 實不甚相遠也. 玆言梗槪[3], 硏求精妙, 更有進者. 石青・石綠・硃砂謂之重色, 製法同, 初置硏盌中攙入[4]清膠水硏, 硏至無聲, 再冲入沸湯[5], 提作三等色. 提用椀三, 將色和水傾入一隻內, 攪[6]句, 碇[7]句. 卽再傾一隻, 略碇又再傾一隻, 第三隻碇定, 將水棄去. 三椀色深淡各異, 畫家謂之頭青・二青・三青, 臨時入膠水用. 花青 卽靛花 製與重色相反, 惟取標汁, 以多硏爲妙. 青有丸・散二種, 散青先用絹包泡, 或置銚煎, 易水數次, 則水無殷色[8], 丸青形如螺, 亦如柏子, 色紺, 先將沸湯泡, 易去紺水, 總使色淨水清爲度. 青中紺殷旣除, 然後硏, 乃入清水少許, 硏若墨槳, 更加入濃膠硏, 再冲沸湯攪, 和解[9]其膩, 以浮標試膠法, 以筆醮[10]標水著紙能和[11]卽可, 不勻和, 再入膠. 脚旣碇, 傾面上標水, 用煨火收乾[12], 脚盡棄去. 臙脂用熱水沛[13]棄綿, 或烈日暴乾, 或煨火收入膠少許. 用藤黃只消水化. 藤黃和花青曰汁綠, 花青合臙脂爲紫, 入粉曰粉紫. 赭石産虞山者佳, 黃赤之間而無鐵色爲上, 亦須入膠. 鉛粉[14]鄒小山『花卉譜』載粉不可氶, 今觀小山眞迹粉多黴變[15], 製粉究以惲氏之氶而後硏提者爲良. 粉畫忌與皮衣同藏, 硝[16]氣能還鉛色. 按攪音雷, 硏物也. 碇音釘, 沉澱也, 沛同濟. 『畫譚』

5) 충입(沖入)은 물을 부어서 씻는 것이다. *비탕(沸湯)은 끓은 물이다.

6) 뇌(擂)는 연마하다, 갈다, 두드리다. 유검화가 '擂'는 음이 '뇌'이고 물건을 가는 것이라고 주석하였다.

7) 정(碇)은 배를 멈출 때 닻처럼 물속에 집어넣는 닻, 돌, 추인데, 유검화가 '碇'은 음이 '정'이고 침전된 것이라고 주석하였다.

8) 안색(殷色)은 '안홍殷紅'으로 검붉은 색이다.

9) 화해(和解)는 섞어서 분해하는 것이다.

10) 잠(蘸)은 찍다, 묻히다, 담그는 것이다.

11) 화(和)는 어울리다, 조화되는 것이다.

12) 외화(煨火)는 잿불을 이른다. *수건(收乾)은 말린다는 것이다.

13) '제沸'자는 '濟'와 같다.

14) 연분(鉛粉)은 '백분白粉'으로 납 가루로 만든 흰색을 말한다.

15) 미변(黴變)은 곰팡이가 피는 것이다.

16) 초(硝)는 광물인 '초석硝石'으로 백색 결정체이다. '망초芒硝', '초석硝石', '박초朴硝' 등의 몇 종류가 있는데, 망초나 박초로 가죽을 무두질하여 부드럽게 만든다.

畫耕偶録論紙筆[1]

清 邵梅臣 撰

古人作畫從無分別生·熟紙[2]之法, 今畫工往往以紙之生熟, 辨筆墨之優絀, 此欺世語也. 所謂熟紙卽礬紙也. 近來紙料惡劣, 不得不借礬膠, 略解灰性. 荊 關果在, 生紙佳, 熟紙亦佳. 客有謂作畫可惜[3]用熟紙者, 余答曰: "先生妙人, 可惜吃熟飯." 相與[4]大笑.

1) 『화경우록논지필畫耕偶録論紙筆』은 약 1820년 전후에 청나라 소매신(邵梅臣)이 『화경우록』에서 종이와 붓에 관하여 논한 것이다.
2) 생지(生紙)는 종이를 뜬 채로 아무런 처리를 하지 않은 것이다. *숙지(熟紙)는 뜬 종이에 어떤 가공을 하여 쓰는 용도에 맞게 두드리거나 아교나 백반 물을 입힌 것이다.
3) 가석(可惜)은 아깝다, 애석하다는 것이다.
4) 상여(相與)는 '서로, 함께 …하는 것이다'의 뜻이다.

沈某爲余言曰: "我畫竹能用純羊毫軟筆." 余曰: "昨有客到敝齋[1], 言其能用左牙嚼肉." 某曰: "只須[2]肉爛耳, 何必分牙之左右." 余曰: "只須畫佳耳, 何必分筆之軟硬."

1) 폐재(敝齋)는 저의 집을 이른다. '폐敝'는 자신을 낮추어 말하는 겸사이다.
2) 지수(只須)는 '다만 …하다면'의 뜻이다.

十年前有陳友自誇其能用純羊毫作篆. 余曰: "君幸生晚, 若與斯 邈同時, 安能成此絶藝[1]?"

1) 절예(絶藝)는 아주 뛰어난 예술을 이른다.

畫訣云: "凡著色畫, 皆宜用風礬紙[1], 惟墨畫可用生紙." 此論人皆不知. 蓋因生紙灰性太重, 十數年後, 著靑綠處, 始而變黃色, 總必霉爛[2] 脫落. 宋人紙說辯之甚詳, 近時畫工以用生紙爲能, 殊昧古人之旨.

1) "풍반지風礬紙"는 명반을 입혀서 바람에 말린 종이이다.
2) 매란(霉爛)은 곰팡이가 피어 썩는 것이다.

小蓬萊閣畫鑑論紙筆顔色¹⁾

清 李修易 撰

畫山水遇紙性生澀²⁾, 切不可落手卽求好看, 求好看勢必處處着力³⁾.
樹上枝葉已寫盡, 石則皴擦無餘地, 而筆端圭角頓挫⁴⁾之習, 已不可救
藥⁵⁾矣. 惟墨則由淡及濃, 筆則由簡及繁, 紙雖生澀, 亦屬可觀. 近今
有一種黃底金牋, 頗難下筆, 若生紙無論厚薄, 皆可作畫, 不得手, 必
未識其性耳, 不可委咎⁶⁾於紙也. 今人甫執筆作書畫, 不自問其學之淺
深, 遇不愜意⁷⁾, 輒歸咎於紙以自護其短. 夫紙有何咎乎? 銀光玉潔,
遇名手則牙籤錦帶⁸⁾, 遭拙匠則糊窓糊壁而已. 昔人種芭蕉藏柿葉者,
豈眞乏紙哉! 恐辜負⁹⁾此紙耳. 及學成名立, 並芭蕉·柿葉而亦傳矣.
不愜意, 正紙之不幸耳. 吾故願爲紙辯.

1) 『소봉래각화감논지필안색小蓬萊閣畫鑑論紙筆顔色』은 약 1820년 전후에 청나라
  이수이(李修易)가 『소봉래각화감』에서 종이와 붓, 채색을 논한 것이다.
2) 생삽(生澀)은 유창하지 않다, 생소하다, 어색한 것이다.
3) 착력(着力)은 힘을 다하여 진력하는 것이다.
4) 필단(筆端)은 붓 끝, 서화나 시문의 작품을 이른다. *규각(圭角)은 모서리, 흔적,
  자취이다. *돈좌(頓挫)는 멈춤과 바뀜이다.
5) 구약(救藥)은 구제하다, 손을 쓰는 것이다.
6) 위구(委咎)는 잘못을 남에게 전가하는 것이다.
7) 협의(愜意)는 흐뭇하다, 흡족하다, 만족하게 여기는 것이다.
8) 아첨(牙籤)은 상아로 만든 서첨(書籤; 서적의 표제를 적은 꼬리표)이다. *금대(錦
  帶)는 비단 띠이다.
9) 고부(辜負)는 헛되게 하다, 저버리는 것이다.

筆無論羊毫·兔穎¹⁾, 要必令其出鋒. 若用禿筆²⁾, 必至³⁾板硬, 去浙習
不遠⁴⁾矣. 而今人之喜用禿者何也? 蓋尖筆⁵⁾難老, 禿筆易古. 且可借

<u>石田老人</u> 顧埜漁以自護其短. 雖然, 士各有志, 人各異能, 未可執一
論也.

1) 양호(羊毫)는 양털로 만든 붓이다. *토영(兎穎)은 토끼털로 만든 붓이다.
2) 독필(禿筆)은 몽당붓이다.
3) 필지(必至)는 '반드시 그렇게 되다', '반드시 올 것이다'는 뜻이다.
4) "거절습원去浙習不遠"은 절파의 습기에 이르기가 멀지 않다는 말로, 절파의 습
   기에 빠지게 될 것이라는 뜻이다.
5) 첨필(尖筆)은 필봉이 뾰족한 새 붓을 이른다.

墨必求其佳, <u>李廷珪</u>¹⁾<u>張遇</u>²⁾已不可得矣, 卽<u>方于魯</u>³⁾<u>程君房</u>⁴⁾亦不過鏤
版⁵⁾精工, 用之未有不脫膠⁶⁾者, 昔人所謂惟舊紙乃能受舊墨也. 余謂墨
全在於用, 用得其法, 同是一墨, 而精采煥發⁷⁾; 不得其法, 雖洗硏提膘⁸⁾,
亦復無益. 惟新墨不若舊墨之黑, 爲不可解耳. 夫墨豈有不黑者哉? <u>東
坡</u>云: "當求白時嫌雪黑, 當求黑時嫌漆白." 慧眼者自能辨之.

1) 이정규(李廷珪)는 남당(南唐) 역수(易水; 지금의 河北 易縣) 사람, 본성은 해(奚)
   씨, 해초(奚超)의 아들로 아버지와 함께 도강(渡江)하여 섭주(歙州; 지금의 安徽
   省 黃山市)에 살았으며 이(李)씨를 하사받았다. 대대로 상품의 먹을 만들기로 유
   명하며, 강남(江南) 지역에서 징심당지(澄心堂紙)·용미연(龍尾硯)과 함께 그의
   먹이 문방사보(文房四寶)로 꼽혔다. 『輟耕錄』「墨」에 나온다.
2) 장우(張遇)는 오대 당나라의 묵공(墨工) 이정규(李廷珪)가 만든 먹 이름으로 앞면
   에는 용(龍) 문양의 눈썹을 그려 넣었다.
3) 방우로(方于魯)는 명나라 섭현(歙縣) 사람으로 처음 이름은 대오(大澂)이고, 자를
   건원(建元)으로 고치고 자로 행세하였다. 시에 능하여 시사(詩社)에 들어갔으나,
   정군방(程君房)으로부터 먹 만드는 법을 배운 뒤 좋은 먹을 만들어 이름을 떨쳤
   다. 저서에『방씨묵보方氏墨寶』와『방건원시집方建元詩集』이 있다.
4) 정군방(程君房)은 명나라 휘주부(徽州府) 섭현(歙縣) 사람으로 방우로(方于魯)와
   함께 먹을 잘 만들었다. 저서에『정씨묵원程氏墨苑』이 있다.
5) 누판(鏤板)은 판목에 새기는 것이다.
6) 탈교(脫膠)는 떨어지다, 벌어지다, 터져서 갈라지는 것이다.
7) "청채환발精采煥發"은 아름답고 빛나는 색채가 환하게 빛나는 것이다.

8) 제표(提臕)의 '제심표교提心膘膠'로 씻고 갈아서 애써 접착시키는 것이다. *제(提)는 '提心'으로 애를 씀, 마음을 다하는 것이다. *표(膘)는 '표교膘膠'로 민어의 부레를 끓여서 만든 부레풀인데, 교착력이 강하다.

石靑石綠, 滯重[1]質也, 膠不淸, 受煙氣必變. 靛花[2]・藤黃, 草木之滋也, 遇生紙見風日必退. 故山水以淺絳爲正, 花草以鉤勒爲勝. 而世之以畵爲生涯者, 但知逢庸人之耳目, 茫茫然不計百世而下自居何等[3], 眞夏蟲之不可以語冰[4]也. 可慨也夫!

1) 체중(滯重)은 움직이지 않다, 둔중하다, 무거운 것을 이른다.
2) 전화(靛花)는 쪽을 물에 담그고 석회를 넣은 후 떠오르는 것을 걷어 그늘에 말린 것으로 '남색'이나 '쪽'이라고 한다.
3) 자거(自居)는 '자처하다', '스스로 …라고 생각하다', '행세하다'는 뜻이다. *하등(何等)은 어찌 그토록 …한가! 감탄하는 어조로 보통과 다름을 나타낸다.
4) "하충지불가이어빙夏蟲之不可以語冰"은 '하충어수夏蟲於冰'로 견문과 지식이 짧고 얕은 사람을 비유하는 말이다. 『莊子』「秋水」의 "우물 속의 개구리는 바다를 말할 수 없는 것은 우물에 구속되어 있기 때문이요, 여름에만 사는 벌레가 얼음에 대하여 말할 수 없는 것은 자기가 사는 여름만이 시절인 줄로 굳게 믿기 때문이며,… 井蛙不可以語海者, 拘於虛也. 夏蟲不可以語於冰者, 篤於時也.…"라는 문장을 인용한 것이다.

畵中之用鉛粉, 近世皆以薄施爲尙, 乃歷觀古畵, 從未[1]有薄用者. 重則精神豐滿, 色澤和腴, 愈舊愈顯, 薄則紙色一酣, 同歸烏有[2], 只悅一時之目耳.

1) 종미(從未)는 '지금까지 …하지 않았다', '여태껏… 하지 않았다'는 뜻이다.
2) 동귀(同歸)는 같은 목적에 이르다, 같은 결과를 얻는 것이다. *오유(烏有)는 어찌 이런 일이 있을 수 있겠는가? 존재하지 않는 것을 이른다.

洋紅[1]出大西洋國, 其色鮮而艶, 近世寫生家無不[2]用之. 然余嘗見古畵中之生香活色³⁾者, 皆以燕支⁴⁾染之, 洋紅無此靜也. 或曰: "古無此
色, 故不用耳." 余曰: "古若有此色, 則畵早已失神矣." 蓋洋紅最忌風
日, 不久卽退也. 然人人好尙如此, 用之亦無傷耳. 可笑者吾友吳小
萊, 在京師以重値購得, 攙入印泥. 余卽止之, 已調和矣. 問之. 則曰:
"見吳兔牀『論印詩』註云: 以少許入印色, 其紅勝丹砂寶石百倍, 且久
而愈艶." 余謂 "此老直强作解事, 顔料唯石質可以入油, 洋紅雖不知
何質, 體輕得水, 則艶色自浮, 如可入油, 則燕支亦可入油矣. 書之以
知『論印詩註』之誤.

1) 양홍(洋紅)은 연분홍색 물감의 일종으로 서양에서 수입된 홍색 안료이다. 1856년
   영국에서 처음 개발된 합성 유기화학 안료(顔料)인 아닐린(aniline dye)안료의
   붉은색으로 추정된다.
2) 무불(無不)은 '하지 않는 것이 없다', '모두 …이다'라는 뜻이다.
3) "생향활색生香活色"은 꽃의 색이 신선하고 아름다우며 향기도 농후하다는 것으로
   글이 생동감 있고 핍진한 것을 형용하는 말이다.
4) 연지(燕支)는 '연지臙脂'이다.

續事中有不可以理解者, 如鉛粉膠變, 則用燒酒火熏之. 扇面欲去其
金, 可用鷄毛筆洗之. 石靑性堅難乳¹⁾, 投耳垢²⁾小許卽細. 顔色皆與油
相犯, 而石綠則相和, 扇面耿絹誤用圖章, 惟百齒霜³⁾可以擦淨. 此皆
一時救弊之方, 雖不經用, 不可不知.

1) 유(乳)는 연마하는 것이다.
2) 이구(耳垢)는 귀의 때, 귀지, 귀청을 이른다.
3) "백치상白齒霜"은 머리비듬, 머리때를 이른다.

畵說論紙筆[1]

筆不佳不可畵, 筆宜尖·硬·圓·肥, 斷不可禿. 用筆之老·嫩在吾
手下, 非必禿筆而後能老也. 墨全在筆尖運用, 以一尖筆與一禿筆試
之, 同一墨而精彩異矣. 墨卽不能得宋墨, 明時程君房[2]方于魯[3]間亦
有之. 國初曹素功[4]佳者尙可用, 此數人墨如得眞品用之, 雖極淡自有
精彩, 且能分五色, 濃淡相間, 層出不窮[5]. 若時肆中墨祇[6]可作一濃一
淡, 多擦則有灰色可厭. 觀於梅道人墨法, 可知用墨不可不佳.

1) 『화설론지필畵說論紙筆』은 약 1850년 전후에 청나라 화익륜(華翼綸)이 『화설』에
   서 종이와 붓을 논한 것이다.
2) 방우로(方于魯)는 명나라 섭현(歙縣) 사람으로, 정군방(程君房)으로부터 먹 제조
   법을 배운 뒤 좋은 먹을 만들어 유명해졌다. 저서에 『方氏墨寶』와 『方建元詩集』
   이 있다.
3) 정군방(程君房)은 명나라 휘주부(徽州府) 섭현(歙縣) 사람으로, 방우로(方于魯)와
   함께 먹을 잘 만들었다. 저서에 『程氏墨苑』이 있다.
4) 조소공(曹素功)은 청나라 섭현(歙縣) 사람으로 자는 성신(聖臣)·세공생(歲貢生)
   이다. 먹을 만드는 기술이 유명하다.
5) "층출불궁層出不窮"은 연이어 끝없이 나타나는 것이다. *층출(層出)은 연이어 끊
   임없이 일어나거나 나타나는 것이다.
6) 약시(若時)는 그때이다. *사(肆)는 점포, 상점이다. *지(祇)는 '只'와 같다.

紙不佳非飛卽乾, 心中作種種之惡劣. 粗絹惡扇, 尤敗人意興[1], 稍[2]畵
之便覺口舌發渴[3], 蓋精神已爲耗散[4]矣. 厚宣紙亦難畵, 一筆上紙水
氣收下[5], 筆頭不能運動[6], 如何能畵? 揭之太薄亦易飛, 惟以兩層爲
率可耳, 得鏡面自然光潔者乃佳. 愈舊愈妙. 近時蘇 浙紙鋪作紙硏光
如鏡, 有礬不受墨, 亦不肯乾. 一筆着紙, 直着一筆, 稍停片刻, 卽便[7]

並成一筆, 且水浸縈漏, 仍然飛開, 惡劣甚矣. 此工匠所用, 非士夫所
宜有也. 絹亦無佳者. 古畫如<u>子久</u> <u>雲林</u>所用紙, 均非今時所有. <u>明時</u>
<u>董思翁</u>用絹紙皆佳, 可以悟紙之宜精矣. 總之須擇其本來光潔者, 千
錘萬錘, 然後可用. 然着一做手不得[8], 着一做手便無墨暈矣. 有佳墨
必以佳硯磨之, 墨乃細而無渣, 粗硯斷不可用. <u>端溪</u>北壁石所以貴如
拱璧[9]也.

1) 의흥(意興)은 흥미, 흥취이다.
2) 초(稍)는 '우연히', '이따금'이라는 부사이다.
3) "구설발갈口舌發渴"은 세간의 평판에 목말라 하는 것이다.
4) 모산(耗散)는 낭비, 손실되어 없어지는 것이다.
5) "수기수하水氣收下"는 물기가 아래로 거두어들이는 것으로, 물기가 스며드는 것
   이다.
6) "필두불능운동筆頭不能運動"은 작품의 능력을 발휘할 수 없는 것이다. *필두(筆
   頭)는 붓끝으로 작품이나 저작을 이른다. *운동(運動)은 재능이나 수완 따위를
   발휘하거나 펼치는 것이다.
7) 즉편(卽便)은 '설령(설사) …할지라도', '설사 …일지라도(하더라도)'의 뜻이다.
8) "착일주수부득着一做手不得"은 시작하여 한 필치로 그릴 수 없는 것으로 먹이 잘
   스며들지 않는 것을 말한다.
9) 공벽(拱璧)은 아름드리 옥으로 '보옥寶玉'을 이른다.

頤園論鑒藏紙粉[1]

清 松 年 撰

唐 宋 元 明, 代有名作, 流傳世上者大半贗本[2]. 善收藏之家, 或有佳
本, 然亦是眞假各半. 鑒別書畫之難, 似非自己善畫不能直抉[3]其病.
以拙眼[4]讀過者贗本往往有勝於眞本殊多, 未必今人不及古人也. 據
款字圖章定其是非, 必須認定某人字體, 屢試不爽[5], 再下斷語[6]. 如
以字佳者卽爲眞本, 字劣者卽屬假作, 究竟非眞正識見. 欲知名家眞
本, 愚見似宜三五幅互相比較, 定某人如何畫法, 認定之後, 再遇此
人所作, 再爲比較, 屢試不爽, 此卽眞作無疑. 僅據款字, 終覺影響[7].
愚謂畫論好醜, 何必拘拘[8]古今? 果能超出前人之上, 雖假作亦佳. 至
於較論眞假, 評定價值, 此買賣字畫之流, 非賞鑒書畫者也.

1) 『이원논감장지분頤園論鑒藏紙粉』은 1897년에 청나라 송년(松年)이 그림의 감정
   과 소장 및 종이와 호분에 관하여 논한 것이다.
2) 안본(贗本)은 명인의 작품으로 위조한 고서화를 이른다.
3) 직결(直抉)은 바르게 도려내다, 정확하게 골라내는 것이다.
4) 졸안(拙眼)은 안목이 없는 것이다.
5) "누시불상屢試不爽"은 자주 시험해보아도 틀리지 않다는 것으로, 언제나 효과가
   있는 것을 비유한다.
6) "하단어下斷語"는 단언을 내리는 것이다.
7) 영향(影響)은 감흥이나 영향이 있는 것을 형용하는 말로, 비슷함, 흉내 냄, 모호
   함, 어렴풋한 것이다.
8) 구구(拘拘)는 사물에 구애되는 모양, 융통성이 없이 딱딱한 모양이다.

評論古今名家畫, 不可一見好卽許[1]爲眞跡, 亦不可見不好卽定爲不
眞. 以詩文論, 凡大家之作, 一時興到文如流泉, 滔滔不竭, 往往不暇

修句, 則有小疵, 而氣勢乃高超奇絶, 凡名家之作, 局度²⁾修整, 面目
光潔, 逐處搜尋³⁾, 決無瑕疵, 而氣勢總覺平衍⁴⁾無奇. 作畫亦同此理.
觀者必須獨具慧眼, 理路⁵⁾深求, 全幅講理, 忽有一處不講理, 無理之
中却有偏理奇趣⁶⁾, 此大家之作無疑. 如處處不講理⁷⁾, 僅僅工整, 此僞
作託名, 或款字精良, 必是假畫眞款. 余常爲人署款以惑俗人, 是以
知之最悉也. 再觀山水一門, 如峯巒聳秀, 皴染鬆活, 賓主互應, 開合
自然. 樹木房屋, 安置得地⁸⁾, 近樹濃厚深秀, 穿揷有情; 遠樹濃淡遠
近, 蒼蒼茫茫, 含靄籠煙, 望之不成平板一片, 層層掩映⁹⁾. 其水口活
潑噴激有聲. 雖非眞本, 亦是高手所爲, 不必拘定眞假, 收藏可貴.

1) 허(許)는 '許與'로 인정하는 것이다.
2) 국도(局度)는 재능과 도량, 짜임새와 격식이다.
3) 축처(逐處)는 '도처에', '이르는 곳마다'이다. *수심(搜尋)은 여기저기에서 찾다,
   수소문하여 찾는 것이다.
4) 평연(平衍)은 평평하고 넓다, 평평하게 펼쳐져 있는 것이다.
5) 이로(理路)는 이치나 조리를 이른다.
6) 강리(講理)는 시비를 가리다, 이치를 따지다, 도리를 알다, 도리를 따르는 것이다.
7) 기취(奇趣)는 괴이한 흥취, 특별한 정취를 이른다.
8) 득지(得地)는 성장에 적합한 것이다.
9) 엄영(掩映)은 두 사물이 서로 가리면서 어울려 돋보인다는 뜻이다.

人物之優劣先看面目, 老有老態, 孩有孩氣, 婦女賢淑娟秀, 不作妖
媚態; 文有文之氣度, 武有武之儀表. 次看衣紋, 入格合派, 筆畫細如
遊絲, 圓如蒓莖¹⁾, 設色淡雅穠古, 望之靜穆, 決無煙火暴惡之氣, 此
必名家之作. 面目不分, 千人一面²⁾, 人人皆帶畫家習氣, 衣紋用側筆
鈎折粗野取奇, 設色腌臢³⁾不潔, 拖拉⁴⁾不整, 此必俗人之作, 莫以款識
圖章卽定爲眞本. 所以鑒別前人書畫必須自家善書畫方能辨認優劣
眞贋爲準耳. 近世假作書畫以圖重利, 先講裝池, 然後圖章印色, 以

及題跋種種, 必求與古人符合, 方能入鑒賞之目. 少不留心, 往往被
人賺哄⁵⁾得利. 嗟乎? 世上皆不受賺, 骨董客人將餓斃矣. 此正天生⁶⁾
此道藉養窮人⁷⁾, 精於此道者不必苛求太過, 亦積德之事也.

1) 순경(純莖)은 순채 줄기이다. 순채는 수련과에 딸린 다년생 물풀이다.
2) "천인일면千人一面"은 여러 사람들이 생각이나 행동이 서로 같거나 비슷한 것이다.
3) 엄잠(腌臢)은 추악하다, 비열한 것이다.
4) 타랍(拖拉)은 풀어헤쳐서 질질 끄는 것이다.
5) 잠홍(賺哄)은 속이다, 기만하다, 편취하다, 사취하는 것이다.
6) 천생(天生)은 자연히 생성되는 것이다.
7) 궁인(窮人)은 빈궁한 사람, 뜻을 이루지 못한 사람, 나태한 사람이다.

古今收藏之家未必人人皆解六法, 或以財厚, 廣求金石文字, 名人字
畫, 以爲風雅, 或以此誇富, 假冒斯文¹⁾, 此等賞鑒半出淸客²⁾骨董之
助. 至於書畫究竟如何爲眞爲好, 不過以款識·圖章·年月·地方考
據定論. 少知畫法者, 偏於文人書卷之作, 則奉逸品爲至寶, 偏於富
麗工細之作, 則許能品爲傳人³⁾. 各隨己意而定是非, 至於畫本是否精
良⁴⁾, 筆墨是否超軼, 實不能指出眞正優劣. 更有一般假在行⁵⁾, 書畫少
涉怪奇則定爲眞本, 少近工整⁶⁾則訾爲贗作, 正如門外論人家曲直⁷⁾,
自充當行⁸⁾而已. 講論古人眞蹟, 須生一雙慧眼, 平日見聞素廣, 閱歷⁹⁾
旣深, 庶可下一斷語. 何者爲眞, 何者爲假, 挑出¹⁰⁾畫家眞病源·眞好
處, 始稱眞賞鑒·眞收藏也. 不亦難乎?

1) 가모(假冒)는 진짜인 것처럼 사칭하는 것이다. *사문(斯文)은 '예악교화禮樂敎化'
와 '전장제도典章制度'를 이르는 말로, '문학'·'유학자'·'문인'의 존칭이다. 고상
하고 우아함을 형용한다.
2) 청객(淸客)은 부귀한 집의 문객(門客)으로 있는 문인(文人)이다.
3) 전인(傳人)은 후계자, 계승자를 이른다.
4) 정량(精良)은 정교하고 우수하다, 훌륭하다, 뛰어난 것이다.

5) 일반(一般)은 '똑같음', '모두', '전체', '전부', '통상', '보통', '한차례', '한 가지' 등이다. *재항(在行)은 일에 경험이 있거나 익숙함을 이른다.
6) 공정(工整)은 문장이 짜임새 있고 정돈됨을 이른다.
7) 곡직(曲直)은 '그름과 옳음', '시비', '복잡하게 얽힌 사정'이다.
8) 당항(當行)은 본업, 정통하다, 숙련된 것을 형용하고, 전문가를 이른다.
9) 열력(閱歷)은 겪어 지내온 일, 경험, 경력을 이른다.
10) 도출(挑出)은 들춰내는 것이다.

紙性純熟細膩, 水墨落紙, 如雨入沙, 一直到底, 不縱橫浸潘[1]也. 初學作畵, 不知用乾筆, 多貪用水, 縱畵工整, 亦有光滑甜熟[2], 無氣無力病, 否則墨水亂潘, 腌臢不淨, 入惡境矣. 礬絹托水托色, 較生紙爲易, 不善畵亦復爲難. 不能用水運墨賦色, 筆畵拙笨[3]不活, 色墨癡呆[4]不鮮, 水漬沉滯[5]一堆, 如受汚染, 一幅皆非正色, 此不善畵絹之病. 其實得法[6]何論紙絹, 無不隨心應手[7]耳.

1) 침심(浸潘)은 빠지는 것이다.
2) 첨숙(甜熟)은 달콤하게 익었다, 성격이 부드러워 시대의 흐름에 영합하는 화풍을 이른다.
3) 졸분(拙笨)은 무디며 거친 것이다.
4) 치매(癡呆)는 우둔한 것이다.
5) 침체(沉滯)는 사물의 현상이 한 자리에 머물러 있는 것이다.
6) 득법(得法)은 요령을 얻는 것으로 비단이나 종이의 사용방법을 터득하는 것이다.
7) "수심응수隨心應手"는 '득심응수得心應手'로 마음먹은 대로 일이 순조롭게 되는 것이다.

市肆[1]所賣鉛粉, 畵家仍須[2]自己加工漂治[3], 去其渣滓, 留其頂膘. 去鉛不淨, 畵人面花瓣, 每犯舊鉛黑黯之色, 枉費功夫. 佳畵廢棄, 誠爲可惜. 曾見去鉛之法甚多, 求其絲毫不犯, 恐亦甚難. 古人用石硏粉, 後人因其難製, 改用鉛粉. 愚謂與其去鉛何若[4]徑用野茉莉[5]花種, 不必燒鉛, 硏細亦頗潔白. 畵家可試用之.『頤園論畵』

1) 시사(市肆)는 시중의 상점을 이른다.
2) 잉수(仍須)는 '여전히 …해야 한다'는 뜻이다.
3) 표치(漂治)는 수비(水飛)하여 걸러내는 방법이다.
4) 하약(何若)은 '어찌 …만 한가', ' …만 못하다'는 뜻이다.
5) 말리(茉莉)는 목서과에 속하는 상록 관목으로 인도나 이란 지방이 원산지이다. 관상·향료용으로 사용된다.

書畵說鈴[1]

清　陸時化 撰

凡名蹟旣信而有徵[2], 於眞之中, 辨其着意不着意, 是臨摹舊本, 抑自出心裁[3], 有著意而精者, 心思到而師法古也; 有著意而反不佳者, 過於[4]矜持而執滯[5]也; 有不著意而不佳者, 草草也; 有不著意而精者, 神化也; 有臨摹而妙者, 若合符節[6]也; 有臨摹而拙者, 畵虎不成[7]也; 有自出心裁而工者, 機趣[8]發而興會[9]佳也; 有自出心裁而無可取者, 作意經營而涉杜撰[10]也. 此中意味慧心[11]人愈引愈長, 與年俱進; 扞格[12]者畢世模糊, 用心亦無益也.

1) 『서화설령書畵說鈴』은 청나라 육시화(陸時化)가 그림과 글씨에 관하여 논한 것이다. *설령(說鈴)은 소설이 대아(大雅)에 맞지 않는다는 것으로 '서화설령書畵說鈴'은 서화는 고상한 사람에게는 맞지 않는다는 것이다..

2) "기신이유징旣信而有徵"은 믿을 만할 뿐만 아니라 증거도 있다는 것이다.

3) "자출심재自出心裁"는 '자출기저自出機杼'로 자기만의 구상이나 고안을 하는 것으로, 독창적인 그림을 그리는 것이다.

4) 과어(過於)는 지나치게 …하는 것이다.

5) 집체(執滯)는 집착하다, 고집부리는 것이다.

6) "약합부절若合符節"은 부절이 서로 합치하는 것으로, 일이 서로 틀림없이 꼭 들어맞는 것이다.

7) "화호불성畵虎不成"은 '화호불성반유구畵虎不成反類狗'의 준말로 범을 그리려다 도리어 개를 그리는 것인데, 너무 높은 것을 추구하다 이루지 못하고 도리어 웃음거리가 됨을 비유한다.

8) 기취(機趣)는 천연의 풍취, 자연의 정취를 이른다.

9) 흥회(興會)는 의취, 흥취이다.

10) 두찬(杜撰)은 근거 없이 엮거나 지어내거나 허구로 조작하는 것이다. 이 말의 유래는 네 가지 설이 있는데, 한(漢) 전하(田下; 호는 杜田生)의 고사, 남조양(南朝梁) 도홍경(陶弘景)의 제자인 두도사(杜道士)의 고사, 송(宋) 두묵(杜黙)의 고사, 송(宋) 성도(盛度)의 고사가 그것이다.

11) 혜심(慧心)은 슬기로운 마음. 불교에서 마음이 텅 비고 밝아 진리를 달관하는 것이다. 우주의 진리를 깨닫는 마음 지혜를 이른다.
12) 한격(扞格)은 서로 상충되어 받아들이지 아니함. 완강하게 거절하는 것이다.

書畵無款, 非病也. 宋人無款而且無印者甚多. 凡院本¹⁾而應制²⁾者, 皆無印無款, 如馬 夏諸公或於下角隅於樹石之無皴處, 以小楷書名. 李龍眠能書而不喜書款. 今人得蹟, 必於角上添龍眠 李公麟五字, 罪大惡極³⁾. 古人或書或畵而至於不朽, 其人必有宿根⁴⁾, 鍾山川靈秀之氣而生, 加之以博覽, 積之以苦功, 然後成此慧業⁵⁾. 一人有一人之面目, 卽父子亦不相肖. 如大令已不似右軍, 至必傳一也. 夫如是何必藉款? 善鑒者一覽而知此種筆墨必出某人. 善鑒者非仙也⁶⁾, 舍是人無第二人能之者, 定之總不失. 作者一場辛苦而成, 豈無傳意? 然不書名者, 亦曰後人當知非吾莫能爲也. 然此後人, 非言泛泛庸庸⁷⁾之人. 一代⁸⁾之作書畵者止一二人, 鑒書畵者亦止一二人. 且鑒者亦必自能作者. 唐之歐 虞 褚 薛, 宋之米氏父子‧蘇氏父子, 元之趙氏父子‧柯敬仲輩, 皆傳人⁹⁾而鑒傳蹟. 今則不知何許之人, 街談巷議¹⁰⁾, 彼所恃者猶議得名¹¹⁾耳, 故款在所必需.

1) 원본(院本)은 송나라 화원(畵院) 화가들이 그린 그림이다.
2) 응제(應制)는 천자의 명령을 받들어 시문을 짓는 것이다.
3) "죄대악극罪大惡極"은 죄악이 극도에 달하다. 극악무도한 것이다.
4) 숙근(宿根)은 전세에서부터 이미 타고난 기질을 이른다.
5) 혜업(慧業)은 지혜로운 업보인데, 불교용어로 지혜(智慧)의 업연(業緣)이다. '업연業緣'은 업보의 인연이다.
6) 야(也)는 '…할 뿐더러 또 …하다'의 뜻이다.
7) "범범용용泛泛庸庸"은 평범하고 보잘 것 없는 모양이다.
8) 일대(一代)는 한 왕조가 존속하는 동안의 일세(一世)인 한 세대를 말한다.
9) 전인(傳人)은 명성이 후세에 전하는 사람이다.
10) "가담항의街談巷議"는 항간에 떠도는 소문이다.

11) 득명(得名)은 아름다운 명성을 얻음, 이름이 알려지는 것이다.

宋人書名不用印, 用印不書名. 見之黃山谷・先渭南公. <small>疑有脫誤</small>

書畵不遇名手裝池, 雖破爛不堪, 寧包好藏之匣中, 不可壓以他物, 不可性急而付拙工. 性急而付拙工, 是滅其蹟也. 拙工謂之殺畵劊子[1]! 今吳中張玉瑞之治破紙本, 沈迎文之治破絹本, 實超前絶後[2]之技, 爲名賢之功臣[3].

1) 회자(劊子)는 사형을 집행하는 사람이다.
2) "초전절후超前絶後"는 이전에도 없고 앞으로도 없는 것으로 '전무후무'함을 이른다.
3) 공신(功臣)은 공로가 있는 신하이다.

書畵之大小闊狹本無定也. 古人偶得名紙, 卽興到筆隨, 今則以二尺爲止, 闊則八九寸焉. 收無用舊畵, 截去少款[1], 另書著名宋 元之人. 至[2]以巨幅改作三四幅. 命名必祥瑞, 積至百數, 往鎖他處. 余始甚爲此輩危之, 越幾月見其或持銀以歸, 或又帶別處之貨售於家鄉. 或以此銀並捐小小功名[3]. 問之云: "宋 元人名, 只在數金以內一軸, 然計本[4]已可得三倍矣." 事不可料如此.

1) 소관(小款)은 유명하지 않은 사람의 낙관을 이른다.
2) 지(至)는 '…의 정도에 이르다', '…한 결과에 이르다.'는 뜻이다.
3) "소소공명小小功名"은 소소한, 아주 작은 명성이나 과거나 관직을 이른다.
4) 계본(計本)은 본전을 계산하는 것이다.

賞鑑難得頭緖[1], 如從來未見其人之眞蹟, 忽來一臨模善本, 則爲其所惑. 如旣見矣, 烏得[2]更指鹿爲馬[3], 然此難望之無心無目之人.

1) 두서(頭緖)는 단서, 실마리이다.
2) 오득(烏得)은 '어찌… 하지 않겠는가?'라는 의미이다.
3) "지록위마指鹿爲馬"는 사슴을 말이라고 하는 것으로 흑백이 전도되는 것을 비유하는 말이다.

書畫作僞日奇論[1]

書畫作僞[2], 自昔有之, 往往以眞蹟置前, 千臨百摹, 以冀惑人, 卒至前生後熟, 始合終離, 易爲人勘破[3]. 遇一名物, 題詠甚多, 以一人一手出之, 雖千亂萬化, 而一人之面目仍在, 昔人惜物力, 審分量[4], 作僞不盡佳墨·名紙·選毫. 以後代之絹楮作前朝之書畫, 破綻[5]已先呈露, 不辨而明矣. 今則不用舊本臨摹, 不假十分著名之人, 而稍涉冷落[6], 一以杜撰出之, 反有自然之致, 且無從[7]以眞蹟刊本較對[8]. 題詠不一, 雜以眞·草·篆·隸, 使不觸目[9], 或糾合[10]數人爲之, 故示其異. 藏經紙·宣德紙乃希有[11]之物, 不顧折福捐壽[12], 大書特書. 紙之破碎處, 聽[13]其缺裂, 字以隨之不全. 前輩收藏家印記及名公名號圖章尙有流落人間者, 乞假而印於隙處. 金題玉躞[14], 裝池珍重, 心思之用極而人情之薄至矣. 更有異者, 熟人而有本者, 亦以杜撰出之. 高江村『鎖夏錄』詳其絹楮之尺寸, 圖記[15]之多寡, 以絶市駔之巧計[16]. 今則悉照其尺寸而備絹楮, 悉照其圖記而篆姓名, 仍不對眞本而任意揮灑. 『鎖夏錄』之原物, 作僞者不得而見, 收買者亦未之見, 且五花八門[17]爲之, 惟冀觀於錄而核[18]其尺寸絲毫不爽耳. 至假爲項墨林 高江村之子孫, 別其吳 越之聲口[19], 持僞物以求售[20]. 並挖通[21]收藏家, 以物寄於其處, 導人往觀, 以希作眞. 嗟乎! 古人於立德立功立言之外, 卽從事於六法·八法以爲不朽之業, 今則作此欺詐以爲嫖賭[22]之資. 天堂事業, 竟成地獄變相[23]. 如鬼如蜮, 每誆到手[24], 成百成千, 卒

至飢寒, 終歸烏有何也²⁵⁾? 作僞則本心離, 無本焉能立? 來易去易, 偕
穿窬²⁶⁾之輩同歸於盡²⁷⁾而止. 『吳越所見書畫録』

1) 「서화작위일기론書畫作僞日奇論」은 『서화설령』의 항목으로 서화가 위조되어 날
   로 기괴하게 된다는 것을 논한 것이다.
2) 작위(作僞)는 위조하다, 가짜를 만드는 것이다.
3) 감파(勘破)는 속내를 꿰뚫어 알아차리는 것이다.
4) 분량(分量)은 분수(分數), 역량(力量), 중량(重量), 차이점 등이다.
5) 파탄(破綻)은 결점이나 허점이다.
6) 냉락(冷落)은 쓸쓸하다, 냉대하다, 푸대접하는 것이다.
7) 무종(無從)은 '…할길 없다', '어쩔 도리가 없다'는 것이다.
8) 간본(刊本)은 간행본, 판본을 이른다. *교대(較對)는 서로 비교하는 것이다.
9) 촉목(觸目)은 눈에 띄다, 눈길 닿다, 돋보이는 것이다.
10) 규합(紏合)은 모으다, 규합하는 것이다.
11) 희유(希有)는 적다, 드문 것이다.
12) "절복손수折福損壽"는 수명을 단축시키고 행복을 잃는 것이다.
13) 청(聽)은 '…하는 대로 내버려두다', '제멋대로 버려두다', '자유에 맞기다'는 것이다.
14) "금제옥섭金題玉躞"은 서화나 서적의 장식이 극히 정묘하고 아름다운 것을 이른다.
15) 도기(圖記)는 간단한 그림으로 표기한 그림이다.
16) "시장지교계市駔之巧計"는 시장 거간꾼의 교묘한 계략이다. *장(駔)은 말 거간
    꾼, 중개인을 이른다.
17) "오화팔문五花八門"은 전술의 변화가 많은 오행진(五行陳)과 팔문진(八門陳)으로
    사물의 종류와 양식이 많고 변화가 다양한 것을 비유하는 말이다.
18) 핵(核)은 대조하다, 따져보다, 확인하는 것이다.
19) 성구(聲口)는 말씨나 말투를 이른다.
20) 구수(求售)는 매각을 꾀하는 것이다.
21) 알통(挖通)은 전고가 없으나 문맥상 내통하여 결탁하는 것으로 해석하였다.
22) "표도지자嫖賭之資"는 오입질과 도박하는 자금(밑천)을 이른다.
23) 변상(變相)은 〈변상도變相圖〉인데, 경전의 내용이나 교리 부처의 생애 따위를 형
    상화한 그림이다. 직접 경전에 그리는 '사경화寫經畵'와 목판으로 찍은 '판경화版
    經畵'의 두 가지 형식이 있다. 변상도의 형식은 첫째 각권의 첫머리에 권의 내용
    을 압축하여 묘사한 것, 둘째 경전이 잘 보호될 것을 기원하는 의미에서 신장상
    (神將像)을 그린 것, 셋째 모든 장마다 경전의 내용을 그린 것 등이다.
24) 도수(到手)는 손에 넣다, 획득하다, 얻는 것이다.
25) 종귀(終歸)는 전설상의 신령한 짐승 이름이다. *"종귀오유終歸烏有"는 신령한 귀

신이 어찌 있는가? 라는 것이다.

26) 천유(穿窬)는 벽을 뚫거나 담을 넘는 것으로, 도둑질하는 행위를 이른다.

27) "동귀어진同歸於盡"은 함께 죽는 것이다. '盡'은 죽다, 사형에 처하는 것이다.

찾아보기

김대원(金大源)

- 1955년 경북 안동(安東)생으로, 1977~1982년에 경희대학교 사범대학 미술교육과와 교육대학원을 졸업하고, 2012년에 고려대학교 대학원에서 한문학 전공으로 문학박사학위를 취득했다. 1981년~1985년 대한민국 미술대전에서 인물화와 동물화로 특선 두 번과 우수상을, 1995년 제3회 월전미술상을 수상하였다. 1982년~현재까지 개인전 17회, 단체전 200여회를 하였다. 1988년~현재까지 경기대학 예술대학 교수로 재직 중이며 조형대학원장과 박물관장을 역임하였다.

- 저역서
  중국역대화론(中國歷代畵論) Ⅰ~Ⅴ. 도서출판 다운샘(2004~2006)
  집자묵장필휴(集字墨場必携) 1~8. 공역. 고요아침(2009)
  중국고대화론유편(中國古代畵論類編) 1~16. 소명출판(2010)
  중국화론집성주석본(中國畵論集成注釋本) (일반론). 학고방(2013)
  중국화론집성주석본(中國畵論集成注釋本) (산수편). 학고방(2013)
  중국화론집성주석본(中國畵論集成注釋本) (인물편). 학고방(2014)
  중국화론집성주석본(中國畵論集成注釋本) (감장 표구 공구 설색편). 학고방(2014)
  중국화론집성주석본(中國畵論集成注釋本) (화조축수, 매난국죽편). 학고방(2014)
  원림과 중국문화(園林與中國文化) 1~4. 학고방(2014)

중국화론집성 주석본 – 품평편·감장 표구 공구 설색편

초판 인쇄 2014년 4월 01일
초판 발행 2014년 4월 10일

편   저 | 유검화(兪劍華)
주   석 | 김대원(金大源)
펴 낸 이 | 하운근
펴 낸 곳 | 學古房

주   소 | 서울시 은평구 대조동 213-5 우편번호 122-843
전   화 | (02)353-9907 편집부(02)353-9908
팩   스 | (02)386-8308
전자우편 | hakgobang@naver.com, hakgobang@chol.com
홈페이지 | http://hakgobang.co.kr
등록번호 | 제311-1994-000001호

ISBN   978-89-6071-381-9 04600
          978-89-6071-330-7 (세트)

값 : 17,000원

이 도서의 국립중앙도서관 출판시도서목록(CIP)은 e-CIP홈페이지(http://www.nl.go.kr/ecip)
와 국가자료공동목록시스템(http://www.nl.go.kr/kolisnet)에서 이용하실 수 있습니다.
(CIP제어번호 : CIP2014010568)

※ 파본은 교환해 드립니다.